LO QUE ÉL NECESITA, LO QUE ELLA NECESITA

LUIS ORDUÑA ZUÑIGA

LO QUE ÉL NECESITA, NECESITA, LO QUE ELLA NECESITA

Edifique un matrimonio a prueba
de relaciones extramatrimoniales

Willard F. Harley, Jr.

Revell
Grand Rapids, Michigan

Desarrollo editorial: Grupo Nivel Uno, Inc.

ISBN 13: 978-0-8007-3199-1

Categoría: Matrimonio / Pareja / Relaciones

Impreso en Estados Unidos de América
Printed in United State of America

11   12   13   14   15   16   10   9   8   7   6   5

A
Joyce...
mi primera y única

CONTENIDO

PREFACIO A LA EDICIÓN DEL DECIMOQUINTO ANIVERSARIO

Cuando tenía diecinueve años, un conocido mío ya casado de la universidad me dijo que su matrimonio estaba en problemas y me pidió consejo. El consejo que le di no pareció ayudar: su matrimonio terminó en divorcio. ¿Qué pasaba con el matrimonio de mi amigo que hacía que el divorcio pareciera tan inevitable?

Corrían los años 60, y estaba por ver algo que muy pocos esperaban: el comienzo del final del núcleo familiar tradicional llegaba a su fin. Las evidencias de este desastre se acumularon en los siguientes veinte años. El ritmo creciente de los divorcios subió del 10% al 50%, y el porcentaje de adultos solteros crecía de un 6,5% al 20%. Mientras se estabilizaba por fin el porcentaje de divorcios en 1980, el porcentaje de adultos solteros continuó creciendo hasta el presente. Ahora es aproximadamente de un 30% y sigue creciendo, porque mucha gente no está dispuesta a comprometerse con una sola pareja durante toda la vida.

En ese tiempo no sabía que el fracaso de la vida matrimonial de mi amigo era parte de un tejido que se estaba desgarrando y que estaba a punto de aniquilar el núcleo familiar. Creí que esto se debía en parte a mi falta de experiencia. Me culpé por esta situación. Pensé que no

9

debía tratar de dar ningún consejo y que era necesario dejar el asunto en manos de los «expertos».

No obstante, en los años subsiguientes, las parejas continuaron pidiéndome consejos con relación al matrimonio, sobre tododespués que obtuve mi doctorado en Psicología. Después de todo, se suponía que los psicólogos supieran algo acerca del matrimonio. Por lo tanto me dispuse a aprender lo suficiente para ayudar a esa gente. No creí que esto me desafiara demasiado. Después de todo, si nuestros científicos sabían lo suficiente para mandar personas a la luna, seguramente ellos sabrían como salvar matrimonios.

Leí libros sobre terapia matrimonial, fui supervisado por los «expertos» en ese campo, y trabajé en una clínica que se especializaba en la terapia matrimonial y que afirmaba ser la mejor en el estado de Minnesota. Pero todavía estaba incapacitado para salvar matrimonios. Casi todos los que vinieron pidiendo ayuda, terminaron como mi amigo: divorciados.

En mi esfuerzo por superar mis propias fallas personales, hice un descubrimiento crucial. Yo no era el único que fallaba al ayudar a las parejas. ¡Casi todos los que trabajaban conmigo en la clínica estaban fracasando también! Mi supervisor estaba fallando, el director de la clínica estaba fallando, y también estaba fallando el resto de los consejeros matrimoniales que trabajaban conmigo.

Entonces hice el descubrimiento más grande de todos. *La mayoría de los expertos matrimoniales en Estados Unidos estaba fracasando también.* Me era muy difícil encontrar a alguien dispuesto a admitir su fracaso, pero cuando tuve acceso a los casos reales, no podía encontrar ningún especialista que pudiese probar sus éxitos o entrenar a otros para triunfar a la hora de salvar matrimonios.

En realidad, descubrí que las terapias matrimoniales tenían un rango más bajo de éxito que cualquier otra forma de terapia. En un estudio, leí que menos del 25% de los casos consideraba que el consejo matrimonial había sido útil, y un porcentaje aún mayor creyó que les hizo más mal que bien. (Casualmente, en una fecha tan reciente como 1995, un estudio de psicoterapia de «Consumer's Report» (Informe al consumidor) revelaba que la terapia marital todavía está ubicada entre las más bajas en efectividad.)

¡Qué desafío! Los matrimonios se desintegraban en rangos por completo imprevistos, y nadie sabía cómo detener esto. Así que decidí hacer de tal cosa mi propia ambición personal para encontrar la respuesta, y busqué esa respuesta no en libros ni artículos, sino entre aquellos que venían a mí para buscar soluciones: los matrimonios a punto de divorciarse.

Dejé de aconsejar y comencé a escuchar a los cónyuges que explicaban por qué estaban a punto de tirar la toalla. ¿Qué es lo que poseían cuando decidieron casarse y que perdían en el camino? Les preguntaba: «¿Qué piensan que les haría falta para estar felizmente casados otra vez?».

Sabía que todavía no había aprendido a salvar matrimonios, así que les explicaba a las parejas mi incapacidad para hacerlo. Para ser coherente con esto, no les cobraba mi tiempo. Enseñaba psicología para ganarme la vida y hablaba con las parejas en mi oficina como una tarea adicional. Esta política de consejería gratuita me brindó la oportunidad de ser solicitado por más parejas en problemas de las que tenía tiempo de ver.

Ya por 1975 había descubierto por qué yo y tantos otros terapeutas estábamos en problemas a la hora de salvar una relación. No entendíamos lo que hacía funcionar a los matrimonios. Estábamos tan preocupados por ver cuáles eran las causas de sus fracasos que no veíamos lo que les hacía tener éxito. Cuando una pareja venía a mi oficina ya se estaban agrediendo mucho. Por lo tanto pensé, como la mayoría pensaba, que si podía simplemente hacer que se comunicaran con más claridad esto resolvería sus conflictos de un modo más efectivo y detendría las peleas, con lo que el matrimonio se salvaría. Pero esa no era la respuesta.

Una pareja tras otra me explicaba que no se habían casado con el otro porque se comunicaban con mucha claridad, o resolvían sus conflictos efectivamente o no peleaban. Se habían casado porque encontraron al otro irresistible: estaban enamorados.

Cuándo les hice la pregunta: «¿Qué les haría falta para estar casados felizmente otra vez?», la mayoría no podía imaginar que esto podría ocurrir de nuevo. Pero cuando insistí y las parejas pudieron reflexionar sobre mi pregunta, la respuesta que escuché en cada ocasión fue: «Estar enamorados otra vez».

El dar las cosas por sentadas, la comunicación pobre, el fracaso para resolver los conflictos y las peleas son todos factores que contribuyen a la pérdida del amor. Pero también son síntomas de la pérdida del amor. En otras palabras, si quería salvar matrimonios tendría que ir más allá de mejorar la comunicación. Debía aprender a restaurar el amor.

Con esta visión comencé atacando los temas emocionales antes que los temas racionales. Mi primera meta en la terapia matrimonial cambió de resolver conflictos a restaurar el amor. Si sabía cómo restaurar el amor, razonaba, entonces la comunicación, la resolución de conflictos y las peleas no parecían ser demasiado problema.

Mi entorno como psicólogo me decía que las asociaciones aprendidas desencadenan nuestras reacciones emocionales. Siempre que algo se presenta repetidas veces con una emoción inducida físicamente, esto tiende a desencadenar dicha emoción por sí mismo. Por ejemplo, si acompañas el color azul con una descarga eléctrica, y el color rojo con palmaditas en la espalda, con el tiempo el color azul tenderá a alterarte y el color rojo a relajarte.

Aplicando el mismo principio al sentimiento del amor, llegué a la teoría de que el amor podría no ser más que una asociación aprendida. Si alguien estuviera presente el tiempo suficiente cuando me siento en particular bien, la presencia de esa persona en general podría bastar para desencadenar ese buen sentimiento, algo que hemos conocido como el sentimiento del amor.

No pude haber estado más en lo cierto con este análisis. Alentando a cada cónyuge para que tratara de hacer lo que hacía feliz al otro y evitara lo que le hacía infeliz, ese sentimiento de amor se restauraría en la próxima pareja que aconsejara. Su matrimonio estaría a salvo.

Desde ese momento en adelante, cada vez que veía a una pareja, simplemente les preguntaba qué podía hacer el otro para hacerlos sentir más felices, y sin importar lo que fuera, esa era su primera tarea. Por supuesto, no todas las parejas sabían los que les haría felices y no todos los cónyuges estaban dispuestos a hacerlo. Así que por cierto no tuve éxito con cada pareja.

Pero mientras perfeccionaba mi perspectiva sobre el problema comencé a entender lo que los esposos y las esposas necesitaban del otro para desencadenar el sentimiento del amor, y les ayudé identificar lo que cada uno de ellos necesitaba. También llegué a ser más efectivo en motivarles a encontrar lo que cada uno necesitaba, aun cuando no sentían deseos de hacerlo al principio.

Al poco tiempo estaba ayudando a casi todas las parejas a enamorarse y por lo tanto a evitar el divorcio. Mi método probó ser tan exitoso que dejé de enseñar psicología para dedicarme de lleno a la consejería. Como podrás imaginar, había más parejas esperando ayuda que las que podía en efecto aconsejar.

Diez años después de haber comenzado a utilizar este método, escribí al fin mi primer libro describiendo esto: *Lo que él necesita, lo que ella necesita: Edificando un matrimonio a prueba de relaciones extramatrimoniales.* Ahora, quince años después de que la primera copia saliera de la imprenta, más de un millón de ejemplares se han publicado y traducido a once idiomas. Muchos lo han llamado el mejor libro que se haya escrito sobre matrimonios. Eso puede ser cierto, porque por lo que sé hasta ahora es el único libro escrito que provee un plan probado y comprobado para que las parejas casadas restauren y sostengan su amor mutuo.

Lo que hace a este libro tan efectivo es que llega directo al corazón de lo que permite funcionar a los matrimonios: el sentimiento del amor. La comunicación y la capacidad de resolución de problemas son importantes en un matrimonio feliz, pero no absolutamente esenciales. Es el sentimiento del amor lo que es absolutamente esencial. En todos mis años de consejero matrimonial nunca he aconsejado a una pareja que se amara que quisiera divorciarse. Pero he aconsejado a muchas parejas en el proceso de divorcio con excelente comunicación y habilidades en la resolución de conflictos.

No me malinterpretes; estoy muy a favor de mejorar la comunicación y resolver conflictos en el matrimonio. Pero si esas habilidades no ayudan a fomentar el sentimiento de amor, los cónyuges se sienten estafados en sus matrimonios y a menudo quieren salirse de él.

Este libro te enseñará lo que es más importante en el matrimonio: cómo enamorarse y hacer que permanezca el amor mutuo. Les aliento a que lean el libro como marido y mujer, completen sus cuestionarios, y respondan las preguntas al final de cada capítulo. Pueden usar dos colores de marcadores mientras leen de modo tal que el otro sepa qué es más importante para su cónyuge.

He recibido cartas dando cuenta del número de parejas que han comenzado cada año nuevo volviendo a leer *Lo que él necesita, lo que ella necesita* como una ayuda para recordar qué deben hacer en el año entrante para mantener un matrimonio apasionado. Y funciona. Este es un libro para leer a menudo, porque es acerca de capacitarse para encontrar las más importantes necesidades emocionales de su cónyuge.

INTRODUCCIÓN

Los conflictos matrimoniales se producen por dos motivos: (1) Las parejas fracasan en hacerse *felices* el uno al otro, o (2) las parejas se hacen *infelices* el uno al otro. En el primer caso, las parejas están frustradas porque sus necesidades no están satisfechas. En el segundo caso, ellos están lastimándose en forma deliberada. Llamo al primer caso *fracaso en cuidarse* y al segundo *fracaso en protegerse*.

Este libro apunta hacia el fracaso para cuidarse: un fracaso en satisfacer las necesidades emocionales más importantes. La ignorancia contribuye a este fracaso porque hay hombres y mujeres que tienen gran dificultad para comprender y apreciar el valor de las necesidades del otro. Los hombres tienden a satisfacer las necesidades que ellos valoran y las mujeres hacen lo mismo. El problema es que las demandas de los hombres y las mujeres muchas veces son muy diferentes y nos esforzamos tratando de satisfacer las necesidades equivocadas.

Las necesidades legítimas son tan fuertes que cuando no son satisfechas en el matrimonio la gente siente la tentación de satisfacerlas fuera de este. La mayoría de la gente que he aconsejado ha cedido a la tentación de violar los votos sagrados de «renunciar a todos los demás».

Sin embargo, dejando a un lado el riesgo de la infidelidad, hay importantes necesidades emocionales que *deberían satisfacerse* en beneficio del cuidado de uno mismo. El matrimonio es una relación muy especial. Se hacen promesas para permitirle a un cónyuge el derecho *exclusivo* a satisfacer alguna de estas necesidades importantes. Cuando no son satisfechas, es injusto para el cónyuge que debe ir a través de la vida sin alternativas que sean éticas.

Este libro ayudará a las parejas a identificar estas necesidades importantes, a comunicárselas entre sí y a aprender a satisfacerlas.

La segunda causa de conflicto matrimonial, el fracaso en proteger, es el tema de un libro compañero que he escrito, *Love busters: overcoming the habits that destroy romantic love* [Destructores del amor: Sobreponiéndonos a los hábitos que destruyen el amor romántico]. Las parejas cuyas necesidades no son satisfechas muchas veces se vuelven seres desconsiderados. Cuando eso ocurre, los matrimonios se deslizan hacia escenas feas y destructivas. El fracaso en satisfacer estas necesidades muchas veces no es intencional, pero las reacciones a las necesidades insatisfechas se van desarrollando hasta llegar al daño *intencional*. Esto a menudo conlleva a un dolor insoportable y finalmente al divorcio.

Para ayudar a que las parejas puedan sobreponerse a los conflictos matrimoniales mi estrategia se enfoca en ambas causas de conflicto: el fracaso en cuidar y el fracaso en proteger. Este libro y su volumen hermano te ayudarán a crear un matrimonio que sea tanto pleno como seguro.

Los ejercicios mencionados en ambos libros se refieren a formularios que uso en mi práctica de consultorio. Aunque muchos de estos formularios están impresos en este libro, todos están disponibles en *Five Steps to Romantic Love: A Workbook for a Healthy Marriage for Readers of Love Busters and His Needs, Her Needs* [Cinco pasos hacia el amor romántico: Manual para un matrimonio saludable para lectores de Destructores del amor y Lo que él necesita, lo que ella necesita]. Cualquier esposo o esposa que tenga una intención seria de mejorar su matrimonio se beneficiará trabajando con este manual.

Los matrimonios exitosos requieren habilidades... destrezas para cuidar de aquel a quien prometiste amar durante toda la vida. Las buenas intenciones no son suficientes. *Este libro se escribió para educarte en el cuidado de tu cónyuge.* Una vez que hayas aprendido sus lecciones, tu cónyuge te encontrará irresistible, una condición que es esencial para un matrimonio feliz y exitoso.

1

¿HASTA QUÉ PUNTO ES A PRUEBA DE AVENTURAS EXTRAMATRIMONIALES TU MATRIMONIO?

He escrito este libro para aquellos que quieren estar felizmente casados. Aunque te hayas casado recientemente, tengas un matrimonio mediocre desde hace algunos años, o hayas tenido un matrimonio lamentable, puedes tener una relación feliz si aprendes a:

> Darte cuenta de las
> necesidades emocionales del otro
> y de cómo satisfacerlas.

Este es un planteamiento simple, pero aplicar este principio a las complejidades del matrimonio requiere algo de reflexión cuidadosa. Démosle una mirada a lo que involucra en realidad.

Cuando un hombre y una mujer se casan comparten expectativas muy altas. Se comprometen a satisfacer ciertas necesidades íntimas e intensas del otro sobre la base de la *exclusividad*. Cada uno acuerda que debe «renunciar a todos los demás», dándole al otro el derecho exclusivo de satisfacer estas necesidades íntimas. Eso no implica que todas las necesidades deban ser satisfechas por el cónyuge, pero sí hay algunas necesidades básicas que la mayoría de nosotros reserva para el lazo matrimonial. La mayoría de la gente espera que sus cónyuges satisfagan todas estas necesidades especiales, dado que han acordado no permitir que otros las satisfagan.

Por ejemplo, cuando un hombre acuerda una relación exclusiva con su esposa, él depende de ella para satisfacer su necesidad sexual. Si ella llena esta necesidad, él encuentra en ella una fuente continua de intenso placer, y su amor se hace más fuerte. Sin embargo, si esta necesidad no se satisface ocurre lo contrario. Él comienza a vincularla con la frustración. Si la frustración continúa, él puede pensar que a ella «simplemente no le gusta el sexo» y tratar de convivir con esto como pueda. Aun así, esta necesidad fuerte de sexo todavía permanece sin satisfacción. Su compromiso de una relación sexual exclusiva con su esposa le ha dejado ante dos opciones: la frustración sexual o la infidelidad. Algunos hombres no se rinden y tratan de soportar de la mejor forma esta situación durante años. Pero muchos sucumben ante la tentación de un amorío extramatrimonial. He hablado con cientos de ellos en las oficinas de consejería.

Otro ejemplo es el de una esposa que le da a su esposo el derecho exclusivo de satisfacer sus necesidades de conversación íntima. Cuando conversan con una profundidad, honestidad y franqueza que no se halla en las conversaciones con otros, ella encuentra en él la fuente de su mayor placer. Pero cuando el esposo le niega esta conversación íntima que ella reclama, se vincula a sí mismo con su mayor frustración. Algunas mujeres simplemente viven sus matrimonios frustradas, pero otras no pueden resistir la tentación de que otro pueda satisfacer esta importante necesidad emocional. Y cuando lo hacen, el resultado puede llegar a ser un amorío.

Sus necesidades no son las de ella

Cuando una pareja viene a mí por ayuda mi primera meta es ayudarle a identificar sus necesidades emocionales más profundas: lo que cada uno de ellos puede hacer por el otro para hacerle sentir más feliz y satisfecho. A través de los años, reiteradamente he preguntado: «¿Qué podría hacer tu cónyuge para hacerte más feliz?» He podido clasificar la mayoría de las respuestas en diez necesidades emocionales: admiración, afecto, conversación, ayuda doméstica, compromiso familiar, ayuda financiera, honestidad y franqueza, atracción física, compañía en horas de ocio y satisfacción sexual.

Es obvio que la forma de mantener a una pareja felizmente casada es que cada uno de ellos satisfaga las necesidades que son más importantes para el otro. Pero cuando hice todas estas entrevistas descubrí por qué este es un asunto tan difícil. Casi todas las veces les pedí a las parejas que hicieran una lista de sus necesidades de acuerdo a sus prioridades. Los hombres las enumeraron de una forma y las mujeres lo hicieron al revés. De las diez necesidades básicas, las cinco mencionadas como las más importantes por los hombres eran generalmente las cinco menos importantes para las mujeres, y viceversa.

¡Qué panorama! No es de extrañar que esposos y esposas tengan tantas dificultades para satisfacer las necesidades del otro. Ellos están dispuestos a hacer por su pareja lo que más aprecian... ¡pero resulta que sus esfuerzos van mal orientados porque lo que ellos aprecian más sus cónyuges lo aprecian menos!

Preste mucha atención a este punto, porque es uno de los aspectos más malinterpretados de mi programa. Cada persona es única. En tanto los hombres *en promedio* mencionan cinco necesidades emocionales como las más importantes y las mujeres eligen también *en promedio* otras cinco, *cada individuo* puede escoger cualquier combinación de las diez básicas. Por lo tanto, aunque he identificado las necesidades emocionales más importantes promedios en los hombres y mujeres, no conozco las necesidades emocionales de un esposo y una esposa en particular. Y dado que estoy en el asunto de ayudar a matrimonios individuales, no a matrimonios promedio, necesitas identificar las combinaciones de necesidades que son únicas de tu matrimonio. He provisto un breve resumen de las diez necesidades básicas en el apéndice A y un «Cuestionario de necesidades emocionales» en el apéndice B. Esto te ayudará a identificar la mayoría de las necesidades emocionales importantes únicas para ti y tu cónyuge.

Muchas veces el fracaso de hombres y mujeres al satisfacer las necesidades emocionales de su pareja ocurre simplemente por ignorancia de las necesidades del otro y no por egoísmo ni falta de voluntad. Satisfacer esas necesidades no significa que tengas que apretar los dientes de forma dolorosa, haciendo algo que odias. Significa prepararte para satisfacer las necesidades que no aprecies tú mismo. Aprendiendo a entender a tu cónyuge como una persona literalmente distinta a ti puedes comenzar a llegar a ser un experto en satisfacer todas las necesidades emocionales de tu pareja.

En los matrimonios que fallan en encontrar esas necesidades, he visto en forma muy clara y alarmante cómo la gente casada elige el mismo modelo para satisfacer sus necesidades no satisfechas: la relación extramatrimonial. Las personas se involucran en estas relaciones con asombrosa regularidad, a pesar de las convicciones morales y religiosas que puedan sostener. ¿Por qué? Una vez que al cónyuge le falta la satisfacción de cualquiera de las cinco necesidades, esto crea una sed que busca ser aplacada. Si los cambios no ocurren dentro del matrimonio para cuidar esa necesidad, el individuo enfrentará la poderosa tentación de satisfacerla fuera del matrimonio.

Para asegurar nuestros matrimonios contra las aventuras extramatrimoniales, no podemos esconder nuestras cabezas en la arena. El cónyuge que cree él o su pareja es «diferente» y que, a pesar de las necesidades no satisfechas, nunca tomaría parte en una relación extramatrimonial, puede recibir un fuerte impacto algún día. En lugar de esto, necesitamos entender las señales que advierten que tal cosa pueda ocurrir, cómo tales relaciones puedan comenzar, y cómo fortalecer las áreas débiles ante la faz de tal relación.

¿Qué es una aventura amorosa?

Una aventura amorosa habitualmente consiste de dos personas que se ven involucradas en una relación extramatrimonial que combina el placer sexual con sentimientos de amor profundo. No obstante, es posible tener una relación con solo placer sexual o con solo sentimientos de amor profundo hacia alguien fuera del vínculo matrimonial.

Aunque estos tipos de relación puedan también causar profundos problemas en el matrimonio, mi experiencia muestra que son más fáciles de tratar que la relación que combina el sexo (por lo general muy apasionado) con un amor muy real. Esta relación amenaza al matrimonio hasta su misma esencia porque los amantes experimentan una intimidad real, y además, satisface por lo menos una necesidad emocional del cónyuge fuera de la exclusiva relación matrimonial. En la mayoría de los casos, cuando un cónyuge descubre que el otro ha roto su compromiso de fidelidad, el matrimonio es sacudido.

Las relaciones extramatrimoniales por lo general comienzan por «ser solo amigos»

Una relación fuera del matrimonio por lo general comienza como una amistad. Con frecuencia nuestro cónyuge conoce a nuestro amante; es habitual que la tercera parte sea el esposo o la esposa en una pareja que ambos conocen y consideran como «mejores amigos». En otro modelo común el amante de afuera viene de la familia de tu cónyuge: una hermana o hermano. O puedes encontrar tu amante en el trabajo.

Cuando una relación comienza, es usual que empiece como una amistad. Compartes los problemas con la otra persona, y esa persona comparte los problemas contigo. Por lo general, para que una relación florezca tienes que ver a esta otra persona bastante a menudo: todos los días en el trabajo o con frecuencia por medio de una amistad, en un comité o una junta, o debido a alguna responsabilidad que los dos tenga juntos.

Mientras la amistad crece se comienzan a apoyar y alentar mutuamente, en especial en lo relativo a sus necesidades insatisfechas. La vida es dura. Mucha gente ha llegado a estar desilusionada en extremo con relación a sus vidas. Cuando ellos encuentran a alguien que les alienta y lleva sus cargas, la atracción hacia esa persona actúa como un imán poderoso. Tarde o temprano, te encuentras en la cama con tu amigo o amiga que te alienta y lleva tus cargas. Simplemente parece que «ocurre». No lo intentas, ni tampoco tu amigo o amiga.

Muchas veces la amistad que se transforma en una relación extramatrimonial no se basa en el atractivo físico. Una esposa mirará a la amante de su marido y exclamará: «¿Cómo pudo haberse interesado en *ella?*»

La respuesta es: «Muy fácilmente», porque la atracción es emocional. No necesariamente importa si la mujer en cuestión tiene sobrepeso, es normal o fea. Lo que interesa es que ella ha sido capaz de satisfacer una necesidad no satisfecha. El amante o la amante en una relación llega a ser la persona más dotada y atenta en cuanto a los caprichos que tu cónyuge tenga. El cónyuge en esta situación desarrolla un deseo recíproco para también cuidar de la otra persona de una forma y con una profundidad no experimentada antes.

Cuando llegas a estar atrapado en una relación, tú y tu amante comparten un fuerte deseo de satisfacer las necesidades del otro. Este deseo los vincula con fuerza en un amor mutuo que evoluciona hacia las relaciones sexuales apasionadas. Este deseo mutuo de hacer feliz al otro convierte esta aventura amorosa en una de las relaciones más satisfactorias e íntimas que hayas conocido.

A medida que el afecto y la pasión mutuos crecen, descubres que estás en una trampa que tú mismo has creado. Pierden todo sentido de juicio mientras literalmente llegan a ser adictos el uno al otro en una relación basada en la fantasía, y no en la realidad.

Hay varios factores que contribuyen para hacer que la relación sea tan placentera y excitante:

- Tú y tu amante parecen obtener lo mejor de cada uno.
- Ignoran los defectos el uno del otro.
- Se enciende el deseo sexual como nunca antes. Te sientes seguro o segura de que nadie puede ser tan excitante como pareja sexual que tu amante secreto.

Lo que en realidad te enciende, sin embargo, no es tu nuevo amante sino la fantasía. Mientras tú y tu amante planean dónde y cuándo encontrarse para disfrutar de apasionadas sesiones de amor, dejas atrás las realidades de la vida. Tu relación puede llegar a continuar por bastante tiempo antes de que alguien lo detecte. Cuanto más continúe, más difícil será romperla.

Mientras mencionaba estos temas sensibles y cómo comienzan, pude haberte ofendido por lo menos un poco al utilizar el pronombre en segunda persona. Pero utilicé *tú* por una razón específica. Mientras la mayoría de la gente negaría la posibilidad de involucrarse en una relación, la dura verdad es que bajo las condiciones correctas (o incorrectas) cualquiera de nosotros podemos caer si nuestras necesidades básicas no son satisfechas.

Nadie tiene que ser diferente o especial para caer en una relación extramatrimonial. Al contrario, a veces hombres y mujeres muy normales se involucran a través de un proceso simple y engañoso. Cuando tus necesidades básicas están insatisfechas, comienzas a pensar: *Esto no está bien. No es justo.*

Luego comienzas a buscar apoyo y te encuentras diciendo: *Si tan solo pudiera hablar con alguien.*

De ahí puedes estar a solo un paso de buscar apoyo fuera del vínculo matrimonial. No es preciso que estés buscando a esta persona; él o ella solo aparecen, y te encuentras diciendo: «¿No es maravilloso cómo podemos simplemente hablar y compartir juntos?»

En algunos casos los procesos recién descritos pueden tardar solo algunos meses y en otros casos pueden tardar años. Pero pueden ocurrir. Lo he visto suceder en las vidas de mis clientes en los últimos veinticinco años. Es triste, pero pareciera que no hace mucha diferencia lo que la persona profesa tanto religiosa como moralmente.

En los comienzos de mi carrera como consejero muchas veces me desalentaba al ver a tanta gente con un fuerte compromiso moral y religioso involucrada en relaciones extramatrimoniales. Yo mismo soy miembro de la iglesia, con fuertes convicciones sobre la fe cristiana. ¿Cómo puede alguien que dice tener las mismas convicciones irse a la deriva? ¿No tenía poder su fe?

Mientras más trabajaba con clientes cristianos y otra gente con profundas convicciones morales, más entendía el poder de nuestras necesidades emocionales. Cuando me casé con mi esposa Joyce, decidí estar comprometido por completo a ella y a mi matrimonio. He sido fiel a mis votos durante los treinta y ocho años de mi matrimonio, pero no porque soy una persona con voluntad de hierro y un modelo de virtud. Es porque Joyce y yo fuimos realistas y buscamos satisfacer las necesidades emocionales importantes.

En síntesis, tus necesidades producen el resultado. Para ayudarte a entender cómo funciona esto, me gustaría presentarte al banco del amor: un mecanismo interno que nunca te diste cuenta que tenías.

¿POR QUÉ EL BANCO DEL AMOR NUNCA CIERRA?

El matrimonio es una relación compleja, quizá la más intrincada de todas. Lamento decir que muchos no nos damos cuenta de en qué nos metemos cuando decimos: «Sí, acepto». Creemos que la dinámica de un buen matrimonio depende de alguna mezcla misteriosa de las personas «adecuadas». O si el matrimonio va mal, decimos igualmente que los integrantes son «inadecuados» el uno para el otro. Si bien es cierto que dos personas por naturaleza incompatibles *pueden* casarse, esto es poco común. Lo más frecuente es que las rupturas matrimoniales ocurran cuándo a uno o ambos les faltan las capacidades de satisfacer las necesidades del otro. La mayoría de las veces, tener razón o estar equivocado no depende de algún misterioso cociente de compatibilidad, sino de cuanta voluntad y capacidad estás dispuesto a dar para satisfacer las necesidades de alguien.

¿Qué pasa entonces si tienes voluntad, pero eres incapaz o no tienes las capacidades? ¡Buenas noticias! Puedes hacer algo con esto. Volver a entrenarse es posible en cualquier momento. Por esta razón creo que los matrimonios que han sido golpeados por las relaciones extramatrimoniales no necesitan hundirse. Pueden ser remolcados de nuevo a puerto seguro, reparados y vueltos a lanzar al mar. Una vez reparados, navegarán más lejos y rápido que la vez anterior.

Pero mi meta no está limitada solo al rescate de los matrimonios que han chocado contra las rocas de la infidelidad. Deseo llegar mucho más lejos que eso. Quiero mostrarles cómo tener un matrimonio a prueba de infidelidades al construir una relación que sostiene el romance e incrementa la intimidad y cercanía año tras año. De manera que para tener un matrimonio a prueba de infidelidades necesitas conocer las necesidades básicas del otro y cómo satisfacerlas. Pero primero quiero ayudarles a entender cómo llegan a ser tan poderosas y consumidoras estas necesidades de las que hablo tanto. Como dije en el primer capítulo, las necesidades mantienen su contabilidad con severa precisión. Para ayudar a mis clientes a entender como funciona esta contabilidad, he inventado un concepto que denomino el «banco del amor».

Todos tienen un banco del amor

Hablando en sentido figurado, creo que cada uno de nosotros tiene un banco del amor. Contiene cuentas diferentes, una para cada persona que conocemos. Cada persona hace depósitos o extracciones cuándo interactuamos con él o ella. Las interacciones placenteras producen depósitos, así como las dolorosas producen extracciones.

En mi sistema del banco del amor cada depósito o extracción vale un cierto número de unidades de amor. Si me encuentro con un amigo (lo llamaremos Jim) y la reunión me deja un sentimiento confortable, se depositará una unidad de amor en mi banco del amor. Si el intercambio me hace sentir bien, el depósito de Jim en mi banco es de dos unidades. Si es muy bueno, de tres. Cuatro unidades van al banco cuando me hace sentir excepcionalmente bien.

Supongamos, sin embargo, que me siento incómodo cuándo estoy con alguien que llamaremos Jane. La cuenta de Jane perderá una unidad de amor, y si me hace sentir mal serán dos. Tres unidades serán el costo de un momento de veras malo. Si considero mi encuentro con Jane dentro de las peores experiencias de mi vida, esto le costará a ella una extracción de cuatro unidades. Mientras mi vida continúa las cuentas en mi banco del amor fluctúan. Algunos de mis conocidos hacen depósitos grandes. Otros mantienen sus cuentas abiertas, pero tienen pequeños balances, quizá porque hay menos interacciones conmigo. Un tercer grupo también mantiene pequeños balances porque mis experiencias con ellos están mezcladas, a veces placenteras, a veces dolorosas. Para esta gente, los depósitos casi igualan a las extracciones.

Otra gente me hace girar en rojo. Esto significa que me causan más dolor que placer. Nunca me siento bien cuando pienso en ellos, y no quiero verlos ni estar a su lado. En resumen, sus cuentas en mi banco de amor están sobregiradas.

Una historia del banco del amor

Es obvio que el banco del amor no tiene por intención ser un concepto matemático preciso. Está solo diseñado para mostrarnos el hecho de que casi todos los encuentros nos afectan emocionalmente. La acumulación de experiencias positivas y negativas determina nuestra reacción emocional hacia aquellos que conocemos. Por supuesto, tú no te das cuenta de un modo activo de esto. No te dices a ti mismo: *¡Qué bien, eso fue un depósito de tres unidades!* o *¡Vaya! Cuatro unidades menos para él.* Pero de todas formas, las unidades de amor siguen subiendo o bajando.

Hay dos bancos del amor que funcionan de continuo en el matrimonio: el de él y el de ella. Miremos el caso de Juan y María para ver lo que ocurre cuando la cuenta de la esposa en el banco del amor del esposo está en baja y hay una mujer que es comprensiva con el esposo y lo espera en la oficina. En este ejemplo nos concentraremos en el banco del amor de Juan, porque es él quien está manteniendo esta relación extramatrimonial.

Cuando Juan se encuentra con María de inmediato siente algo especial. No solo es hermosa sino encantadora, inteligente y llena de vida. El banco del amor de Juan le acredita tres unidades.

Un día o dos más tarde Juan llama a María y la invita a salir. Ella acepta, y cuando Juan cuelga, dos unidades más entran en la cuenta de María.

En la cita la pasan muy bien. Para Juan esta es una de las mejores experiencias de su vida. Cuatro unidades más sumadas en la cuenta de María hacen que su balance muestre nueve unidades de amor. Luego de una segunda cita con resultados parecidos ella obtiene tres unidades más, ahora su balance llega a doce.

Pero la próxima vez que Juan llama a María para salir, ella tiene que rechazarlo. Dice que lo siente mucho, pero que tiene un compromiso desde hace varias semanas. Ella agrega con rapidez que está libre la siguiente noche, si a Juan le interesa. Juan sin dudas está interesado y acuerda pasarla a buscar para cenar cerca de las ocho.

¿Qué ocurre en la cuenta de María en el banco del amor de Juan como resultado de este encuentro un tanto negativo?

Ella sonaba definitivamente apenada porque no pudo salir conmigo esta noche, musita Juan. *No puedo esperar que ella esté disponible en todo momento. Además, sugirió que saliéramos mañana en la noche. Estoy seguro de que ella me quiere de veras. . .*

No importa de qué manera Juan trate de consolarse y darse confianza, la experiencia todavía le deja sintiéndose ligeramente incómodo. La cuenta de María en el banco del amor de Juan disminuye en un punto.

En los próximos meses Juan y María se ven a menudo. Las experiencias buenas y fabulosas superan mucho a las ocasionalmente negativas, y el balance de María ya es de doscientas cincuenta unidades de amor. Solo Sara, una antigua novia con la cual Juan rompió hace un año atrás, había acumulado más unidades en el banco del amor de Juan. Él comienza a creer que se está enamorando de María.

Luego de seis meses el balance de María indica quinientas unidades, el máximo puntaje para una mujer en la vida de Juan, superior en gran medida al de Sara. En este punto Juan siente que nunca ha amado a nadie tanto como a María. Le dice que ella es la más atractiva, inteligente, sensible, fascinante y placentera de todas las mujeres que ha conocido.

Juan tiene estos sentimientos por María debido a su balance en el banco del amor. Él vincula a María con muchas experiencias emocionales positivas o incluso fabulosas, y solo con algunas negativas. Juan espera cada cita con María, y su mente permanece junto a ella cuándo no están juntos. Él comienza a preguntarse qué haría si alguna vez perdiera a María. No puede imaginarse la vida sin ella. *Con María a mi lado no necesitaría nada ni nadie más para ser feliz,* se dice Juan a sí mismo. En su mente comienzan a formarse vivos pensamientos de matrimonio.

Mientras tanto, la cuenta de Juan en el banco del amor de María ha crecido firmemente, pero no al mismo ritmo. Cuando se conocieron María encontró a Juan bastante atractivo. Las primeras citas fueron muy buenas experiencias, y en este momento ella se siente bastante contenta con él, pero todavía no está segura. María se acuerda de Roberto, y de cuán feliz estaba con él antes de que rompiera con ella para casarse finalmente con una vieja amiga de la secundaria.

En la próxima cita María le dice de forma abrupta a Juan que necesita un poco de espacio para respirar. Ella sugiere que suspendan sus citas durante un mes y opina que deberían citarse con otra gente durante ese tiempo.

Juan se siente devastado. Este encuentro marca una de las experiencias más negativas de su vida. Cuatro unidades son extraídas de la cuenta abultada de María. Unos días más tarde Juan llama a María y trata de convencerla para que cambie de parecer, pero ella se mantiene firme. Juan insiste, llamando varias veces durante las próximas semanas. María se mantiene en su posición, y antes de que Juan decida dejarla tranquila por un mes extrae de la cuenta de María un total de veinticinco unidades.

Juan pasa un mes sintiéndose miserable. Permanece profundamente enamorado de María, cuyo balance en el banco del amor todavía permanece alto, en cuatrocientas setenta y una unidades. Juan trata de salir con varias otras mujeres, pero ellas no tienen ninguna oportunidad. Debido a que está tan loco por María encuentra que salir con otras chicas es una experiencia negativa. Aunque ellas no tengan la culpa, todas las citas de Juan acumulan nada más que débitos en sus cuentas.

Al final del mes, Juan llama a María. Su balance se ha mantenido en cuatrocientas setenta y una unidades porque mientras él la esperó no ha habido experiencias negativas posteriores que causen más extracciones. Juan se siente paralizado cuándo María le dice que lo ha extrañado terriblemente, aceptando su invitación para verse a la noche siguiente. Todo lo que ella necesitaba, dice, era tiempo para pensar las cosas y ver con claridad cómo se sentía.

El primer encuentro después de ese mes de separación fue una experiencia memorable. Las salidas posteriores parecieron aún mejores. Para fin de año el balance de María en el banco del amor de Juan había ascendido a mil unidades. Al mismo tiempo, la cuenta de Juan en el banco del amor de María ascendió firmemente a novecientas veinticinco unidades. Juan ha eclipsado a Roberto en todas las formas posibles, y María también piensa en las campanas de la boda.

Una noche, después de cenar en su restaurante favorito, Juan le propone matrimonio. Le dice a María que quiere vivir para hacerla feliz, y le asegura que si ella se casa con él nunca hará nada que pueda herirla. Ella acepta su propuesta, y después de un breve compromiso, llegan a ser marido y mujer.

Después de la luna de miel

Su matrimonio es extremadamente feliz en el primer año. Sin pensarlo, Juan y María satisfacen sus necesidades mutuas básicas bastante bien. Juan permanece afectuoso, paciente, y tan cuidadoso como cuando salían en sus citas. María responde con pasión al hacer el amor. Pasan mucho tiempo juntos compartiendo esperanzas y sueños en largas conversaciones. María toma clases de tenis de modo que pueda acompañar a Juan en su pasatiempo recreativo favorito.

María sabe que puede confiar en Juan, porque él es muy honesto en todo. Juan está orgulloso de su atractiva esposa y se siente en particular contento por cómo ella maneja los detalles en la casa mientras mantiene su trabajo de secretaria de medio tiempo. Juan gana un excelente salario como analista de sistemas, pero él y María han acordado que ella trabaje cuanto quiera, al menos por ahora.

María se siente segura con Juan, quién demuestra de un modo evidente que ama estar en el hogar y tener una familia. Ella se siente orgullosa de él y se lo dice a menudo.

Durante su primer año de matrimonio feliz, ¿qué ocurre en los balances del banco del amor de cada socio? Es curioso, pero Juan y

María no acumulan tantos puntos como antes de casarse, en particular porque comparten una variedad mucho más grande de experiencias que cuando salían juntos. Ahora están cerca cuando se sienten bien y cuando se sienten mal. Los créditos y débitos en las cuentas de su banco del amor se postergan por los altibajos de la vida.

A pesar del reducido margen de ganancias de ella en el banco del amor, su balance comparado con el del año pasado aumentó en cien unidades. Esto trae mil cien unidades a su cuenta. Una situación parecida es la de Juan. Durante los cuatro años siguientes las cuentas en ambos bancos del amor aumentan.

En su quinto aniversario, Juan todavía se siente locamente enamorado de María, y ella siente lo mismo. Deciden comenzar una familia, y la pequeña Tiffany llega al mismo tiempo que comienza su sexto año de matrimonio.

Hay una serie de cambios críticos en ese sexto año. María todavía es el gozo en la vida de Juan, pero él nota un incremento en sus momentos de melancolía. Aunque Tiffany es una muñequita y su padre la ama entrañablemente, aun así crea nuevas demandas y experiencias negativas. Cumplir con su turno de cambiarle los pañales en la noche no es algo que Juan registre como placentero. Por otra parte, la decisión de María de no amamantar a Tiffany deja a Juan con la responsabilidad adicional de darle el biberón y caminar con ella. Como si esto fuera poco, María se esfuerza mucho tratando de perder el peso extra que se generó a causa del embarazo.

Como resultado de todas estas vicisitudes, el balance de María en el banco del amor de Juan cae cien puntos en el año. La pérdida no es significativa... todavía. El balance de María todavía permanece muy alto, y Juan se siente profundamente enamorado de ella.

Pero cerca del segundo cumpleaños de Tiffany, María se pone nerviosa, no descansa bien, se siente incompleta. Ella quiere ser más que una secretaria de medio tiempo. Quiere tener una carrera más importante y no quiere esperar hasta que todos sus hijos se independicen. Le pregunta a Juan si él objetaría que ella volviera a la universidad, terminara su carrera, y posiblemente pudiera obtener la licenciatura en administración de empresas.

«Tomará seis años de clases», explica María. «Pero renunciaré a mi trabajo de medio tiempo para concentrarme en el bebé durante el día y asistiré a clases mayormente a la noche». Juan concuerda con entusiasmo. Él disfruta de un sólido y estable ingreso ahora, y no necesitan en realidad el sueldo de María. Se ofrece a cuidar de la bebé mientras ella está en la escuela y cuando necesite tiempo en ocasiones para terminar sus tareas de estudio.

Entra Nora

María comienza las clases y pronto obtiene excelentes calificaciones. Pero estas requieren de sacrificio y Juan no está para nada feliz con esto. Lo que le molesta más es que María casi nunca está de humor para hacer el amor. Juan entiende el dilema. El estudio demanda mucha energía, y lo que queda debe ser usado en las tareas domésticas y en cuidar a Tiffany. A la hora de irse a dormir María se siente exhausta, y Juan se da cuenta de que insistir en hacer el amor en esas condiciones sería poco considerado.

Juan se amolda al hecho de tener relaciones sexuales menos frecuentes y más apuradas cuando encuentra a María de humor, pero también extraña la atención que ella le daba y los partidos de tenis que siempre jugaban los sábados por la mañana. Ahora María rara vez tiene tiempo para estar con él, mucho menos para jugar al tenis. En vez de eso los fines de semana ella siempre hace los deberes de la casa y las tareas encomendadas para las clases del lunes.

Juan y María continúan con este modelo durante los siguientes dos años. La cuenta de María en el banco del amor de Juan disminuye lenta pero firmemente. Juan se comienza a preguntar qué pasó con la hermosa criatura con que se había casado. Ella parece perdida en sus libros, pero irónicamente no quiere discutir ninguna de sus clases con él.

«Todo esto lo estudiaste hace años», le dice María. «Y además, tú eres un experto en matemática, y yo no estoy estudiando tanta matemática».

Note que la cuenta de Juan en el Banco del Amor de María se mantiene estable porque Juan está ayudando a satisfacer una necesidad muy especial en la vida de ella ahora: la educación. María se da cuenta de que no han estado mucho tiempo juntos, pero aprecia profundamente todos los sacrificios de Juan y su aparente compromiso total hacia su familia.

Las cosas mejorarán en cuanto tenga mi título, se dice. Por lo tanto, María se dedica por completo a la academia, sin darse cuenta de cómo se siente su marido.

Mientras tanto Juan pasa cada vez más tiempo en el trabajo con una atractiva gerente de producción llamada Nora. La compañía la transfiere a su departamento y ellos comienzan a trabajar juntos de forma regular. Cuando el esposo de Nora la deja por otra mujer, Juan trata de darle consuelo y apoyo. Pasan los meses y la amistad con Nora se profundiza a diario, y pronto tiene unos cuantos cientos de unidades depositadas en el banco del amor de Juan.

Nora hace depósitos cuando hablan juntos en la cafetería y en otros momentos oportunos. Juan no tiene miramientos en compartir las experiencias buenas y malas de su vida con Nora. Sus conversaciones le recuerdan los «días pasados» con María.

Así que cuando Juan comienza a sentirse frustrado por la falta de tiempo para el sexo (o para cualquier otra cosa menos para el estudio, según parece) él comparte su frustración con Nora y la encuentra bastante comprensiva. En realidad, Nora le hace saber a Juan que desde el divorcio ella también se siente sexualmente frustrada.

Las semanas y meses vuelan, y María termina su carrera y se lanza hacia su programa de licenciatura. «Solo dos años más y se termina», le dice a Juan. «Has sido maravilloso al respaldarme de esta forma»

Juan sonríe y dice que es feliz al hacerlo, pero dentro de sí siente otra cosa.

«Ella está tan enfrascada en conseguir su título que no puede pensar en nada más», le dice Juan a Nora al día siguiente mientras toman un café. «Quiero que lo obtenga, pero me pregunto si el precio ha sido demasiado alto».

Unos días después, María está particularmente sobrecargada con los estudios por los exámenes semestrales. Al mismo tiempo, Juan está involucrado en un proyecto especial que lo obliga a trabajar mucho tiempo extra, con la colaboración de Nora. Una noche mientras Juan y Nora trabajan hasta tarde, el hecho ocurre. En un momento Juan le cuenta a Nora lo solo que se siente. Al momento siguiente ella está en sus brazos, y hacen el amor.

Cuando todo termina y se preparan para ir a sus casas a pasar la noche, Juan está bastante agitado y se siente culpable. Nora adivina este sentir y le dice que no quiere arruinar su matrimonio ni obstaculizar su relación con María.

«Mira», dice ella, «tengo que ser honesta. Me he enamorado de ti y quiero hacerte feliz. ¿Por qué no hacemos solamente el amor cuándo podamos? Eso es todo lo que quiero».

En su regreso a casa, Juan no se siente tan culpable después de todo. En realidad se siente bastante orgulloso. Sin ser culpable de nada, María es incapaz al presente de satisfacer sus necesidades sexuales. Y Nora no quiere nada más que ser una pareja sexual temporal. *¿Por qué no dejarla dado que es ayudarla a satisfacer sus necesidades también?*, razona Juan. *Será solo por el momento, por supuesto, hasta que María termine sus estudios y pueda tener más energía para el sexo.* Cualquier sentimiento de culpa Juan lo anula con rapidez con el pensamiento de sus necesidades insatisfechas.

Desde ese momento en adelante, Juan y Nora hacen el amor una vez por semana y a veces más seguido. En menos de un año la cuenta de Nora en el banco del amor de Juan sube mil unidades, parecida a la de María. Su gran incremento ocurre porque nunca hace o dice nada que haga sentir incómodo a Juan. Cada encuentro sexual es en extremo apasionado. En breve, Juan piensa que Nora es estupenda, y se enamora perdidamente de ella.

Aunque Juan esté enamorado de Nora esto no significa que no ame todavía a su esposa. Sin frustraciones sexuales, la relación de Juan con María mejora mucho. Incluyen a la pequeña Tiffany en todo lo que realizan juntos y hacen lo posible por disfrutar de todas las salidas familiares. Cuando María tiene un breve receso en sus estudios y quiere hacer el amor, Juan responde con entusiasmo. Esos momentos, por desgracia, no son muy frecuentes.

Mientras tanto Juan y Nora siguen viéndose todas las semanas. Juan nunca se ha cuestionado si esto está bien o mal, nunca lo ha pensado demasiado. Ese enorme proyecto que Juan está llevando a cabo les ha seguido demandando tiempo extra, y María no sospecha nada.

En realidad, María nunca habría sabido que Nora existía si no hubiera sido por Jane, su buena amiga. A través de otra mujer cuyo esposo trabaja en la división de Juan, Jane escucha acerca de lo cómodos que se sienten él y Nora en los descansos tomando café. Ella sospecha y hace algunas averiguaciones. Descubre la relación entre Nora y Juan, y va directo a darle a María la noticia. Al principio María no le cree a Jane, pero cuando lo investiga por sí misma descubre a Juan sonrojado y con las manos en la masa.

Juan está atónito porque nunca creyó que fuera a ser descubierto. Si María no hubiese sabido de Nora no estaría herida. Por primera vez Juan se siente profundamente culpable. Le ruega a María que lo perdone y trata de explicar por qué ocurrió.

«Podía ver cuán duro estabas trabajando con tus estudios, y no quería ser egoísta al demandar que hiciéramos el amor. La situación con Nora simplemente se dio y luego supongo que la dejé continuar porque lo necesitaba. Nunca quise herirte. Ahora puedo ver que fui un egoísta y en realidad un estúpido después de todo. Te prometo que no ocurrirá otra vez».

María está furiosa y con el corazón destrozado. ¿Por qué Juan no dijo nada? ¿Por qué tuvo que traicionar su matrimonio para satisfacer sus necesidades? Es la primera vez que María se da cuenta de que su carrera para conseguir el título se ha convertido en una trampa. Llora sin consuelo, y Juan se siente devastado. Le ruega a María que lo perdone y jura que nunca verá a Nora otra vez.

María lo perdona porque en realidad ama a Juan, y trata de hacer algunos cambios. Elimina algunas clases para tener tiempo para jugar al tenis otra vez. Ella trata de hacer el amor con Juan varias veces a la semana, con pasión y entusiasmo. Juan intenta serle fiel, pero en las primeras semanas después de la confrontación sufre la más severa depresión de su vida. Según ve, le guste o no, su banco del amor ha tenido en cuenta los depósitos de Nora. Ahora ama a María y a Nora. Juan extraña a Nora, pero no puede dejar a María. En síntesis, Juan ama y necesita a ambas mujeres. Las dos tienen balances considerables en su banco del amor, y parece no poder vivir sin ellas.

Intenta con mucho esmero, pero no puede esta lejos de Nora. Para aliviar su depresión vuelve a ella y encuentra que ha estado deprimida también en su ausencia. Nora le da la bienvenida una noche haciendo el amor apasionadamente, y planean maneras más sofisticadas de reunirse sin ser descubiertos. No pasa mucho tiempo antes de que María sospeche, y pronto sabe que está compartiendo a su marido con otra mujer, una mujer a la cual se había vuelto adicto.

¿Qué es lo que sigue?

En este preciso punto la gente como Juan y María muchas veces termina en mi oficina. Él quiere terminar la relación por la presión en casa. Ella quiere quitarse a la mujer de encima porque eso la vuelve loca. Muchas veces la otra mujer se siente cansada de ser noble y paciente, y presiona al esposo para que se divorcie de su esposa y se case con ella.

El problema es que el cónyuge involucrado —en este caso el esposo— no puede renunciar a ninguna de las dos mujeres. Su amante satisface algunas de sus necesidades, y su esposa otras. ¡Es como un burro entre dos fardos de heno, pero que antes de morir de hambre porque no puede decidir de cuál comer, mordisquea un poco de ambos!

A veces puedo ayudar, y otras no. Todo depende de si el cónyuge involucrado y su amante pueden separarse definitivamente y de si la pareja puede aprender a satisfacer las necesidades maritales básicas del otro.

¿Qué fue lo que le ocurrió al compromiso?

Quizá te estés preguntando: *¿Debería estar preocupado por la relación extramatrimonial que tiene mi cónyuge si yo no satisfago sus necesidades? ¿Debería mi cónyuge temer que yo tenga otra relación si mis necesidades no están satisfechas?* En referencia a las necesidades descritas en este libro, la respuesta es sí.

Me doy cuenta de que estas no son buenas noticias. «¿Qué le ha pasado al compromiso?», puedes preguntarte. «¿Y qué acerca de la confianza?» «¿Cómo puede funcionar un matrimonio si los contrayentes no pueden confiar el uno en el otro?»

Yo respaldo de modo firme el compromiso y coincido en que la confianza es un vínculo vital en todo matrimonio. Pero veinticinco años de experiencia con miles de personas me han enseñado una verdad innegable: Si cualquiera de las necesidades básicas de un cónyuge está insatisfecha, ese cónyuge es vulnerable a la tentación de otra relación. Examinando cada una de estas áreas de necesidad en forma separada los cónyuges pueden aprender cómo cuidarse el uno al otro de manera tal que puedan edificar sus matrimonios a prueba de otras relaciones. Más importante todavía, sus matrimonios pueden llegar a ser mucho más excitantes y plenos —y confiables— de lo que lo fueron antes.

En el primer capítulo describí diez necesidades emocionales de los hombres y mujeres. Aunque las diez son compartidas por ambos sexos, cinco tienden a ser más importantes para las mujeres, y las otras cinco para los hombres.

Esta disparidad entre hombres y mujeres relacionada con las prioridades de estas diez necesidades dificulta que sientan empatía el uno con el otro. «¿Por qué son tan importantes para ti estas cosas?», pregunta cada cual. «Ninguna me impacta de forma tan vital que no pueda continuar sin ella, por lo menos por un rato. ¿Qué ocurre contigo?»

A causa de esta falta de comprensión, la pareja sin saberlo funciona con propósitos cruzados, cada uno tratando de satisfacer las necesidades que él o ella tiene, no las necesidades que el otro tenga. Así que las esposas a menudo llenan a sus esposos de afecto con facilidad porque lo aprecian y lo quieren también para ellas. De forma simultánea, los esposos avanzan sexualmente porque el sexo es una de sus necesidades mayores. Cada uno se confunde cuando a lo sumo el otro responde con un placer limitado y en el peor de los casos se vuelve enojado, irritado o frígido.

Este tipo de comportamiento en el cuál un cónyuge le da al otro algo que él o ella en realidad no necesita demasiado llega a ser una derrota concreta y destructiva. Debido a que las prioridades de las necesidades del hombre son diferentes a las prioridades de las necesidades de la mujer, cada uno debe tomarse el tiempo para descubrir y reconocer las necesidades más importantes de su pareja, aquellas con la prioridad más alta. Es asombroso que mucha gente piense que puede hacer esto simplemente a través de la intuición, pero estoy convencido de que solo puede ocurrir como resultado de una comunicación clara y un entrenamiento efectivo.

Los esposos que se comprometen a satisfacer las necesidades del otro echarán los cimientos para una felicidad de por vida en el matrimonio que es más profunda y más satisfactoria de lo que ellos incluso soñaron posible.

En los próximos dos capítulos observaremos la necesidad más importante para la mayoría de las mujeres (afecto) y la más importante necesidad para la mayoría de los hombres (sexo). Comenzaremos con la necesidad de afecto porque cuando es satisfecha, establece los fundamentos para satisfacer la necesidad de sexo.

En numerosas situaciones de consejería he encontrado a hombres increíblemente ineptos en cuanto a mostrar afecto a sus esposas. Salvo algunas excepciones estos hombres se quejan con amargura acerca de «no tener suficiente sexo». Mientras tanto sus esposas, que no saben en realidad cómo tener una relación sexual plena o no saben disfrutar haciendo el amor, se quejan: «Todo lo que quiere es mi cuerpo; él nunca se muestra afectuoso». La frustración que resulta en ambos lados puede conducir con facilidad a otra relación y a un posible divorcio. ¡Esto no tiene que ser así! Permíteme mostrarte por qué.

3

LA PRIMERA COSA SIN LA CUAL ELLA NO PUEDE ESTAR

AFECTO

Cuando Jane se enamoró de Ricardo, ella sabía que había encontrado a su príncipe. Con más de dos metros de altura, los casi noventa kilos de Ricardo eran pura musculatura, sin adiposidades, lo que lo hacía ver a la edad de veintitrés años tan bien como cuando Jane lo admiraba en la cancha de baloncesto de la escuela secundaria. Además de bien parecido, Ricardo era un tipo silencioso y fuerte, lo cual solo lo hacía más intrigante para Jane. Las citas con Ricardo se sentían excitantes, y cuándo él la sostenía en sus brazos el nivel de pasión se elevaba por encima de lo que alcanzaba a medir la balanza.

«Tenemos la química adecuada», se aseguraba Jane.

De todas formas, después de unos meses de casados, la pasión comenzó a decaer. Jane comenzó a notar algo extraño: en cuanto ella se arrimaba para darle un beso o un abrazo, Ricardo se excitaba sexualmente de forma inmediata. Casi sin excepciones el contacto físico llevaba al dormitorio.

Jane también descubrió que el estilo de cortejar «silencioso y fuerte» de Ricardo había cubierto sus tendencias iracundas y el hecho de que se reservaba prácticamente todo para sí. Antes de que se casaran, Ricardo le dijo a Jane que su mamá había muerto cuándo él tenía diez años, y que su padre y dos hermanos mayores lo criaron. Ella no había pensado demasiado en esto. Tal cosa explicaba por qué era tan parco y machista, pensó.

Jane no se dio cuenta de que Ricardo había crecido en un hogar donde las expresiones de afecto no eran frecuentes antes de que su mamá muriera, y después se volvieron casi inexistentes. Él literalmente no sabía cómo brindar afecto porque había recibido muy poco. Para Ricardo el afecto en el matrimonio era sinónimo de sexo, algo que dejaba a Jane sintiéndose desilusionada y usada. Mientras su matrimonio se aproximaba al primer aniversario, la cuenta de Ricardo en el banco del amor de Jane apenas se sostenía.

En el trabajo, Jane fue transferida a un nuevo departamento y allí se encontró con Bob, una persona cálida y afable que quería a todos. Bob acostumbraba rodear con su brazo el hombro de la persona con la cuál caminaba, hombres y mujeres por igual. Nadie se ofendía. Él era simplemente un hombre amigable que quería a todos.

Jane se dio cuenta de que esperaba esos abrazos ocasionales de Bob. Siempre la hacían sentir bien... cálida, cómoda y protegida. Un día se encontraron en el pasillo.

—Hola, Jane, ¿cómo estás? —la saludó Bob al tiempo que le daba un fraternal abrazo.

—Sabes, Bob —dijo ella—, hace mucho que quiero decirte cuánto aprecio tus abrazos. Es bueno conocer a un hombre al que le guste hacer eso.

—¡Bien, entonces, ven aquí! —rió él y le dio otro abrazo y un beso en la mejilla.

Jane trató de calmarse, pero ese beso hizo que su corazón latiese más rápido. Continuó latiendo así en las semanas siguientes mientras comenzaba a recibir notitas de Bob. Eran cariñosas y dulces. Una decía: «¡Buenos días! ¡Espero que tengas un gran día! Eres una gran persona, y te mereces lo mejor. Tu amigo, Bob».

Jane comenzó a ser recíproca con las notas. No pasó mucho tiempo antes de que esperara la llegada de la nota de Bob como el punto más importante de su día. A veces él le traía un ramito de flores. Eso la hacía sentir una verdadera princesa.

Almorzaron juntos varias veces, y la cuenta de Bob en el banco del amor de Jane ascendía de forma firme. Jane se encontró estimulada por cada expresión de gentil afecto que recibía de Bob: los abrazos, las sonrisas, las notas. Al final le escribió una nota: «No puedo evitarlo. Creo que me estoy enamorando de ti».

Bob no respondió, pero continuó mostrándole a Jane su bondad y afecto. Las semanas pasaron, y un día se encontraron solos en un lugar aparte que habían elegido para almorzar al estilo picnic. Mientras se preparaban para irse la mano de Jane tocó la de Bob, y ella la apretó ligeramente. Bob respondió con un abrazo en especial afectuoso, y lo que siguió surgió de un modo tan natural y hermoso que Jane no lo podía creer. Hacer el amor con Bob fue la experiencia más emocionante de su vida, porque sabía que él sentía afecto por ella y la cuidaba mucho.

En las semanas subsiguientes se escaparon cuantas veces les fue posible para hacer el amor con pasión. El sexo con Bob era maravilloso, porque Jane podía liberar sus emociones e involucrarse de forma plena. El afecto genuino de Bob le hacía sentirse amada a plenitud y cuidada como persona.

¿Qué había pasado? ¿No significaban nada los votos de matrimonio para ella? ¿Estaba justo esperando una oportunidad de engañar a su esposo? Lo dudo. ¡Jane solo se sentía tan hambrienta de afecto que fue literalmente abrazada por una nueva relación!

El afecto es el cemento de una relación

Para la mayoría de las mujeres el afecto simboliza seguridad, protección, apoyo y aprobación, bienes vitales e importantes a sus ojos. Cuando un esposo le da afecto a su esposa, le manda los siguientes mensajes:

- Te cuidaré y protegeré. Eres importante para mí, y no quiero que nada te ocurra.

- Estoy preocupado por los problemas que enfrentas, y estoy contigo.

- Creo que has hecho un buen trabajo, y estoy orgulloso de ti.

Un abrazo puede decir cualquiera de las cosas recién expresadas. Los hombres deben entender lo muy necesarias que son estas expresiones. Para la esposa promedio, apenas se llega a tener suficientes muestras de estas expresiones.

He mencionado los abrazos frecuentes porque creo que es una capacidad que la mayoría de los hombres necesita desarrollar para mostrarles afecto a sus esposas. Es una manera simple pero efectiva de llenar sus cuentas en el banco del amor de la esposa.

A la mayoría de las mujeres les gusta abrazar. Se abrazan entre ellas, abrazan a los niños, a los animales, a los parientes y hasta a los peluches. No estoy diciendo que se arrojarán en los brazos de cualquiera: ellas pueden llegar a inhibirse si pensaran que alguien puede interpretar su abrazo de una forma sexual. Pero en el resto de las ocasiones, a través de los países y las culturas, a las mujeres les gusta abrazar y ser abrazadas.

Es obvio que un hombre puede mostrar afecto en otras formas que pueden ser igualmente importantes para las mujeres. Una tarjeta de saludos o una nota expresando amor y cariño pueden ser simples pero comunican las mismas emociones. Y no olvide ese ramo de flores. A casi todas las mujeres les gusta recibir flores. A veces me encuentro con un hombre al que le gusta recibirlas, pero a la mayoría no. De todas formas, las flores les envían a las mujeres poderosos mensajes de amor y preocupación.

Una invitación a cenar también demuestra afecto. Es una forma de decirle a la esposa: «No necesitas hacer lo que siempre haces por mí. Te atenderé yo. Eres especial para mí, y quiero mostrarte cuánto te quiero y me preocupo por ti».

Hay muchos chistes que reflejan cómo prácticamente después de la boda la esposa tiene que encontrar la forma de entrar a los autos, casas, restaurantes y otros lugares por el estilo. Pero un esposo sensible abrirá la puerta para ella en cada oportunidad, como otra manera de decirle: «Te quiero y te cuido».

Tomarse de las manos es una señal de afecto siempre bien recibida y efectiva. Las caminatas después de la cena, una palmada en la espalda, las llamadas por teléfono, las conversaciones con expresiones profundas y amorosas, todas estas cosas suman unidades en el banco del amor. Como más de una canción lo ha dicho: «Hay miles de formas de decirte que te amo».

Desde el punto de vista de la mujer, el afecto es el cemento esencial de su relación con un hombre. Sin afecto una mujer probablemente se sienta separada de su pareja. Con afecto llega es estar firmemente vinculada a su esposo mientras él agrega unidades en su cuenta del banco del amor.

Pero ella sabe que no soy afectuoso

Los hombres deben entender esta idea vital: las mujeres encuentran que el afecto es importante. A ellas les encanta el sentimiento que acompaña tanto el dar como el recibir afecto, y esto no tiene nada que ver con el sexo. La mayoría del afecto que dan y reciben no se inclina al plano sexual. Se puede comparar mejor a la emoción que intercambian con sus hijos o sus mascotas.

Todo esto confunde al varón típico. Él se ve mostrando afecto como parte del juego sexual previo, lo que lo excita de inmediato. En otros casos los hombres simplemente quieren evitar el afecto; ya están excitados.

Observemos a una pareja hipotética a los que llamaremos Brenda y Bruce. En los últimos tiempos ha habido una tensión entre ellos porque Brenda no ha respondido con mucho entusiasmo a los requerimientos de Bruce para tener sexo. Al ampliarse la escena podemos ver que ella siente que Bruce tiene esa mirada en sus ojos otra vez, y trata de enfrentarlo al paso: «Bruce, relajémonos por algunos minutos. Después quizá podamos tomarnos de la mano, y podamos abrazarnos. No estoy lista para el sexo así porque sí. Necesito algo de afecto primero».

A Bruce se le eriza el cabello y con impaciencia machista dice: «¡Tú me conoces desde hace años! ¡No soy del tipo afectuoso, y no voy a comenzar ahora!»

¿Suena increíble o traído de los pelos? Pues escucho versiones de esto con regularidad en mi oficina. Bruce fracasa en ver la ironía de querer tener sexo rehusando darle afecto a su esposa. Un hombre que musita: «No soy del tipo afectuoso», mientras llega al cuerpo de su esposa para satisfacer sus deseos sexuales, es como un vendedor que trata de cerrar un trato diciendo: «No soy del tipo amigable, firme aquí, pavote. Tengo otra cita en espera».

Aunque ellos no deberían tener problemas en entender esta lógica simple, los hombres fracasan en ver la Primera Ley de Harley del Matrimonio:

> Cuando de sexo y afecto
> se trata, no puedes tener lo
> uno sin lo otro.

Cualquier hombre puede aprender a ser afectuoso

El afecto es tan importante para las mujeres que ellas se confunden cuando sus esposos no les responden de la misma manera. Por ejemplo, una esposa puede llamar a su esposo al trabajo solo para hablar. A ella le encantaría recibir tal llamado y está segura de que él siente lo mismo. Muchas veces ella se siente desilusionada cuándo él la interrumpe diciendo: «Tengo un montón de cosas que terminar para las cinco». Esto no significa que el esposo no la ame; simplemente tiene prioridades diferentes porque tiene un conjunto de necesidades básicas diferentes.

Cuando salgo de viaje muchas veces encuentro pequeñas notas que Joyce ha empacado entre mi ropa. Ella me está diciendo que me ama, por supuesto, pero las notas envían otro mensaje también. A Joyce le gustaría recibir las mismas notas, y he tratado de dejárselas —en su almohada, por ejemplo— cuando salgo de la ciudad.

Mis necesidades de protección, aprobación y cuidado no son las mismas que las de ella, ni son satisfechas de la misma manera. He tenido que descubrir estas diferencias y actuar en consecuencia. Por ejemplo, cuando caminamos juntos en un centro comercial, es importante para ella que nos tomemos de la mano, algo que a mí no se me ocurriría de forma natural o automática. Ella me ha alentado a tomarle la mano, y estoy feliz de hacerlo, porque sé que lo disfruta y dice algo que ella quiere oír.

Cuando trato de explicarle esto de tomarse de la mano a algunos hombres en mi consultorio, ellos pueden cuestionar un poco mi hombría. ¿No será que mi esposa me «está llevando por la nariz» por así decirlo? Respondo que en mi opinión nada podría estar más lejos de la verdad. Si tomando de la mano a Joyce en un centro comercial la hago sentirse amada y delicadamente protegida, sería un tonto al rehusarme a ello. Aprecio mucho su ayuda en cuanto a cómo puedo mostrarle afecto. Prometí cuidarla cuando me casé con ella, y quise significar cada palabra. Si ella explica cómo puedo darle mejor el cuidado que quiere, estoy dispuesto a aprender porque quiero su felicidad.

Casi todos los hombres necesitan alguna instrucción sobre cómo llegar a ser más afectuosos, y aquellos que han desarrollado tales hábitos amorosos por lo general han aprendido cómo hacerlo de buenos entrenadores... quizá novias anteriores. En la mayoría de los matrimonios la esposa de un hombre puede llegar a ser su mejor maestra si él se acerca a ella para obtener ayuda de la manera correcta.

Primero necesitas explicarle que la amas mucho pero que muchas veces fallas al expresarle de manera adecuada este amor profundo y el cuidado que sientes por ella. Después deberías pedirle que te ayude a aprender a expresar ese afecto, que tú ya sientes, en formas que ella aprecie.

Al principio se sentirá confundida con el pedido. «¡Cuándo amas a alguien el afecto viene de forma natural!», puede decir. No se da cuenta de que el afecto se expresa más naturalmente para ella que para ti.

Tu esposa puede pensar que tienes el sexo en la mente y que has planeado alguna manera diferente de mejorar tu relación sexual.

«No creo que te haga saber lo mucho que te cuido», puedes contestar. «Simplemente asumo que ya lo sabes porque voy a trabajar, salimos juntos, y te ayudo en la casa. Quiero hacer más para demostrarte lo mucho que quiero expresar mi aprecio por ti».

«¡Suena genial! ¿Cuándo empezamos?»

Te puede ayudar haciendo una lista de aquellas señales de cuidado que significan lo máximo para ella. Las mujeres por lo general expresan una necesidad de cercanía física, como abrazarse, tomarse de la mano, sentarse muy juntos. Los besos son muy importantes para la mayoría de las mujeres, así también como los obsequios y las tarjetas que expresan tus sentimientos y compromisos emocionales. A las mujeres les encanta que sus esposos las lleven a cenar, y casi siempre una esposa aprecia mucho cualquier esfuerzo que el esposo haga para hacer las compras de comida y ropa con ella como señal de afecto. Cuando aconsejo a las mujeres que han expresado una necesidad de afecto utilizo un formulario, el «Inventario de afecto», para ayudarles a identificar los actos afectuosos que son más importantes para ellas.

Aquí hay algunos hábitos que te irán ayudando a ser un esposo afectuoso:

- Abraza y besa a tu esposa cada mañana cuando esté todavía en cama.
- Dile que la amas mientras desayunan juntos.
- Bésala antes de salir a trabajar.
- Llámala durante el día para saber cómo está.
- Tráele flores de vez en cuando de sorpresa (asegúrate de incluir una tarjeta que exprese tu amor por ella).
- Los regalos para ocasiones especiales (cumpleaños, aniversarios, Navidad, Día de las madres, Día de San Valentín) deberían ser sentimentales, no prácticos. Aprende a comprar para una mujer.
- Después de trabajar, llámala antes de salir hacia tu casa para que ella sepa cuándo esperarte.
- Cuando llegues a tu casa del trabajo, abrázala y bésala y pasa algunos minutos conversando con ella acerca de cómo te fue durante el día.
- Ayuda con los platos después de la cena.
- Abrázala y bésala cada noche antes de que ambos vayan a dormir.

Una vez que tu esposa te ha ayudado a identificar los hábitos que ayudarán a satisfacer sus necesidades de afecto, haz un plan para que puedas aprender dichos hábitos. Para repetir un punto que recalco en este libro, sé que conocer las necesidades de tu cónyuge no necesariamente satisfará la necesidad. Debes aprender nuevos hábitos que transformen ese conocimiento en acción. Así y solo así es que esa necesidad se verá satisfecha. No eleves las esperanzas de tu esposa con tus buenas intenciones. Da un paso más: Aprende los hábitos del afecto. Si conoces las necesidades de tu esposa y luego fallas al satisfacerlas, tu relación será peor que antes de que obtuvieras esta comprensión. ¡Por lo menos antes podías alegar ignorancia!

Tus planes para aprender estos hábitos de afecto deberían escribirse en un cuaderno para que así tengas más probabilidad de mantener el rumbo. Los clientes que aconsejo usan un formulario, «Estrategia para encontrar las necesidades de afecto», para describir su plan. El formulario simplemente requiere que las parejas identifiquen los hábitos que desean aprender y describen cómo planean aprenderlos.

Los hábitos por lo general llevan tiempo para desarrollarse, semanas unas veces, meses otras. Tu plan debería incluir el tiempo que esperas estar en «el entrenamiento». Los hábitos más fáciles de aprender son aquellos que disfrutas, los más difíciles son aquellos que te resultan incómodos. Al principio, la mayoría de los cambios de conducta parecen raros y nos hacen sentir inseguros. No es un proceso suave y espontáneo, sino que es voluntario. Esto es en especial cierto para muchos de los hábitos de afecto. Por esa razón muchos abandonan la disciplina de desarrollarlos. Pero con el tiempo descubrirás que después que una conducta ha sido repetida un número de veces, llega a ser más natural y espontánea. Lo que comienza como un proceso incómodo llega a ser una segunda naturaleza en ti.

Otro obstáculo es que los hábitos de afecto no son motivados por nuestra propia necesidad; son motivados por tu deseo de satisfacer las necesidades de tu esposa. Ella puede ofenderse al principio cuándo no estás tan interesado en el afecto como ella. Pero con el tiempo te encontrarás disfrutando de los tiempos de afecto juntos, y cuando eso ocurra ella no se preocupará por cómo esto se desarrolló. Ambos serán ganadores: ella tendrá lo que necesita del hombre que disfruta satisfaciendo la necesidad.

El sexo comienza con afecto

A través de los años no he visto nada más devastador para un matrimonio que una relación extramatrimonial. Tristemente, la mayoría de estas relaciones comienzan por una sensación de falta de afecto (por parte de la esposa) y de sexo (por parte del esposo). Es un círculo bastante vicioso. Ella no tiene suficiente afecto, y lo aleja sexualmente. Él no tiene suficiente sexo, por lo que lo último que quiere es ser afectuoso. La solución para este círculo trágico es que alguno lo rompa. Gané mi reputación como consejero matrimonial convenciendo a las esposas de que si satisfacían las necesidades sexuales de sus esposos, ellos estarían dispuestos a satisfacer su necesidad de afecto como contrapartida, y cualquier otra necesidad, por esa razón. Funcionó tan bien que alcancé una vigorosa práctica de la noche a la mañana.

Pero puede funcionar al revés, al tener un marido que satisfaga la necesidad de afecto de ella primero. He descubierto que cuando la necesidad de ella se satisface, por lo general está mucho más dispuesta a satisfacer la necesidad de sexo de él. Como comencé este libro con la necesidad de afecto de la esposa, le recomiendo que si su necesidad de sexo no es satisfecha, tome la iniciativa aprendiendo a satisfacer las necesidades de afecto de su esposa primero.

El afecto es el entorno del matrimonio, mientras el sexo es un *suceso*. El afecto es una forma de vida, un manto que cubre y protege un matrimonio. Es una expresión directa y convincente del amor que le da al suceso sexual un contexto más apropiado. La mayoría de las mujeres necesitan afecto antes de que el sexo signifique mucho para ellas.

Debido a que los hombres tienden a traducir afecto en sexo con toda facilidad, hago énfasis en aprender a dar afecto sin sexo. Trato de enseñarle a un marido que haga del afecto una forma de relacionarse con su esposa sin que haya sexo de por medio. Él aprende no solo a encenderse e ir de inmediato al sexo. Cuándo él y su esposa están juntos, un gran abrazo y un beso deberían ser la rutina. En realidad, casi cualquier interacción entre ellos debería incluir palabras y gestos afectuosos. Creo que cada matrimonio debería tener una atmósfera que diga: «En realidad te amo y sé que me amas».

Cuando hablo de afecto sin sexo, muchos hombres se confunden. ¿Qué deben hacer con sus instintos sexuales naturales, que pueden ser desencadenados por prácticamente cualquier acto de afecto? Ellos quieren saber si tienen que darse «duchas frías» para mantenerse frescos. ¡Les digo que cuando salían con sus novias, sexualmente hablando estaba igual que ahora, o quizá aun peor! Sin embargo, mostraban mucho afecto y atención que no incluía agarrarse ni tocarse de forma inapropiada. Trataban a las jóvenes con respeto y ternura.

Muchos maridos recuerdan los encuentros apasionados de los días en que se cortejaban y quieren saber: «¿Por qué no se enciende de la misma forma que antes de casarnos?»

Con paciencia explico que él no la está tratando en la forma en que lo hacía entonces. Después del casamiento creyó que podría eliminar las acciones y gestos preliminares e ir al asunto principal. Pero resulta que los gestos preliminares son requeridos no solo para tener un acto sexual pleno, sino también porque tienen razón de ser. En muchos casos lo que ellos piensan que son solo gestos preliminares para ellas son el «suceso principal».

En la mayoría de los casos una mujer necesita sentir una unidad con el esposo antes de tener sexo con él. Una pareja logra este sentimiento a través del intercambio de afecto y la atención exclusiva.

La necesidad de esta unidad de espíritu nos ayuda a entender cómo se desarrollan las relaciones extramaritales. En este tipo de relación, una mujer tiene sexo con un hombre después de que ha demostrado su amor por ella inundándola con su afecto. Debido a que su amante ha expresado tal cuidado por ella, la unión física está por lo general caracterizada por un grado de éxtasis no conocido por ella en el matrimonio. Concluye que su amante es justo para ella porque no siente lo mismo cuando hace el amor con su marido.

En verdad, cualquier matrimonio puede tener la amenaza de una relación extramarital si no tiene ese vínculo de un mismo y único espíritu. Es un trágico error de percepción de la esposa el creer que su esposo no es la persona adecuada para ella basándose en una comparación de sentimientos en un determinado momento en el tiempo. Si él edificara su matrimonio desde la base del afecto, su vínculo sería restaurado y la relación extramarital sería vista como lo que en realidad es: un esfuerzo mal orientado para satisfacer una necesidad emocional importante.

Cuando tu matrimonio tenga serios problemas sexuales, busca el elemento faltante del afecto. Sin el entorno, el hecho sexual es forzado y antinatural para muchas mujeres. Muy a menudo la esposa accede de mala gana al sexo con el esposo, aun cuando sabe que ella no lo disfrutará. En una relación extramarital, las condiciones que garantizan la plenitud sexual, la vinculación que viene con el afecto, son satisfechas. El amante se ha tomado todo el tiempo necesario para crear el entorno correcto para el sexo. Y en consecuencia, ella se ajusta en términos sexuales con el pensamiento de él.

La mayoría de las mujeres que he aconsejado tienen una necesidad grande de afecto. Trato de ayudar a sus maridos para que entiendan el placer que las mujeres sienten cuando se satisface esta necesidad. Aunque no son los mismos gestos y acciones que los experimentados durante el acto sexual, forman parte vital de una relación romántica. Sin eso, la experiencia sexual de una mujer es incompleta.

Muchos maridos entienden esto al revés. Para ellos, la excitación sexual les hace sentir más afecto. Tratan de explicarles a sus esposas la importancia de tener sexo más a menudo para sentirse afectuosos. Pero ese argumento por lo general cae en un saco roto. Algunas mujeres tienen sexo con sus maridos solo por el afecto que reciben mientras hacen el amor, pero esto tiende a dejarlas resentidas y amargadas. Tan pronto como se acaba el sexo, sus maridos vuelven a sus formas de ser carentes de afecto, dejando a sus esposas con un sentimiento de no ser amadas. Ellas sienten que todo lo que sus esposos quieren es sexo, y que no les importan en ninguna otra manera. Esa actitud destruye su sentimiento de intimidad y el vínculo de unidad. Pero esa actitud puede cambiar si sus esposos aprenden a crear un ambiente de afecto, aprendiendo hábitos que producen un fluir permanente de amor y cuidado.

De la misma forma en que los hombres quieren una respuesta sexual espontánea, las mujeres prefieren que el afecto de sus maridos también sea espontáneo. Hay una cierta espontaneidad en nuestro comportamiento una vez que está bien aprendido, pero cuando tratamos de desarrollar nuevos comportamientos, parecen ser forzados y antinaturales. Al principio, los esfuerzos para ser afectuoso pueden no ser convincentes, y como resultado, pueden no tener el efecto de un afecto espontáneo. Pero con la práctica el comportamiento afectuoso a la larga se sintoniza adecuadamente con los sentimientos de cuidado que los esposos tienen por sus esposas. Eso, en etapas, crea el entorno necesario para una respuesta sexual espontánea en una mujer.

La necesidad de afecto para una mujer es quizás su necesidad más profunda. Aun así todo lo que he dicho aquí podría ser inútil si una esposa fracasa en entender que su esposo tiene una necesidad igualmente profunda por el sexo. En el próximo capítulo confrontaré a la mujer en un esfuerzo para explicar por qué, para los hombres, el sexo no es solo una de varias maneras de terminar una hermosa noche. Para el hombre normal, el sexo es como el aire o el agua. No puede vivir muy bien sin eso.

Si una esposa fracasa en entender el poder del apetito sexual del varón, terminará teniendo un esposo que estará tenso y frustrado al máximo. En esta situación lo peor que puede ocurrir es que otra persona aparezca para satisfacer la necesidad de él, y trágicamente esto ocurre demasiado a menudo en nuestra sociedad. Pero todo puede ser evitado si los esposos aprenden a ser más afectuosos y la esposas aprende a responder con más deseo de hacer el amor. Como dice la Primera Ley de Harley del Matrimonio:

> Cuando de sexo y afecto
> se trata, no puedes tener
> lo uno sin lo otro.

Preguntas para él

1. En una escala del uno al diez, siendo diez «muy afectuoso», ¿cuán afectuoso soy hacia mi esposa? ¿Cómo me calificaría ella?

2. ¿Es el afecto el ámbito general de nuestro matrimonio?

3. ¿En el pasado mi tendencia ha sido igualar el afecto con estar sexualmente excitado? ¿Por qué no ha funcionado?

4. ¿En qué formas específicas le muestro afecto a mi esposa?

5. ¿Estaría yo dispuesto a permitir que ella me instruya para mostrarle más afecto en las formas que en realidad lo requiere?

Preguntas para ella

1. ¿Es el afecto tan importante para mí como este capítulo reclama?

2. Si no estoy obteniendo suficiente afecto de mi esposo, ¿estaría dispuesta a poner mi orgullo a un lado y a instruirle con paciencia?

3. ¿Encontraría más fácil hacer el amor si siento que él es en verdad afectuoso y se interesa por mí?

Para considerar juntos

1. ¿Necesitan hablar acerca del afecto? Si es así, ¿qué es lo que necesitan compartir exactamente?

2. ¿Hay suficiente afecto en su matrimonio? ¿Qué ejemplos pueden dar?

3. ¿Cómo pueden tener «prácticas de afecto»? ¿Qué es cómodo para ambos?

4

LA PRIMERA COSA SIN LA CUAL ÉL NO PUEDE ESTAR

PLENITUD SEXUAL

«Antes de casarnos, Jim era muy romántico y afectuoso, un Don Juan con todas las de la ley. Ahora se parece más a Atila, rey de los hunos». «Cuando Juan quiere sexo, él lo quiere ya. No le importa cómo me siento; lo único que le interesa es su autosatisfacción». «Bob se ha transformado en un animal. ¡Solo puede pensar en sexo, sexo, sexo!»

Cuando escucho a las esposas expresarse en términos como estos en mi consultorio, entiendo lo desilusionadas que pueden sentirse. Con anterioridad los hombres que sabían cómo darles afecto a estas mujeres las tenían a sus pies. Pero una vez comprometidos en el matrimonio, todos los afectos se evaporaron, y lo que quedó parece ser un instinto animal. ¿El afecto durante el noviazgo fue simplemente una forma de cautivar a la mujer para la gratificación sexual?

«¿Por qué crees que tu esposo actúa de esa manera?», pregunto. «Porque es desconsiderado», es la respuesta usual... o algunas palabras que indican más o menos lo mismo.

Estas mujeres comparten un problema real y común. Lo describo simplemente en el Primer Corolario de Harley:

> La esposa típica no entiende las
> necesidades profundas de sexo de su
> esposo más de lo que el esposo típico no
> entiende la necesidad profunda de afecto
> que tiene su esposa.

Si ambos lados quieren escuchar y cambiar, una pareja puede resolver esto sin demasiada dificultad. En el capítulo 3 fui bastante duro con los hombres, porque de todo corazón creo que la incapacidad de ellos de mostrar afecto es un problema crucial. Recuerden, *el afecto es el entorno del matrimonio, el sexo es el suceso especial.* Al mismo tiempo, a una esposa le cuesta mucho captar cuán especial es para el hombre el sexo. Él no está «manoseándola y agarrándola» porque se ha transformado en un monstruo lujurioso. Hace esto porque necesita algo imperiosamente. Muchos hombres me dicen que desearían que su deseo sexual no fuese tan fuerte. Como me dijo un ejecutivo de treinta y dos años: «Me siento como un tonto, como si le estuviera rogando o incluso violándola, pero no puedo evitarlo. ¡*Necesito* hacer el amor!»

Por qué los hombres a menudo se sienten engañados

Cuando un hombre elige una esposa, promete permanecerle fiel de por vida. Esto significa que cree que su esposa será su única pareja sexual «hasta que la muerte los separe». El esposo hace este compromiso porque confía en que su mujer estará interesada sexualmente en él tanto como él en ella. Confía en que la esposa estará sexualmente disponible para él cuándo la necesite para hacer el amor y en que satisfaga todas sus necesidades sexuales, del mismo modo que ella confía en que él satisfaga sus necesidades emocionales.

Lo triste es que en muchos matrimonios el hombre descubre que poner su confianza en su mujer se ha convertido en uno de los errores más grandes de su vida. Ha acordado limitar su experiencia sexual a una esposa que no quiere satisfacer esa necesidad vital. Él se encuentra en el proverbial riachuelo sin remos. Si sus convicciones religiosas o morales son fuertes, tratará de pasarla lo mejor posible. Algunos maridos hacen este esfuerzo, pero muchos no pueden. Encuentran sexo en cualquier otro lugar.

El hombre infiel justifica esto en términos del fracaso de su esposa en comprometerse sexualmente con él. Cuándo ella descubre su infidelidad puede tratar de «corregir su error» y mejorar su relación sexual, pero para entonces es a menudo demasiado tarde. Ella se siente dolida y amargada, y él se ha involucrado ya mucho en otra relación.

Uno de los estudios más extraños del comportamiento humano es el del hombre casado que siente atracción sexual por otra mujer. Muchas veces parece que está poseído. He conocido presidentes de bancos, políticos exitosos, pastores de iglesias florecientes, líderes en cada esfera de la vida, que han permitido que sus carreras se desplomaran y han desperdiciado los logros de sus vidas a causa de una relación sexual especial. Ellos explican en términos certeros que sin esta relación todo lo demás en sus vidas carecería de significado.

Me siento y escucho a estos patéticos y confundidos hombres, tan motivados por su necesidad sexual que sus capacidades de razonar han llegado al nivel más bajo. En términos generales tendería a admirar a dichos individuos inteligentes, exitosos y responsables. Pero su instinto sexual mal orientado los tiene atados por completo.

Si bien esta secuencia de hechos nos muestra una insana manera de vivir, mi experiencia de consejero me guía a creer que la mitad de las parejas casadas atraviesan la agonía de la infidelidad y las relaciones extramatrimoniales. Sin embargo, creo que en la mayoría de los matrimonios una pareja puede prevenir con facilidad esta tragedia. La prevención comienza con la comprensión de las diferencias entre la sexualidad de hombres y mujeres.

¿Cuál es la diferencia?

¿Cuán diferentes son los hombres de las mujeres con respecto al deseo sexual y a la conciencia de su propia sexualidad?

A través de los años he coleccionado más de cuarenta mil cuestionarios de clientes, los cuales indagan acerca de sus historias y comportamientos sexuales. De los resultados de estos cuestionarios, se revela que casi todos los hombres se masturban, y muchos comienzan a una edad muy temprana (de ocho a diez). Por otra parte, las chicas que se masturban comienzan mucho más tarde, muchas al final de su adolescencia y a principios de los veinte, y más de la mitad de las mujeres que estudiamos no se habían masturbado.

Las primeras experiencias heterosexuales reportadas por los hombres y mujeres que estudiamos ocurrieron en esencia a las mismas edades (entre trece y dieciséis). Pero los informes de esa experiencia difirieron de un modo notable. Casi todos los hombres entrevistados disfrutaron de su primer encuentro heterosexual, mientras casi todas las mujeres de este estudio lo encontraron decepcionante.

Creo que parte de esta discrepancia se debe a las razones por las cuales los chicos y las chicas se inician en el sexo. La mayoría de los chicos están motivados por un fuerte deseo sexual y un historial de respuesta sexual a través de la masturbación, mientras que las chicas vienen a ese primer encuentro sin ninguna historia sexual. Muchas no saben qué esperar. Las motiva un deseo de ser queridas por su novio o la curiosidad. «¿Cuál es el gran tema sobre el sexo después de todo?», preguntan, pero no tienen la necesidad urgente de esa gratificación sexual.

Esta disparidad en términos de necesidad sexual y experiencia subyace en la raíz de muchos problemas maritales, aun hoy en día ante la supuesta iluminación de la liberación sexual. Los jóvenes se unen en matrimonio desde polos opuestos: Él tiene más experiencia sexual y está motivado por deseos fuertes; ella está menos (a veces mucho menos) experimentada, menos motivada, y algunas veces hasta es inocente. Más aun, la experiencia de él es tan visceral y prácticamente automática que por lo general no entiende que la mayoría de las mujeres tiene que aprender a responder sexualmente, y el esposo no está preparado para enseñarle a su esposa cómo disfrutar de su propia sexualidad. Él sabe cuánto ama la sexualidad y presume que lo que disfruta es al menos tan bueno para ella. La mayoría de los esposos jóvenes descubre la falsedad de esa presunción pronto; aprenden la frustrante verdad de que los maravillosos descubrimientos sexuales que ellos tienen parecen mucho menos significativos para sus esposas. Para muchos hombres esto llega a ser una fuente sin igual de frustración.

Llegar al matrimonio sin preparación sexual

Aunque se han hecho muchos avances en los últimos treinta años en el área de la consejería prematrimonial y en el desarrollo de la literatura que ayuda a las parejas de recién casados, muchas mujeres y hombres todavía llegan al matrimonio sin preparación sexual. Los hombres, por supuesto, sienten que están *muy* preparados, pero *estar preparado para el sexo y estar preparado para hacer el amor son dos cosas diferentes.* Los hombres experimentan la excitación sexual y el clímax de manera relativamente fácil. Lo opuesto es cierto para la mayoría de las mujeres. Al margen de informes no preparados por mí sobre la fuerte actividad sexual adolescente, mi experiencia de consejería me ha mostrado que aun las mujeres sexualmente activas por lo general entran al matrimonio casi no habiendo experimentado el clímax o la excitación sexual plena. Muchas de estas mujeres *jamás* han experimentado un clímax antes del casamiento.

Los maridos muchas veces entran al matrimonio presumiendo que sus esposas poseen mucha más sofisticación sexual de la que tienen. Debido a que no quieren aparecer como inocentes o carentes de éxito sexual, algunas esposas no se nivelan a sus esposos. En vez de esto actúan como si en realidad experimentaran excitación sexual y un clímax que en efecto no experimentan. Otras soportan el sexo como una obligación. Muchas esposas encuentran el sexo con sus esposos como una experiencia catastrófica porque no entienden su propia sexualidad lo suficiente bien como para ayudar a sus esposos a que se ajusten a ellas de la forma adecuada en lo sexual. Muchas otras parejas compatibles fracasan en encontrar la plenitud sexual dada su propia ignorancia y decepción.

Al final muchos esposos viven sin sexo o con una dieta muy limitada (en mi opinión). El esposo culpa a la esposa, por supuesto, pero el responsable de la culpa es la incompatibilidad, que necesita ser superada a través de los esfuerzos de *ambos*, no solo de la mujer.

Un hombre no puede obtener la plenitud sexual en su matrimonio si su esposa no está sexualmente plena también. Y aunque he afirmado que los hombres necesitan más sexo que las mujeres, a menos que una mujer se una a su esposo en la experiencia sexual, la necesidad de sexo de él permanece insatisfecha. Por lo tanto, una mujer no le hace ningún favor a su marido sacrificando su cuerpo a sus avances sexuales. Él se sentirá sexualmente satisfecho solo cuando ella se une a él en la experiencia de hacer el amor.

Dado que los hombres y las mujeres difieren tanto en las formas que llegan a gozar del sexo, no es de extrañar que se encuentre tanta incompatibilidad sexual en el matrimonio. La llave de la comunicación abre las puertas de la ignorancia y le da asimismo a cada pareja la oportunidad de la compatibilidad sexual. En las restantes páginas de este capítulo delinearé algunos de los puntos más importantes que los hombres y las mujeres necesitan comunicarse para lograr la compatibilidad sexual.

Cómo lograr la compatibilidad sexual

Lograr la compatibilidad sexual involucra dos pasos importantes:

1. *Superar su ignorancia sexual.* El esposo y la esposa deben entender cada uno su propia sexualidad y sus respuestas.

2. *Comunicar su entendimiento sexual de manera mutua.* El esposo y la esposa deben aprender cómo compartir lo que han aprendido acerca de sus propias respuestas sexuales para que puedan obtener el placer y la plenitud sexual juntos.

Para ayudarles a desarrollar la compatibilidad sexual en su matrimonio, el resto del capítulo presentará una lección rápida sobre la sexualidad humana. Si bien parte de los datos pueden parecer no románticos ni clínicos, sean pacientes y lean hasta el final. Cuanto mejor puedan entender la siguiente información, mejor podrán satisfacer las necesidades del otro sexualmente.

Muchos conflictos sexuales se resuelven cuando el esposo y la esposa aprenden lo que ocurre en realidad —emocional y psicológicamente— cuando hacen el amor.

La experiencia sexual se divide en cuatro etapas: *excitación, meseta, clímax* y *recuperación.*

Durante la excitación el hombre y la mujer comienzan a experimentar sentimientos sexuales. El pene por lo general llega a la erección, y la vagina habitualmente comienza a lubricarse. Si el pene del hombre y el clítoris de la mujer son estimulados de forma adecuada, pasan a la etapa de *meseta*. En este período el pene se endurece y la vagina se contrae, proveyendo más resistencia y una sensación más fuerte durante la relación. El *clímax*, que tarda solo unos segundos, es la parte suprema de la experiencia sexual. En este momento el pene eyecta semen a borbotones (eyaculación), y la vagina se contrae y dilata de modo alterno varias veces. Sigue el período de *recuperación*, donde ambos se sienten en paz y relajados; el pene se ablanda, y la vagina, que ya no segrega fluidos lubricantes, se relaja.

Aunque los hombres y las mujeres experimentan las mismas cuatro etapas, no lo hacen en la misma forma física y emocional. Lo que funciona para un hombre no funciona para una mujer, y de manera análoga, lo que funciona para una mujer no funciona para un hombre. Las parejas que quieran experimentar la compatibilidad sexual necesitan apreciar y entender estas diferencias. Discutiremos cada etapa de la respuesta sexual por separado y mostraremos algunas de las diferencias más importantes.

Excitación: cómo comienza todo

En las etapas más primitivas del acto amoroso uno ya puede ver las diferencias entre un hombre y una mujer por las formas en que se excitan y las maneras en que responde cada uno.

La mayoría de los hombres llegan a excitarse en forma variada, pero la más evidente es la visual. Muchas revistas, calendarios, películas, videocasetes y cosas similares que muestran a una mujer desnuda o semidesnuda, todas se enfocan en una sola idea: A los hombres les gusta mirar a las mujeres desnudas. Durante las sesiones de consejería, las esposas testifican que sus esposos disfrutan al verlas desvestirse y que, cuando las ven desnudas, la excitación sigue en solo unos pocos segundos.

Un hombre experimenta con facilidad la excitación, que puede ocurrir varias veces por día. Muchas experiencias visuales y no visuales pueden hacerlo: un perfume en el ascensor, mirar a una mujer que camina, observar una foto de una modelo desnuda, o incluso soñar de día.

Las esposas a veces expresan gran sorpresa ante la habilidad de sus esposos de excitarse sexualmente con otras mujeres, pero necesitan entender que sus esposos no están siendo infieles o promiscuos. Simplemente han experimentado una característica del varón. La excitación en sí misma no significa tanto para el hombre: puede ocurrir con poco esfuerzo, y a veces la experimenta lo quiera o no.

A las mujeres les cuesta entender esto porque experimentan la excitación en forma muy diferente a los hombres. En la excitación de la mujer hay algo mucho más deliberado y complicado, ya que no depende en la mayoría de los casos de la estimulación visual. Aunque el centro de atención de los varones se da en las revistas de mujeres, la mayoría de las mujeres en realidad piensan en las revistas más como conversaciones de humor que como medio de genuina estimulación sexual.

Para la mujer promedio excitarse es más un tema de decisión mental que el resultado de alguna estimulación, ya sea visual o de otro tipo. Una mujer puede elegir si quiere o no experimentar la excitación, dependiendo en sus vinculaciones emocionales a un hombre en particular. Las cualidades como el afecto, la atención, el calor humano, la bondad y la tierna sensibilidad hacen más por excitarla que cualquier técnica especial que un hombre pueda haber desarrollado. Un hombre con las cualidades mencionadas arriba hace que una mujer sienta que él la entiende y que la ha elegido para cuidarla.

Una mujer busca todas estas señales en los ojos de un hombre. Quizá esto explique por qué, cuando se les pregunta acerca de lo primero que notan en un hombre, muchas mujeres dicen: «Sus ojos». Una esposa describió el aprecio especial de su esposo como su capacidad de «estar atento a mí como persona» y no solo como pareja sexual. El afecto que él mostraba al mirarla como si fuera especial significaba mucho para su relación. En nuestra sociedad se habla mucho de que los hombres bien parecidos se unen a las mujeres hermosas, pero para muchas mujeres el aspecto de los hombres no es un tema crítico. Un toque tierno y el trato considerado pueden significar mucho más que una cara atractiva o un cuerpo delgado.

Un hombre puede hacer mucho para excitar o suprimir los sentimientos sexuales por la forma en que la toca. Sus abrazos, sus besos y sus caricias deben llevar tiernas atenciones y un cuidado especial. Los sentimientos de afecto y cuidado proporcionan la clave para la excitación de la mujer.

Si una mujer se siente convencida de que su esposo posee estas cálidas y afectuosas cualidades, ella puede *decidir* comenzar un proceso que lleva a la excitación sexual. En la mayoría de las relaciones extramaritales, la mujer encuentra a su amante irresistible porque le muestra la ternura y bondad que ella no ha encontrado en su cónyuge. El escenario común en este tipo de relaciones ve al hombre siendo superado por la búsqueda apasionada de la mujer y su agresiva carrera sexual. En la mayoría de los casos la mujer responde a la fantasía de su hombre ideal, corporeizada en su amante. No importa si el hombre es un buen tipo o una rata. Lo que en realidad importa es cómo ella lo percibe, el aura creada por los actos afectuosos a propósito.

Una vez que una mujer decide excitarse, está lista para recibir y responder a la estimulación táctil adecuada, tal como las caricias en su cuerpo (en especial los senos y pezones) y la estimulación de la zona que rodea el clítoris. La misma estimulación, dada a una mujer no receptiva, no la excita sexualmente para nada. Tal cosa se convierte en una fuente de gran irritación para la mujer que no ha elegido ser excitada. Cuando comienza la relación sexual, la mujer necesita sostener una estimulación fuerte en su clítoris y en el canal vaginal. Una mujer aprende a crear esta estimulación más intensa al (1) contraer su músculo pubococcígeo (PCG), que ajusta la vagina sobre el pene en la penetración; (2) empujar con su pelvis de forma rápida; (3) y al colocarse en una posición que incrementa la presión sobre el clítoris y la resistencia al pene en la abertura vaginal.

Unos pocos minutos de esta estimulación física por lo general llevan a una mujer excitada (y a su esposo excitado) a la etapa que sigue: la meseta sexual.

La meseta: la mejor etapa al hacer el amor

Mientras la mujeres necesitan una estimulación intensa y muy especial para alcanzar la meseta, los hombres necesitan mucha menos estimulación. La relación sexual en sí misma es prácticamente suficiente para los hombres, y muchos llegan a la meseta con menos estimulación todavía.

Por desdicha, la necesidad de ella de una mayor estimulación y la necesidad de él de menos crean un problema sexual común: la eyaculación prematura, lo que significa que el hombre llega al clímax demasiado pronto. Como ella empuja rítmicamente con su pelvis para estimular su clítoris, la estimulación llega a ser demasiado grande para él. El hombre experimenta un clímax y pierde su erección antes de que ella pueda llegar a la meseta o al clímax.

Por otra parte, si un hombre trata de retardar un clímax, puede luego encontrarse cayendo de la etapa de la meseta, de vuelta a la excitación, y su pene se ablanda. Aunque él pueda continuar con la relación, su pene no está lo suficiente duro para darle a su esposa la estimulación que necesita.

Para muchos hombres, mantener la etapa de la meseta sin llegar al clímax o retroceder a la etapa de excitación es un desafío. Mientras se tiene la relación, el hombre debe sostener la meseta cerca de diez minutos, el tiempo que su esposa necesita para llegar a la meseta también. Luego ella necesitará otros cinco minutos para llegar al clímax. Aun el hombre más bien intencionado necesita entrenamiento para obtener el resultado deseado.

El clímax: ¿éxtasis o ansiedad?

En años recientes muchos libros y artículos han exaltado al clímax (orgasmo) como una experiencia de éxtasis que ambos deberían tratar de alcanzar de forma simultánea para el placer óptimo. Por toda esta publicidad, el clímax ha sido distorsionado y algunas parejas han perdido de vista la experiencia de hacer el amor, en un esfuerzo de alcanzar su resultado de llegar al clímax. Cuando una pareja siente ansiedad en lugar de regocijarse el uno con el otro, están poniendo demasiada importancia en el rendimiento y no la suficiente en disfrutarse de modo mutuo al hacer el amor.

La mujer que sabe cómo llegar a la meseta está a solo un pequeño paso de llegar al clímax; esto solo toma un poco más de tiempo y estimulación. De todas maneras algunas mujeres a las que he aconsejado me han confiado que en realidad no le encuentran el valor a llegar al clímax tomando en cuenta el trabajo para llegar allí. Lo han alcanzado a veces, pero están bastante felices con el acto sexual sin un orgasmo y desearían que sus esposos no las presionaran con frecuencia hacia el clímax. Por lo general, aliento a los hombres para que les permitan a sus esposas decidir si quieren o no experimentar el clímax.

En mis prácticas he observado que las mujeres con mucha energía eligen de forma habitual el clímax cuando hacen el amor. Las mujeres con menos energía o que se sienten cansadas después de un día largo, a menudo no eligen el clímax. Por otro lado, los hombres, estén llenos de energía o exhaustos, casi siempre eligen el clímax, porque requiere muy poco esfuerzo adicional.

Una buena relación sexual toma en cuenta esta diferencia de esfuerzo. Un hombre sensible no presionará a su esposa hasta alcanzar el clímax, porque se da cuenta de que puede disfrutar del sexo más y mejor sin esto. La ansiedad de llegar o no al clímax no tiene lugar en una relación sexual plena.

Si nunca has alcanzado el clímax o tienes dificultad, en especial durante la relación sexual, sugiero un libro escrito por Georgia Kline-Graber, R. N., y Benjamín Graber, M. D.: *Women's Orgasm: A Guide to Sexual Satisfaction* [El orgasmo femenino: Una guía para la satisfacción sexual] (New York: Warner Books, 1975). Este libro es útil en particular para las mujeres que no saben cómo llegar al clímax debido a la forma en que conduce al lector a través del proceso, con claridad y paso a paso. El capítulo titulado «Un programa de diez pasos para obtener el orgasmo durante la relación sexual» es excelente, en especial para las mujeres que saben cómo llegar al clímax, pero no durante la relación sexual. Encontré que no todos los pasos recomendados son necesarios para obtener un clímax exitoso. Se puede modificar el plan para que se acomode a sus valores y sensibilidades. Llame al 1-800-343-9204 (departamento de órdenes) para pedir el libro.

Recuperación: ¿satisfacción o resentimiento?

Una descripción apropiada de la fase de recuperación es «un estado de satisfacción o sentimiento de bienestar», con ambos acostados en los brazos del otro, sintiéndose completos y plenos. Como hombres y mujeres no comparten los mismos instintos después del clímax, este estado ideal ayuda a muchas parejas.

De forma característica, después del clímax, una mujer cae a la etapa de la meseta y puede alcanzar otro clímax si lo decide así. Si ella no decide llegar al clímax otra vez, lentamente llega a excitarse de nuevo y luego va perdiendo esa excitación. Mientras tal cosa tiene lugar ella siente un profundo sentimiento de paz y un gran deseo de afecto. Muchas mujeres dicen que pueden experimentar esto hasta una hora después de la relación sexual.

Durante la etapa de recuperación, los hombres no experimentan las mismas sensaciones. Un segundo clímax no es deseable para ellos porque requiere mucho más esfuerzo que el primero, si es que pueden alcanzarlo siquiera. Y para la mayoría de los hombres un tercer clímax durante un corto tiempo es casi imposible. A diferencia de la mujer, el hombre no cae en la meseta después del clímax sino que por lo general regresa a la excitación, y aun eso ocurre solo de forma momentánea. Muchos hombres se encuentran por completo desinteresados en el sexo un minuto después del clímax. A menudo dichos hombres se levantan con rapidez a ducharse o se dan vuelta para dormirse. Muchas lunas de miel se han estropeado por este comportamiento insensible.

Cada pareja debe establecer sus propias normas en esta etapa de recuperación. Un hombre debería estar listo para llevar a su esposa a otro clímax sexual a través de la estimulación táctil si ella lo decide, o debería continuar mostrándole afecto por lo menos unos quince minutos. No deje que a este cálido y significativo momento se le escape un tiempo de conversación.

Por otro lado, una mujer no debe tomar la pérdida del interés sexual del esposo como una señal de rechazo hacia ella. La esposa necesita entender que la parte puramente física de la sexualidad de los hombres se levanta después de un tiempo de abstinencia y cae muy pronto después del clímax. Esto no significa que él no la ame más, aunque su deseo sexual haya alcanzado en ese momento un punto bajo.

Resolviendo los problemas sexuales

Aunque los problemas sexuales causan tensión e infelicidad en muchos matrimonios, estas dificultades pueden ser resueltas con más facilidad de lo que uno pudiera pensar. En la mayoría de los casos simplemente se requiere educación. Para tratar con tales problemas, la pareja deseosa de aprender lo que necesita saber y de practicar juntos obtendrá lo mejor. Las esposas en especial necesitan aprender más acerca de su sexualidad. Antes de que puedan satisfacer las necesidades sexuales del esposo deben saber cómo experimentar cada una de las etapas que he descrito.

Muchas me preguntan: «¿Cómo aprenderlo?» Depende de cuán difícil es el problema que enfrentas. Pueden resolverlo leyendo juntos muchos libros excelentes que aclaran e ilustran el sexo para la pareja casada. Debido a que es algo que supera el enfoque de este libro, no he intentado detallar cómo obtener las habilidades para hacer el amor.

Lea cualquier manual de sexo con el objetivo de averiguar cómo esto funciona para ambos. Muchos libros les bombardearán con todas clases de procedimientos sexuales. Pero recuerde que algunos darán resultado y otros no. No hay dos parejas iguales. No deben alcanzar «estándares» más allá de sentirse plenos, satisfechos y amados.

Si tienes un problema sexual mayor puedes necesitar visitar a un terapeuta sexual preparado. He utilizado la terapia sexual para guiar a algunos clientes con problemas sexuales. Pero dado que cada caso que trato es de naturaleza individual, no he discutido los procedimientos terapéuticos aquí. Si sientes que tu problema necesita la atención individual de un terapeuta sexual, sería prudente de tu parte que leas los libros que he recomendado primero. Luego puedes explicar tus problemas con mayor información e identificar a un consejero que tenga las credenciales correctas para ayudarte a solucionar el problema.

Una de las ironías trágicas de mi trabajo aparece cuando aconsejo a parejas de unos setenta años con problemas de incompatibilidad sexual. Casi siempre resuelven su problema en unas pocas semanas, y muchos experimentan la plenitud sexual por primera vez después de cuarenta años de casados. «Qué diferencia habría hecho esto en nuestro matrimonio», dicen muchas veces. Aunque estoy feliz de que al fin hayan resuelto sus frustrantes problemas maritales de larga data, me da pena los años que soportaron la culpa, el enojo y la depresión que muchas veces acompaña a la incompatibilidad sexual.

Satisfacer las necesidades del otro

Como dije en el capítulo 1, quiero lograr que los esposos y esposas se den cuenta de las cinco necesidades emocionales más importantes y de cómo satisfacerlas. He comenzado la discusión de estas necesidades básicas porque creo que son absolutamente fundacionales para un buen matrimonio: el afecto para ella y el sexo para él.

Quizá hayas pensado que algunas de las cosas que dije en este capítulo son irritantes o incluso desagradables. Tal vez haya ofendido a algunas esposas al hablar sobre su necesidad de «aprender» acerca de su sexualidad. Estoy dispuesto a correr ese riesgo porque hay demasiado en juego. Cuando aconsejo a una pareja tras otra, dos problemas básicos salen a la superficie enseguida. Puedes pensar que son inconvenientes, dolorosos e injuriantes, pero estos son los hechos:

1. A los hombres, que están mucho más en contacto con su propia sexualidad porque es una función masculina básica, les falta la capacidad en el arte de hacer el amor porque fracasan en entender las necesidades de afecto de la mujer como parte del proceso sexual. Cuando un hombre aprende a ser afectuoso, su capacidad de hacer el amor será muy diferente. El hombre interesado solo en satisfacer su hambre de sexo acosa a su mujer porque sus técnicas son insensibles a los sentimientos de ella. Utiliza el cuerpo de su esposa para su propio placer mientras ella se enfurece cada vez más.

2. De manera análoga, muchas mujeres no entienden su propia sexualidad lo suficiente bien para saber cómo disfrutar la satisfacción de la necesidad imperiosa de sexo del esposo. Para poder satisfacer a su esposo sexualmente una esposa debe sentirse satisfecha también. Trato de alentar a las esposas a que simplemente no hagan que sus cuerpos estén disponibles con más regularidad;

en vez de eso deberían comprometerse a aprender a disfrutar de la relación sexual tanto como sus esposos.

La regla de oro del matrimonio

Es obvio que para que una esposa disfrute del sexo necesitará la ayuda de su esposo. Si él no le da el afecto y la ternura que ella necesita, percibirá que es insensible y que no la cuida. El principio de reciprocidad se aplica a lo largo de todo este libro. No puedes disfrutar tu clímax en el matrimonio si tu cónyuge no disfruta del suyo. Si cuidas a tu cónyuge, no lo uses o lo niegues debido a tu egoísmo o ignorancia.

Casi todas las culturas y épocas conocen la regla de oro. Jesucristo nos enseñó: «Traten a los demás tal y como quieren que ellos los traten a ustedes» (Lucas 6:31). Mientras piensas acerca de los conceptos presentados hasta ahora y miras las otras ocho necesidades, por favor, considera esta breve revisión de la regla de oro. La llamo la Segunda Ley de Harley del Matrimonio:

> Satisface las necesidades de
> tu cónyuge como quieres que tu
> cónyuge satisfaga las tuyas.

Preguntas para ella

1. En una escala del uno al diez, siendo diez «muy satisfactorio», ¿cómo calificarías las cuatro etapas de tu respuesta sexual a tu esposo?

   Excitación _____ Meseta _____ Clímax _____ Recuperación _____

2. Si calificaras cualquiera de los cuatro pasos como muy bajo, ¿cuál crees que es el problema? ¿Radica en él o en ambos?

3. Después de leer este capítulo, ¿qué aprendiste acerca de la necesidad de tu esposo de tener sexo?

Preguntas para él

1. Si tu esposa le comentara sobre tus deseos y técnicas sexuales a un sexólogo, ¿qué crees que diría?
2. ¿Cómo describirías tu dieta sexual?

   Estable _____ Espasmódica _____ Famélica _____
3. De acuerdo al autor, una mujer se excita por el afecto, la atención, la calidez, la bondad, la tierna sensibilidad de su esposo. ¿Son estas cualidades las que tratas firmemente de desarrollar y expresar? ¿Qué piensas que diría tu esposa en respuesta a esta pregunta?

Para considerar juntos

1. ¿Están ambos teniendo experiencias sexuales satisfactorias? Si no, ¿en qué etapas tienen problemas, y cómo pueden cambiar eso?
2. ¿Necesitan estudiar un buen manual de sexo juntos?
3. De acuerdo al autor «el matrimonio es una unión muy condicional. Si yo no trato de satisfacer las necesidades de mi cónyuge, y ella no trata de satisfacer las mías, podremos estar técnicamente casados, pero no conoceremos la felicidad y plenitud que el matrimonio debería proveer» ¿Están de acuerdo o no? Compartan qué opinamos acerca de este planteamiento.
4. En las áreas del afecto y el sexo, ¿están practicando la versión del autor de la regla de oro: «Satisface las necesidades de tu cónyuge como quieres que tu cónyuge satisfaga las tuyas»?

5

ELLA NECESITA QUE ÉL LE HABLE

CONVERSACIÓN

Jill y Harry se citaron después de una larga conversación. Los días en que no podían estar juntos, a menudo hablaban por teléfono, a veces una hora o más. Rara vez planificaban citas formales, porque su real interés consistía en verse y hablar entre ellos. A veces se compenetraban tanto hablando que olvidaban hacer lo que habían planeado para la noche.

Después de su casamiento, Jill y Harry encontraron que sus conversaciones declinaban con rapidez. Ambos se vieron involucrados en otras cosas que absorbían más de su tiempo. Cuando al fin tuvieron una oportunidad para sentarse y hablar, Jill descubrió que Harry tenía cada vez menos que decir. Cuando él llegaba a casa del trabajo, por lo general enterraba su cabeza en el diario, miraba televisión y se iba temprano a la cama. Esto no significaba que Harry hubiera perdido el interés en Jill o estuviera deprimido por alguna razón. Solo quería relajarse luego de un largo día en la oficina.

«Cariño», le dijo Jill un día, «en realidad extraño nuestras charlas. Deseo que pudiéramos hablar más como lo hacíamos antes».

«Sí», respondió Harry, «disfrutaba esos tiempos, también. ¿De qué te gustaría hablar?»

Ese comentario no se registró como un depósito en el banco del amor de Jill. Ella no lo dijo, pero pensó: *Si no conoces la respuesta a esa pregunta, creo que no tenemos nada de qué hablar.* Después de eso Jill comenzó a preguntarse por qué las cosas habían cambiado. Harry podía todavía hablar cuando quería, por ejemplo, con un grupo de gente en un partido de fútbol. Parecía que reservaba el silencio solo para ella, y encontraba difícil no sentirse resentida.

Harry y Jill con frecuencia pasaban tiempo con Tom y Kay, una pareja de su edad del vecindario. Jill notó que parecía hacerse una costumbre que Tom dirigiera su conversación hacia ella. No parecía tener ningún problema en pensar en cosas sobre las que pudieran hablar.

Durante un tiempo Jill descubrió que juntarse con Tom y Kay era un momento importante en la semana. Ella buscaba esas ocasiones en las que podía hablar acerca de varias cosas que tenía en su mente. Tom siempre la escuchaba con atención y lograba con éxito sostener su parte en la conversación. Cuando se encontraban en grupos grandes de gente, en fiestas por ejemplo, Tom la buscaba para hablar con ella. Se sentaba con Jill en las reuniones y la invitaba a eventos especiales que ambos encontraban mutuamente interesantes. Llegaron a ser buenos amigos. Por supuesto, Tom acumulaba un buen balance en el banco del amor de Jill.

Mientras el tiempo pasaba la amistad se profundizaba, y pronto Jill se dio cuenta de que había llegado a ser más que una amistad para ella. Al final, un día le dijo a Tom que se estaba sintiendo atraída por él.

«Jill», replicó Tom, «he estado enamorado de ti casi desde la primera vez que nos encontramos».

En unas pocas semanas Jill y Tom se involucraron profundamente en una relación extramatrimonial.

Jill había dado la vuelta por completo. Tom se movió para llenar una necesidad que Harry había satisfecho de modo hermoso antes del casamiento. Por alguna razón, la atención de Harry a través de la conversación había decaído después del casamiento. Mientras Jill reflexionaba sobre todo este tema, ella pensó: *¡Qué lástima que no puedo tener este tipo de conversaciones con Harry! Las teníamos antes. ¿Por qué no ahora?*

¿Por qué mi esposo no me habla?

Rara vez un hombre me pregunta: «¿Por qué no me habla mi esposa?», pero a menudo escucho: «¿Por qué no me habla mi esposo?» de parte de las mujeres. Los hombres no aparentan tener una gran necesidad de conversación con sus esposas, en cambio en ellas se nota la necesidad de hablar con sus esposos. Por otro lado, las mujeres parecieran disfrutar de la conversación. Muchas pasarán horas con otras mujeres en el teléfono, mientras que los hombres rara vez se ponen al día con otros charlando. Las reuniones, almuerzos y otras ocasiones donde el propósito entero parece ser hablar acerca de sus preocupaciones personales traen mucho placer a las mujeres. Cuando los hombres se juntan en cónclaves, tienden a hablar acerca de temas prácticos, como arreglar sus automóviles, el mejor lugar para pescar, o quién está primero en la tabla de posiciones en el campeonato de ese año. También les gusta intercambiar chistes y anécdotas. Pero no tienden a hablar acerca de sí mismos ni de sus sentimientos.

¿Por qué, entonces, encuentran los hombres tan fácil hablar con las mujeres cuando tienen una cita? Una razón obvia es que quieren dar una buena impresión, y por supuesto las mujeres quieren hacer lo mismo. Durante las citas y el noviazgo los dos demuestran con claridad sus capacidades para ser divertidos, inteligentes, agradables y cosas como esas. Ambos se sienten muy motivados para descubrir lo que al otro le gusta o le disgusta. El hombre, en especial, llega a ser inusualmente curioso con su compañera femenina. Quiere descubrir sus sentimientos acerca de las cosas y escuchar acerca de sus problemas; quiere saber acerca de lo que la hace feliz y la mantiene contenta.

De igual forma busca descubrir sus intereses. Él quiere enterarse de cuán atractivo es para ella. Debido a que entiende que a ella le gusta que la llamen, la llama con regularidad por teléfono cuando no pueden estar juntos. Esto le demuestra cuánto la ama y piensa en ella.

Aunque a las mujeres les gusta conversar, no les gustan los hombres que pasan la noche solo conversando acerca de sus problemas y logros. Aconsejo a un número de mujeres que se suscribieron a uno de los servicios de citas en nuestra área. Después de usar nuestro servicio de citas escucho con frecuencia: «¡El muchacho era tan *aburrido*! Todo lo que hizo fue hablar de sí mismo».

Esto indica que la conversación que satisface las necesidades de las mujeres debe estar enfocada en los eventos de su día, en la gente con la que se ha encontrado y —más que nada— en *cómo se siente acerca de ellos*. Ella quiere atención *verbal* y está dispuesta a darle la misma atención a su esposo, pero no disfruta de una conversación donde el hombre habla sólo de sí mismo y de lo que ha hecho.

Lo más importante es que la mujer quiere estar con alguien que —bajo su percepción— cuida de ella y hace cosas por ella. Cuando percibe este tipo de cuidado, se siente cerca de la persona con quien habla. En la psiquis femenina, la conversación se incorpora al afecto para ayudar a que la mujer se sienta unida a la otra persona. Ella se siente vinculada a esa persona mientras el afecto y las conversaciones continúen *diariamente*.

Si el trabajo de su esposo lo lleva fuera de la ciudad, el teléfono puede ayudar a mantener un sentido de comunicación y cercanía. Pero aunque llame a casa cada noche, cuando regrese, es bastante común que su esposa necesite un día o dos para restablecer los lazos. Las mujeres casadas con hombres que viajan a menudo me cuentan lo difícil que les resulta ajustarse al retorno de sus cónyuges. Una dijo: «Me lleva un día o dos sentirme lo suficiente cerca como para hacer el amor».

Muchas —quizá la mayoría— de las parejas tienen problemas relacionados al trabajo. Los empleos que requieren de muchos viajes, como las ventas, las posiciones en las aerolíneas, el trabajo ejecutivo y cosas por el estilo, le abren paso a la devastación en los matrimonios. El patrón de idas y venidas del cónyuge que viaja hace difícil, si no imposible, que el otro cónyuge mantenga un sentido de unidad. Cuando *ambos* cónyuges deben viajar, el desafío se vuelve el doble para mantenerse emocionalmente vinculados.

Toma tiempo comunicarse

Si un esposo quiere satisfacer seriamente la necesidad de su esposa de mantenerse cerca de él, le dará a esta tarea suficiente tiempo y atención. Les digo a los hombres que deberían aprender a apartar quince horas por semana para darles atención exclusiva a sus esposas. Muchos hombres me miran pensando que estoy loco, o se ríen y dicen: «En otras palabras, necesito una jornada de treinta y seis horas por día». No les pego, sino que simplemente les pregunto cuánto tiempo pasaron brindándole un tiempo exclusivo a sus mujeres durante el noviazgo. Cualquier soltero que fracasa en darle unas quince horas por semana a su novia enfrenta la fuerte probabilidad de perderla.

¿Qué ocurre en una típica cita durante el noviazgo? La pareja quizá encuentra una actividad que provee una excusa para juntarse. Por lo general comparten una actividad recreativa como jugar tenis, ir a ver una película o salir a cenar. Pero la actividad es incidental. *En realidad* quieren estar juntos para enfocarse en el otro. La mayoría de las citas se centran en mostrarse afecto mutuo y conversar.

Cuando una pareja de novios comparte su tiempo, casi siempre tiene metas, aunque es posible que sean inconscientes. Tratan (1) de llegar a conocerse con más amplitud, y (2) de permitir que el otro sepa cuánto le importa.

¿Por qué deberían estas metas ser dejadas de lado después del casamiento?

La pareja que desea un matrimonio feliz sigue con estas funciones y metas a través de toda su vida. Primero que todo por el bien de las mujeres, deben separar un tiempo para tener citas con la otra parte. Aquí es donde mi recomendación de quince horas por semana entra en vigencia. Una pareja puede incluir otras actividades en este período de tiempo, pero la actividad más importante deberían ser la conversación, privada e íntima, sin niños o amigos.

Sin el suficiente tiempo juntos, las mujeres en particular pierden el sentido de intimidad que necesitan y disfrutan tanto, y el banco del amor comienza a drenar sus fondos. Establecí quince horas por semana al preguntarles a las clientes cuanto tiempo necesitan con sus esposos antes de que se sienten cerca y lo suficiente cómodas como para disfrutar de la intimidad sexual.

Una actividad dada califica para ser parte de la meta de las quince horas si puedes contestar de forma afirmativa la pregunta: «¿Esta actividad permite que nos enfoquemos principalmente en el otro?» Ver una película por tres horas no satisface nuestros criterios. Puedes intercambiar algo de afecto durante la proyección de la película, pero en la mayoría de los casos no puedes decir con certeza que enfocaron la atención en el otro.

Las actividades como salir a caminar, ir a un restaurante, navegar en una laguna tranquila, jugar al golf, tomar sol en la playa —cosas de esa naturaleza— califican mejor. Cualquier actividad recreativa que requiera concentración intensa o tanto ejercicio que la conversación se dificulte, no califica.

Si estás comprometido en una conversación mientras viajan en automóvil, sin embargo, puedes contarla dentro de las quince horas. También puedes hacer lo mismo en comidas compartidas que no incluyan distracciones de niños y otras fuentes.

Durante el noviazgo las mujeres se enamoran como resultado del tiempo que pasan intercambiando afecto y conversación. Si una pareja continúa comprometiéndose en las actividades que los juntaron en primer lugar, su matrimonio tenderá a ser bueno. Cuando dos personas se casan, cada contrayente tiene el derecho de esperar que la misma protección amorosa y atención que prevalecía durante el noviazgo continúe después del casamiento. Desdichadamente, el estereotipo aplicado a muchos —quizá a la mayoría— de los matrimonios muestra a uno o a los dos cónyuges causando un completo desarreglo en las actitudes o los hechos antes de que los «Sí, acepto» se hayan desvanecido.

Por supuesto, el estereotipo carece de precisión porque por lo general tarda varios meses o aun años para que las cosas cambien, pero cambian. ¿Por qué? Porque en el matrimonio las personas no hacen un compromiso de tiempo con su pareja. Sabemos lo que conviene hacer pero todos tendemos a dar a nuestros cónyuges por garantizado. Las nuevas presiones en la vida después del casamiento muchas veces nos toman con la guardia baja, y corremos a proteger cuando es demasiado tarde a la persona con quien hemos comprometido nuestro amor.

El síndrome de que «puedo dar a mi cónyuge por garantizado» explica por qué las «conversaciones fantásticas» del noviazgo pueden decaer en una existencia de casados que frustra y desilusiona. Cada esposo y esposa necesita sentarse y meditar en este pensamiento: *Mi pareja se casó conmigo porque él o ella pensaba que las cosas que estaba haciendo durante el noviazgo continuarían por el resto de nuestras vidas. ¿Estoy sosteniendo mi parte de este acuerdo?*

La mayoría de la gente que se casa no asume que su noviazgo ha sido una fantasía y que, después del casamiento, todo se volverá terrible. Ellos se casan porque han disfrutado tanto lo que ocurrió durante el noviazgo que quieren que continúe de por vida.

Ten por seguro que las circunstancias pueden cambiar después del casamiento. En los primeros días de matrimonio, Joyce y yo enfrentamos problemas de escasez financiera. Todavía estaba en el colegio, y necesitaba mantener a mi esposa e hijos. Joyce se quedaba en casa con los chicos, y contábamos cada dólar. Tenía que preguntarme: *¿Qué le gustaría más a Joyce: el dinero o pasar más tiempo conmigo?* Si le hubiera dado la opción en esos términos, ella pudiera haber optado por el dinero, porque teníamos que pagar nuestras cuentas y mantener la casa, otra necesidad básica en la mayoría de las mujeres que examinaremos de cerca en el capítulo 9. Afortunadamente no permitimos que la presión financiera se interpusiera entre nosotros. En los años subsiguientes, durante mis experiencias de consejero, aprendería esta verdad: el dinero o una carrera sirven a un matrimonio; un matrimonio *nunca* debería servir al dinero o una carrera. En muchos de los matrimonios fracasados que he observado la pareja abandonó su relación para hacer fortuna. Al final tenían una fortuna a expensas de su matrimonio.

La gran carrera de obstáculos estadounidense para lograr cada vez más bienes mientras subes la escalera del éxito llega a ser el enemigo más mortal que enfrenta toda familia bajo estas circunstancias. ¿Qué cosa debería estar primero en un matrimonio: tu relación como hombre y mujer, o tu nivel de vida? Todos conocemos la respuesta «correcta» pero muchas parejas todavía van al revés. Ponen su estilo de vida delante de su relación con la idea equivocada: «Seremos felices si podemos progresar un poco». En muchos casos ocurre justo lo contrario. Ellos alcanzan un «nivel de vida más alto», pero a un precio terrible.

Debido a que Joyce y yo decidimos pasar más tiempos juntos, algunos otros cambios en el estilo de vida tenían que ocurrir. Había visto la falacia de juzgar las cosas *únicamente* desde el punto de vista financiero, aunque todavía tenía cuentas por pagar. Para nosotros esto significó reducir nuestro nivel de vida.

La pareja que pasa tiempo extra en el trabajo o trabajando de noche puede estar escribiendo el certificado de defunción de su matrimonio, o por lo menos preparándolo para internarse en el hospital. Necesitan darse cuenta de que su relación es la parte más importante de su calidad de vida.

¿Por qué es tan importante la conversación?

Mientras estudiamos las diez necesidades básicas para hombres y mujeres verán que todas se interrelacionan muy de cerca. Por esto, si fallas en satisfacer una de las necesidades de tu cónyuge, esto puede influenciar tu habilidad para suplir otra. Por ejemplo, imagínese tratando de satisfacer con éxito las necesidades de sexo y afecto sin usar la comunicación verbal. ¡Sin conversación, la atmósfera cálida y la profunda relación física que cada cónyuge necesita nunca podrían ser mantenidas!

Algunas personas creen de forma errónea que pueden separar la satisfacción plena de estas necesidades maritales básicas. La esposa cuyo esposo no habla puede pensar que está bien si ella solo encuentra una amiga para charlar en lugar de hablar con él; satisfacer sus necesidades por fuera y mantenerse fiel a su marido sexualmente puede parecer una opción correcta al principio. El problema es que ella inadvertidamente minará su matrimonio, perdiendo los lazos íntimos que la conversación con su marido crea para ella. En el fondo sabe que si ha de sentirse unida a él, deben conversar.

«Jorge, hablemos».

«¿De qué te gustaría hablar?»

La inocente pregunta de Jorge despertaría la ira de casi todas las mujeres si la oyeran de boca de sus maridos, porque muestra lo poco que un hombre parece entender que la conversación satisface una necesidad básica de una mujer. Él podría entender la desazón de María si su conversación fuese:

«María, hagamos el amor».

«¿Por qué Jorge? ¿Estamos listos para tener hijos?»

Cuando vemos la conversación de María con Jorge acerca del sexo podemos comenzar a apreciar cuán ridícula es la pregunta de Jorge al hablar con una mujer, aunque en promedio este diálogo se repite a menudo en muchos matrimonios. ¿Por qué? Creo que es porque ninguno entiende cómo ve el otro la conversación.

De la misma manera en que Jorge disfruta del sexo por derecho propio, María necesita la conversación. Como a casi todas las mujeres, le hace sentir un amor más romántico por Jorge porque puede compartir de forma profunda su vida con su marido. El hombre que se toma tiempo para hablar con una mujer tendrá una senda directa a su corazón.

Jorge ve la conversación principalmente como un medio a un fin y no como un fin en sí mismo. Él quiere averiguar cómo la cuenta del banco se sobregiró, y puedes estar seguro de que hablará con María, pero será poco probable que hable acerca de lo bien que lo trató el oficial de cuentas la última vez que estuvo allí. Las mujeres también entienden que la conversación tiene fines prácticos, pero les cuesta mucho explicar que simplemente disfrutan al hablar con alguien.

En tanto la conversación satisface una necesidad emocional de las mujeres, también sirve a los propósitos de consolidar una relación. Ayuda a las parejas (1) a comunicar sus necesidades el uno al otro, y (2) a aprender cómo satisfacer las necesidades de cada uno. Cuando el esposo y la esposa toman parte en una conversación que en realidad comunica esta información acerca de sus necesidades, aprenden a ser más compatibles. Para comenzar tal conversación, pregunta lo que tu cónyuge piensa y siente. Una noche puedes hacer preguntas como estas: «¿Qué te ha hecho sentir bien hoy? ¿Qué te hizo sentir mal?» Luego haz que tu cónyuge también sepa lo que te hizo sentir bien y lo que te hizo sentir mal a ti en ese día en particular.

Cuando compartes este tipo de información, deberías entender mejor qué es lo que está pasando en el mundo de tu cónyuge y las reacciones de él o ella a situaciones que influyen en ambos. Si algo que yo hago afecta negativamente a mi esposa, lo necesito saber para poder eliminar ese comportamiento y hacer algo que la ponga contenta. Por el contrario, si estoy haciendo algo bien necesito saber eso también para que pueda continuar o aún incrementar esa acción. No es posible que las parejas se excedan en trabajar fuerte y por mucho tiempo en este proceso, ya que incluso haciendo algo con las mejores intenciones puede ocurrir que haya contrariedades si no te mantienes en contacto de esta forma.

Cómo evitar crecer en compartimientos separados

Personalmente, puedo dar testimonio de cómo una pareja puede cambiar y crecer en compartimientos separados si no mantienen una buena conversación. Cuando nos casamos, recién me había graduado de la universidad y Joyce justo había terminado su segundo año. Después de dos años de vida de casados ella decidió no terminar la universidad y tomó un trabajo de tiempo completo como secretaria. Tuvimos nuestro primer hijo cuando completé dos años en la escuela de graduados, y Joyce se convirtió en ama de casa a tiempo completo. Al cabo de tres años más en la escuela de graduados obtuve mi doctorado, y teníamos dos niños.

Joyce comenzó a desarrollar su interés y habilidad por la música mientras mi carrera me guió hacia la psicología. Ella llegó a ser artista grabando canciones evangélicas y buscó ser locutora y vocalista. Yo enseñaba psicología, dirigía trabajos de investigación y desarrollaba la práctica de consejería.

Pronto vi que teníamos poco tiempo para hablar. Cuando traté de contarle acerca de mi trabajo, me prestó atención por diez segundos y se fue. La escuché el mismo tiempo cuando ella me describió sus últimos desafíos. El banco del amor comenzó a tener débitos. Su esfera de intereses estaba llegando a ser diferente por completo a la mía. En forma de diagrama, el problema se parecía a la Ilustración 1.

ILUSTRACIÓN 1

Reconocíamos que no enfrentábamos un problema menor y decidimos hacer algo acerca de esto antes de que el asunto se nos escapara de las manos. Nuestra relación era mucho más importante para nosotros que nuestros logros académicos. Necesitábamos una situación que se representaría como la Ilustración 2.

ILUSTRACIÓN 2

Ambos hicimos un esfuerzo por involucrarnos más en las áreas de interés del otro. Dado que estaba interesado en la música y disfrutaba mucho de los conciertos de Joyce, voluntariamente le ayudé a preparar sus conciertos y sus compromisos como locutora. Joyce se convirtió en mi decoradora de interiores, usando sus talentos artísticos. Decoraba todas mis clínicas y trabajaba como anfitriona para los seminarios y los eventos sociales de las clínicas.

Aprendimos a asistirnos de forma mutua en nuestras respectivas áreas de interés. Eso no significaba que tratábamos de controlarnos el uno al otro, decirnos lo que teníamos que hacer, o darnos consejos que no pedíamos. Con este nuevo acuerdo pudimos ver pronto que nuestras áreas de interés comenzaban a integrarse. Algunas de mis esferas seguían siendo un misterio para ella y viceversa, pero ahora contábamos con esa área de integración donde teníamos intereses *mutuos* para compartir. Recuperamos el sentido de unicidad que habíamos tenido durante el noviazgo. Nuestro balance en el banco del amor comenzó a incrementarse de nuevo.

Para involucrarnos más en las actividades de cada uno, tuvimos que renunciar a algunas áreas propias. Esta forma de adecuación es esencial para construir la compatibilidad.

Para resumir los puntos principales:

1. Tengo mis áreas de interés, y mi cónyuge tiene las suyas. Si estas no se integran nos iremos distanciando cada vez más.

2. Debido a que solo tengo determinas horas en el día y en la semana, tengo que elegir: puedo priorizar los intereses que compartimos, o priorizar los que no compartimos. Si hago esto último, nos distanciaremos. Si hago lo primero, creceremos juntos.

3. A medida que me voy interesando en los intereses de mi cónyuge tenemos muchos más temas para hablar. Las conversaciones se hacen más fáciles y más interesantes. Puedo satisfacer su necesidad de conversación con menos esfuerzo. Llegan a ser naturales y espontáneas.

Las ideas de arriba suenan casi simplistas, pero asombrosamente muchas parejas parecen vivir sin darse cuenta de ellas. Eligen seguir los malos consejos ofrecidos por algunos escritores que se dan de psicólogos populares o por ocasionales invitados charlatanes que están atravesando su cuarto o quinto matrimonio. Tales consejeros del «debería ser» urgen a los esposos y esposas a elegir intereses separados en un esfuerzo por «mantener el espacio» e independizarse el uno del otro. Tratan de vender la idea de que si interactúan y dependen demasiado en el otro perderán su identidad personal y su autoestima.

Creo que esta es una de las ideas más dañinas que se está propagando hoy en día. ¿Cómo puedes hablar con tu esposa si solo tienen intereses separados? El argumento para los intereses separados sugiere que una pareja tiene *más* para hablar mientras comparten lo que han estado haciendo por separado. Desearía que esto fuera así; me ahorraría mucho trabajo en mi consultorio. Pero la experiencia me muestra que una pareja tiende a distanciarse mientras sus áreas de interés se separan.

No estoy diciendo que un esposo y una esposa deben pasar cada momento y hacer absolutamente todo juntos, pero sí creo que todo matrimonio necesita de intereses comunes compartidos por ambos si es que esperan comunicarse bien. Un matrimonio en el que el marido y a la mujer sostienen intereses divergentes puede sobrevivir, sin dudas, pero he visto a muy pocos florecer bajo tales circunstancias.

Muy bien, supongan que se han comprometido a pasar tiempo conversando, permitiendo que cada uno sepa lo que les gusta y lo que no, usando preguntas adecuadas para favorecer los sentimientos y reacciones, y buscando de todas las formas posibles desarrollar la compatibilidad como también los intereses mutuos. Estas son todas buenas metas, pero todavía enfrentas el desafío de hacer de la conversación algo que resulte positivo y beneficioso. Algunas parejas pueden batallar con muchos sentimientos de abandono y fracasos porque se comunicaron de forma negativa en el pasado.

¿Qué es lo que involucra una buena conversación? ¿Cómo aprenden esposos y esposas a conversar en forma tal que lo disfruten? ¿Cómo pueden aprender a usar sus lenguas para hacer depósitos en vez de extracciones en el banco del amor del otro? Mientras aconsejo a los matrimonios veo a estas áreas surgir a la superficie una y otra vez.

Los enemigos de una buena conversación

En primer lugar, tratemos con los enemigos de la buena conversación que les hacen *retirar* unidades del banco del amor del otro.

Enemigo número 1: Usar la conversación para obtener lo que quieres a expensas de tu cónyuge.

No hay nada malo en expresar qué es lo que quiere el uno del otro. Pero cuando tus requerimientos se transforman en demandas, habrás doblado por una esquina que lleva a las extracciones en su banco del amor.

Cuando exiges algo, le estás diciendo a tu cónyuge que en realidad no te preocupa cómo él o ella se sienten cuando cumplen tu deseo. Tú quieres lo que quieres, y eso es todo lo que importa. Por supuesto, puedes tener cincuenta razones de por qué tu exigencia es justa y es apropiado que tu cónyuge te dé lo que quieres. Pero sabemos que en el fondo lo que te interesa es obtener lo que deseas, aun si es a costa de tu cónyuge. Les garantizo que tal conversación extrae unidades de amor. Sin embargo, las exigencias hacen más que destruir el amor de tu cónyuge hacia ti. Ellas hacen menos probable que tu cónyuge haga lo que quieras más adelante. Aun si logras que tu cónyuge obedezca tu orden esta vez, puedes apostar a que él o ella estarán en guardia la próxima vez para devolver golpe por golpe. Es casi seguro que se produzca una pelea a causa de una exigencia, si no es esta vez, seguro será la próxima. Las demandas no solo son enemigas de la buena conversación, también son maneras tontas de obtener lo que puedes necesitar e incluso merecer en tu matrimonio.

Enemigo número 2: Utilizar la conversación para castigarse mutuamente

Castigar verbalmente a tu cónyuge produce mayores extracciones del banco del amor. Cabe en la categoría de abusos mentales y emocionales. Con frecuencia causa más daño que el abuso físico.

He presenciado casos donde las parejas han desarrollado frases claves designadas en especial para dañarse. Una vez que uno de ellos usa tal frase, comienzan a llamarse de diversas maneras, ambos pierden el control, y explotan con frases dolorosas que vienen a la mente.

En la mayoría de las relaciones no matrimoniales esto por lo general es evitado. Pero en el matrimonio es imposible evitarlo; a través del tiempo, el resentimiento de las pasadas batallas verbales hace que una pareja casada se odie.

Si te sientes enojado y resentido, expresa tus sentimientos y descríbele tus expectativas a tu cónyuge. Pero recuerda, nunca utilices el castigo verbal. Esto solo hace a tu cónyuge *menos* deseoso de satisfacer tus necesidades en el futuro.

Enemigo número 3: Utilizar la conversación para forzar un acuerdo con tu forma de pensar

Muy pocas conversaciones son más irritantes que aquellas en las cuales alguno trata de imponer su opinión sobre ti. Esta persona parecería incapaz de captar el valor de tu derecho a tomar decisiones. Si quieres que tu cónyuge entienda tus sentimientos, debes expresárselos de alguna manera. Pero el acomodarse a tus sentimientos no debería requerir los valores personales de juicio de tu cónyuge.

Nunca fuerces a tu pareja a que esté de acuerdo contigo. Si no puedes llegar a un entendimiento, aprende a respetar la opinión de tu esposo o esposa y trata de ganar una comprensión más grande de su entorno. Al final, tal respeto te dará una oportunidad mayor de compartir tu posición sin arriesgar extracciones del banco del amor.

Enemigo número 4: Concentrarse en los errores pasados o presentes.

Dentro o fuera del matrimonio, la mayoría de la gente detesta las denuncias, las críticas, o las correcciones. Si otros nos dicen que hemos cometido un error, a menudo tratamos de justificar nuestro fracaso o de echarle la culpa a otros.

Por otro lado, si alguien a quien queremos explica que a él o ella le gustaría que satisficiéramos una necesidad personal, por lo general estamos dispuestos a ayudar. Mientras no seamos criticados, podemos voluntariamente ayudar a otros con algunos cambios en nuestra conducta.

Los errores son difíciles de probar. Lo que una persona llama error puede parecer correcto desde otra perspectiva. Por otro lado, el fracaso en satisfacer las necesidades del otro se evidencia con más claridad. Si mi esposa Joyce me dice que estoy irritable, debería aceptar su planteamiento al instante. Después de todo, ella es la mejor juez de sus propios sentimientos. Cuando ella hace ese comentario no necesariamente me está criticando, sino que me ha revelado el impacto de mi conducta sobre sus sentimientos. Mi afecto por ella es un regalo, no un requerimiento. Si me importan sus sentimientos, quiero que ella me enseñe a aprender cómo comportarme en una forma que satisfaga sus necesidades. Pero si demanda esos cambios en mi conducta, ella se lleva mi generosidad y cuidado, y me pone a la defensiva.

La Tercera Ley de Harley del Matrimonio lo sintetiza de esta manera:

> Las parejas que se respetan conversan en forma respetuosa.

Los amigos de la buena conversación

Ahora bien, consideremos a los amigos de la buena conversación, quienes te ayudan a *depositar* unidades en tu banco del amor.

Amigo número 1: Desarrollar interés en los temas favoritos de conversación de cada uno

En mi experiencia aconsejando a parejas, he encontrado que aun las personas más introvertidas pueden llegar a ser conversadoras cuando discutimos ciertos temas.

Las mujeres pueden notar que sus maridos callados salen de sus cascarones cuando están con su grupo de buenos amigos.

Una vez aconsejé a una pareja que estaba a punto de divorciarse porque la esposa no podía aceptar el silencio de su esposo. En mi oficina, a solas conmigo, el hombre se transformó en un charlatán. En el momento en que su esposa se unió a nosotros quedó mudo como una piedra. Ciertos temas de interés para él lo hicieron salir de su mutismo. Una vez que estos temas eran introducidos, él podía entonces seguir conversando sobre un amplio rango de otros temas.

Mucha gente necesita comenzar sus conversaciones con temas que «ceban la bomba». Una vez en marcha, pueden cambiar a temas menos estimulantes disfrutando de mantener el hilo de la conversación.

Amigo número 2: Equilibrar la conversación

En el caso que recién mencioné hice, que tanto el esposo como la esposa calcularan el tiempo de conversación de cada uno, y en una conversación de diez minutos, ella debía permitirle hablar durante cinco minutos. Al principio ella esperaba que él no dijese nada durante su tiempo. Pero una vez que incluyeron temas que le interesaban, llenó la mitad de los diez minutos. Ella misma tuvo que equilibrar su conversación, dándole a él una cantidad igual de tiempo para hablar, ya que no se daba cuenta de su costumbre de interrumpirlo.

Aquellos que monopolizan la conversación crean un hábito sin quererlo en sus cónyuges: el silencio. Por lo tanto, si quieres tener una buena conversación, sé sensible al derecho de cada uno de «tener la palabra». Puede ser que a tu cónyuge le tome entre dos o tres segundos comenzar una oración, pero permítele todo el tiempo que sea necesario. También, recuerda esperar hasta que tu cónyuge complete un pensamiento antes de comentarlo.

Amigo número 3: Usar la conversación para informar, investigar y entender a tu cónyuge

Uno de los más valiosos usos de la conversación marital es crear la cercanía emocional. Los temas de conversación que eligen tienen una gran incidencia sobre la intimidad de su relación.

Si tienes una relación superficial, es probable que evites conversaciones que les ayuden a aprender a ajustarse el uno al otro. Tú puedes darle de forma deliberada a la contraparte *información errónea*. Puedes *desalentar la investigación*. Puedes *tener miedo a ser incomprendido* por tu cónyuge. Estas debilidades comunes llevan a un grave y a veces desastroso fracaso en el proceso de ajustarse a las necesidades de cada uno. Si quieren un matrimonio satisfactorio, deben usar su tiempo de conversación para *informar, investigar y entender* al otro.

Informa al otro de tus actividades e intereses personales, deseando atraerle a tus áreas de interés. Mantengan un calendario de sus actividades para el día y de los planes para el futuro, y compártanlos con el otro. No mantengas tu vida en secreto.

Investiga los sentimientos y actitudes personales sin necesidad de cambiar al otro. ¡Pueden aprender mucho el uno del otro sin esperar cambios! Si criticas o ridiculizas los sentimientos y actitudes de tu cónyuge, le será más difícil expresarlos en el futuro. En vez de eso aliéntense a ser francos y receptivos siendo respetuosos y sensibles.

Entiendan las motivaciones de vida de cada uno, lo que les hace felices y tristes. Aprendan cuáles son los grifos «frío» y «caliente» del otro y de esta manera podrán hacer surgir lo mejor de cada uno y evitar lo peor. Una de las maneras más importantes de cuidar de tú cónyuge es cambiar tu conducta para promover el placer y evitarle el dolor a tu pareja.

Amigo número 4: Darle al otro atención exclusiva

Unas de las formas más rápidas de enfurecer a una esposa es que el esposo converse con ella mientras mira un partido de fútbol. Ella se enoja porque él no le presta toda su atención. Se siente más interesado en el partido.

La conversación que necesita tener con su esposo requiere de su *atención exclusiva*. Como dije al principio de este capítulo, por lo general recomiendo que cada matrimonio aparte quince horas con el propósito de darle al otro su atención exclusiva. ¡No mires un partido de fútbol durante ese tiempo!

Los puntos más salientes en las conversaciones entre esposos y esposas

Como un esposo cuidadoso, un hombre debe conversar con su esposa en una forma que permita que ella le revele sus sentimientos más profundos. A través de la conversación él aprende a satisfacer muchas de las necesidades de ella. Pero la *conversación en sí misma* satisface una de sus necesidades maritales más importantes: ella simplemente quiere que él le hable.

Terminaré este capítulo con una lista que resume las formas en que puedes cuidar de tu esposa a través de la conversación. Las hemos mencionado todas... ahora es tiempo de ponerlas en práctica.

1. Recuerda cómo eran las cosas durante el noviazgo. Ambos todavía necesitan exhibir el mismo interés en el otro y en lo que tienen que decir, en especial acerca de sus sentimientos.
2. La mujer tiene una necesidad profunda de involucrarse en una conversación acerca de sus preocupaciones e intereses con alguien que —según su percepción— la cuida profundamente y se interesa por sus cosas.
3. Hombre, si tu trabajo te mantiene fuera de tu casa de noche o por varios días, piensa en la posibilidad de cambiar de trabajo. Si no puedes, encuentra formas de restaurar la intimidad de tu matrimonio cada vez que vuelvas de una ausencia para que tu

esposa pueda comenzar a sentirse cómoda contigo otra vez. (Si tu esposa es la que hace la mayoría de los viajes, los mismos principios pueden aplicarse.)

4. Fomenta el hábito de pasar quince horas por semana solo con tu cónyuge brindándose cada uno atención exclusiva. Pasen mucho de ese tiempo en una conversación natural, pero esencial.

5. Recuerda, la mayoría de las mujeres *se enamora* de los hombres que han separado un tiempo para intercambiar conversaciones de afecto con ellas. Y *siguen enamoradas* de los hombres que continúan satisfaciendo esas necesidades.

6. Las consideraciones financieras no deberían interferir con el tiempo de conversación y afecto. Si no dispones de tiempo para estar a solas para hablar, tus prioridades no están arregladas de forma conveniente.

7. Nunca uses una conversación como forma de castigo (ridiculizando, llamando por nombres indebidos, perjurando o con sarcasmo). La conversación debería ser constructiva, no destructiva.

8. Nunca uses la conversación para forzar a tu cónyuge a que esté de acuerdo contigo en la forma de pensar. Respeta las opiniones y sentimientos de tu cónyuge, en especial cuando la tuya es diferente.

9. Nunca utilicen una conversación para recordarse el uno al otro los errores del pasado. Eviten concentrarse en los errores presentes también.

10. Desarrollen interés en los intereses de conversación favoritos del otro.

11. Aprendan a equilibrar su conversación. Eviten interrumpirse y traten de darse cada uno el mismo tiempo para hablar.

12. Usen su conversación para *informar, investigar y entender* al otro.

Cuando satisfaces la necesidad de conversación de tu esposa, llegan a entenderse en forma mucho más clara y aprenden cómo se llegan a satisfacer las necesidades del otro. Como consecuencia, esto te capacita para depositar unidades en el banco del amor de tu cónyuge, lo que crea y sostiene el amor romántico. El arte de la conversación es una obligación si quieren ser irresistibles el uno para el otro.

Preguntas para él

1. ¿Paso tiempo hablando con mi esposa? ¿Nuestros tiempos juntos se acercan a la meta de quince horas? ¿Deberíamos hacer cambios?
2. ¿Comparto intereses con mi esposa? ¿Cómo puedo mejorar?
3. ¿Mi carrera me aparta de mi esposa? ¿Cómo puedo cambiar?

Preguntas para ella

1. ¿Extraño cosas de la época de mi noviazgo? ¿Tenemos el tipo de comunicación que compartíamos entonces?
2. ¿Estoy haciendo algo que inhibe las conversaciones? ¿Tengo un trabajo que requiere muchos viajes? ¿Hablo demasiado? ¿Qué puedo hacer para mejorar dicha situación?
3. ¿Qué intereses comparto con mi esposo? ¿De qué hablamos juntos? ¿Hay otras áreas que necesitemos compartir?

Para considerar juntos

1. ¿Las esferas o puntos de interés tienen contacto entre sí o se superponen? Si se superponen, ¿qué áreas de interés mutuo tienen? ¿Se comunican lo suficiente acerca de ellas?
2. ¿Cómo pueden reorganizar sus agendas respectivas de trabajo para alcanzar la meta de quince horas semanales de real comunicación compartida?
3. ¿Qué sugerencias de comunicación dadas en este capítulo deberían usar para mejorar la comunicación en su matrimonio?

6

ÉL NECESITA QUE ELLA SEA SU COMPAÑERA DE JUEGOS

COMPAÑÍA RECREATIVA

—Hola, Cindy, soy Alan.

—¡Hola! Qué bueno que llamaste —dijo con voz cálida y alegre.

—Tengo entradas para el partido de los Bruins-Bears en el Rose Bowl este sábado. ¿Te gustaría venir conmigo?

—¡Eso suena fantástico! ¿A qué hora?

Hicieron la cita, y Alan sonrió después de colgar. Él y Cindy se habían citado dos veces en las cuatro semanas que llevaban de conocidos. Esta sería la primera «cita deportiva», y se sintió contento de que ella estuviera tan ansiosa por ir. No conocía a muchas mujeres que les gustara el fútbol.

Se divirtieron mucho en el partido. Cindy hasta parecía entender lo suficiente del juego como para saber lo que estaba ocurriendo, e incluso discutieron algunas de las jugadas en la cafetería después del partido.

En ese otoño vieron varios partidos más a lo que sumaron media docena de películas. El gusto de Cindy por las películas agradó a Alan también, y el romance progresaba perfectamente. A mediados de invierno Alan se convenció de que por fin había encontrado a la chica correcta. Esto se confirmó en su mente el fin de semana en que se descompuso su automóvil. Llamó a Cindy para explicarle lo sucedido.

—Cariño, lo lamento. Mi automóvil no funciona, y debo tratar de arreglarlo esta tarde para tenerlo listo para trabajar el lunes.

—Ah, está bien. Por qué no le pido a mi compañera de pieza que me lleve hasta allí y así te doy una mano. Llevaré café y emparedados.

La reparación del automóvil resultó ser una de sus mejores citas. Cindy le alcanzaba las herramientas a Alan y fue muy útil mientras hablaban y bromeaban.

Esta chica, pensó Alan, *es en realidad especial.*

Organizaron su casamiento para la primera semana de mayo. En su luna de miel fueron a las montañas juntos para caminar un poco por allí. El verano transcurrió hermoso con algunos viajes a la costa, y todo fue tan bien... hasta que llegó la temporada de fútbol. En el último minuto, Cindy, después de muchas rogativas, fue a ver con Alan el partido entre UCLA y Arizona State. Para el fin de la temporada, los únicos otros juegos a los que asistió con él fueron Oregon State y el gran partido contra la Universidad de California del Sur.

Así que en una cena, a principios de diciembre, Alan presentó su preocupación por la actual reacción a los sucesos llamando la atención de Cindy.

—Yo creí que te gustaba el fútbol —se quejó.

—Oh, cariño, me gusta. Pero creo que no me gusta tanto como a ti. Un par de juegos durante la temporada es suficiente para mí —explicó ella.

—¡Vaya! —respondió con parquedad Alan, sin saber cómo manejar esta nueva e inesperada información.

—He estado pensando preguntarte algo —continuó ella—. El museo de arte del condado tiene una exhibición especial de pintores del renacimiento español este mes. ¿Te gustaría ir conmigo?

—Sí, seguro, eso creo —respondió Alan.

Durante el año siguiente, Alan descubrió que las cosas que a él le gustaba hacer y las cosas que a Cindy *en realidad* le gustaban tenían poco en común. El interés en las reparaciones de autos se evaporó con rapidez, y él se sintió feliz de poder llevarla aunque fuera a un partido. Mientras tanto, ella insistió en que la llevara a más museos de arte y a algún concierto o a la ópera. Alan rechazaba toda esa cultura, y gradualmente llegaron al punto en que muy de vez en cuando hacían cosas juntos, excepto salir a cenar de vez en cuando.

Al final del segundo año de casados llegaron al acuerdo de que él pasaría una tarde o noche con sus amigos cada semana, y ella haría lo mismo con sus amigas. Alan habría preferido pasar más tiempo «divertido» con Cindy, pero ella parecía bastante contenta con el arreglo. Dolido y algo confuso, Alan se preguntaba: *¿Por qué cambió ella?*

¿Cuán importante es la compatibilidad recreativa?

En las sesiones de consejería muchas veces he escuchado variaciones del problema de Alan y Cindy. Cindy, por supuesto, nunca había «cambiado». Es común para las mujeres solteras unirse a los hombres en la búsqueda de sus intereses. Se encuentran cazando, pescando, jugando al fútbol y mirando películas que nunca hubiesen elegido por sí mismas. Después del casamiento las esposas tratan de interesar a sus maridos en actividades más de su gusto. Si sus intentos fallan, pueden alentar a sus esposos a que continúen sus actividades recreativas sin ella. Considero esta opción muy peligrosa para un matrimonio, porque los hombres consideran muy importante la compañía de la mujer en las actividades recreativas. La televisión pinta como estereotipo el cuadro opuesto, mostrando a los esposos salir con los chicos en viajes de pesca diciendo: «No hay nada mejor que esto». Mis archivos de consejero me dicen que puede haber algo mucho mejor. En realidad, entre las cinco necesidades masculinas básicas, pasar un tiempo de recreación con su esposa está en segundo lugar después del sexo para el esposo típico.

La gente a menudo desafía mi afirmación diciendo que conocen una gran cantidad de matrimonios felizmente casados cuyos intereses recreativos son diferentes por completo. Pero esta gente no necesariamente conoce a las parejas en sus momentos de mayor sinceridad mutua. He aconsejado a parejas casadas que mantienen una excelente imagen casi hasta el momento del divorcio. Esconden con éxito sus necesidades más profundas, de ellos mismos y de otros, hasta que es demasiado tarde.

A veces los gustos recreativos proyectan una sombra sobre las profundas necesidades personales. Por naturaleza los hombres y mujeres a menudo parecen tener divergencias cuando de divertirse se trata. Los hombres parecen disfrutar las actividades que involucran más riesgo, aventura y violencia que los ofrecidos por los intereses recreativos de las mujeres. A los hombres por lo general les gusta el fútbol, el boxeo, la caza, la pesca, el ala delta, las grandes zambullidas, manejar en la nieve y tirarse en paracaídas. Tienden a preferir las películas o los chistes con un contenido de sexo y violencia. De forma habitual a los hombres no les importa la transpiración, la suciedad, el olor corporal, o respirar con ruido después de una prueba atlética. A la mayoría de las mujeres esto les parece desagradable y sin sentido.

Luego de cuestionar informalmente a cientos de clientes femeninas a través de los años, he concluido que la recreación favorita de la mayoría las mujeres es salir a cenar. A ellas también les gustan los picnic, las caminatas, las películas románticas, los eventos culturales y salir de compras.

En el reino del atletismo las mujeres tienden a participar en los deportes individuales más que en los de equipo. El golf, el tenis, las carreras de posta, las danzas aeróbicas y la natación son de la preferencia de muchas mujeres activas. Como espectadoras, las cosas están cambiando. Cada vez más mujeres disfrutan ahora del fútbol, el básquetbol y el béisbol, para mencionar algunos de los deportes mayores.

La clásica lucha de la mujer parece ser la de «limpiar el desorden del hombre», haciéndolo afeitar, vestirse más prolijo, hablar más suave, y cosas como esas. Cuando esto se traslada hacia su vida recreativa, él puede concluir que le quiere arruinar las cosas o por lo menos cortar su diversión. Todavía la ama, pero ella comienza a restringir su estilo. Para evitar eso, él pasa algo de tiempo solo con los hombres. Esto le permite retener su sentido de identidad como hombre, pero también significa que algunas de las actividades que disfruta más son practicadas sin la presencia de su esposa.

Sumado a eso, las responsabilidades familiares causan tensión. Debido a que solo tiene una determinada cantidad de tiempo, un marido debe elegir entre sus amigos y su familia. Por ejemplo, cuando llegan sus vacaciones, ¿las pasará yendo a un safari de caza con algunos de los muchachos, o se quedará en casa y visitará los parques de diversiones?

Cuando un hombre trata de dividir su tiempo entre estas dos opciones, muchas veces encuentra que su familia (en especial la esposa) reclama el tiempo que pasa junto a sus amigos masculinos. Una cacería de tres días una vez al año en el otoño sigue siendo algo que una esposa no desea que su esposo haga.

Si va a tomarse un descanso, ella piensa, *debería pasarlo conmigo y la familia.*

¿Qué les pasó a Cindy y Alan?

Los hombres muchas veces se casan esperando que sus esposas satisfagan su fuerte necesidad de compañía recreativa. Con frecuencia se sienten desilusionados, como le ocurrió a Alan en nuestra historia inicial. ¿Cómo se mantendría el escenario desde que dejamos a Alan y Cindy, ambos yendo en direcciones opuestas, y con Alan sintiéndose desilusionado y preguntándose por qué Cindy había «cambiado»? En algunos matrimonios, un hombre como Alan simplemente habría ido solo a ver a su equipo de fútbol favorito sin más problema y lo hubiera disfrutado. Pero haciendo lo que la mayoría hace, Alan se involucra en una liga de bolos con algunos de sus amigos, donde se encuentra con Bárbara, que ama todo tipo de deportes. Toman una taza de café mientras comparan los resultados, y antes de que se den cuenta son buenos amigos. (Después de todo, las ligas de bolos duran varios meses.)

Si Alan no se cuida, se inmiscuirá en una relación con Bárbara, que promete satisfacer todas esas necesidades recreativas que él espera que Cindy satisfaga. Si el escenario se desarrolla hasta un irónico final, Alan se divorciará de Cindy para casarse con Bárbara y —lo adivinaste— ella de repente decidirá que los conciertos o quizá los partidos de croquet serían mucho más entretenidos que los bolos o el fútbol. He visto muchas veces esta exacta ironía atrapar a los hombres que pensaron que otra relación, el divorcio y un nuevo casamiento resolverían sus problemas.

Otra vez debo enfatizar que los hombres como Alan no se aventuran a relaciones por enojo o venganza. Alan se sintió herido por el cambio de comportamiento de Cindy, pero no le reclamó su derecho a revertirse a sus intereses reales. El peligro de todo esto subyace en que ambos siguen distanciándose cada vez más. Ese modelo común es la peor solución, y puede guiar a otra relación y al divorcio; la pareja sabia lo evitará en su matrimonio o lo corregirá tan pronto lo encuentre.

De vez en cuando, de todos modos, me encuentro con un hombre como Hank, que se indignó de forma genuina con su esposa por la pérdida de su compañía recreativa después que se casaron. Hank era un atleta bien entrenado físicamente y cuidadoso de su salud. Un día corriendo en la pista de atletismo se encontró con Joanne y avanzaron un par de millas juntos, solo por ser sociables. La capacidad de Joanne de cubrir en ocho minutos la distancia de una milla impresionó a Hank. Una semana mas tarde se sintió doblemente impresionado cuando la encontró en la cancha de tenis y se dio cuenta de que tenía un mejor revés que el suyo. Pronto comenzaron a andar juntos todo el tiempo y llegaron a ser un familiar equipo doble-mixto en el club de tenis. No es de sorprender que se hayan enamorado y casado. Después del matrimonio, Joanne imploraba no salir a correr todos los días con Hank. También encontró inconveniente jugar el tenis cada sábado. Solo en unos pocos meses Joanne pareció perder por completo su interés en su apariencia física. Prefería quedarse en casa mirando televisión.

Hank no lo podía creer. Se rehusó a aceptar las cosas tal como estaban. Se enojó tanto con la negativa de ella a correr con él que vinieron finalmente a buscar consejo a mi consultorio.

Luego de escuchar su historia, le pregunté a Joanne: «Pareciera que una de las cosas básicas que le llevaron a entrar en un vínculo matrimonial contigo fue que saldrías a correr con él. ¿Sería mucho pedir que corrieras con él de vez en cuando?»

«Corría con él antes», explicó Joanne, «para estar cerca de él. Pero nunca pensé que fue esto lo que le hizo enamorarse de mí. Simplemente estábamos corriendo, y creí que llegó a amarme por quién era yo. Cuando nos casamos, no creí que correr tenía que ser parte del acuerdo. No necesito ni quiero correr más».

Me sentí un poco confundido al principio por su falta de voluntad para negociar aunque fuera un tan poco con el objetivo de salvar su matrimonio. Más tarde, de todas formas, ella agregó algunas explicaciones que me ayudaron a darle algo más de sentido a la situación. En sus reproches acerca de por qué no corría más, Hank se había enojado tanto que Joanne había visto un lado desagradable de él que a ella no le gustaba nada. No tenía idea de que él pudiese actuar de esa forma. Mientras Hank vociferaba y gritaba cosas fuera de control, su balance en el banco del amor de Joanne sufrió grandes extracciones. Y al igual que Joanne criticó la actitud de Hank, él también tenía su lado de la historia. La terca negativa de Joanne a correr y jugar al tenis causó que su cuenta en el banco del amor de Hank cayera de un modo abrupto también. Parece increíble, pero se rehusaron a recibir ayuda alguna. Debido a que Hank deseaba que corrieran juntos, su matrimonio terminó con una marcha a la corte.

¿Dónde nos dejan historias como estas? Cada pareja tiene la elección de permitir que las necesidades insatisfechas golpeen o incluso arruinen su relación, o pueden decidir preservar su matrimonio. Rara vez, si acaso alguna, el divorcio es una buena respuesta para cualquier problema marital. Marchar juntos en desilusiones y frustraciones agridulces no será mejor. La mejor solución siempre está en mantenerse unidos de forma madura, tratando asimismo de satisfacer las demandas del otro. Miremos cómo puede hacerse esto con relación a la necesidad del hombre de una compañía recreativa.

Veamos las esferas de interés otra vez

¿Recuerdas las esferas de interés descritas en el último capítulo? Allí mostré la importancia de los intereses mutuos y el rol que juegan en la comunicación. Cuando Joyce y yo nos estábamos distanciando en nuestro matrimonio, mostré cómo cambiamos algunas actividades e intereses para que nuestras esferas se acercaran y finalmente se integraran. Una vez que ocurrió esto, teníamos intereses *mutuos* y mejor comunicación.

Las mismas reglas que funcionan para la conversación lo hacen para la recreación, y Joyce y yo enfrentamos desafíos allí también. Por ejemplo, cuando yo era joven me encantaba jugar al ajedrez. Comencé jugando a los cuatro años y con el tiempo llegué a ser el presidente del club, donde era el primero en el tablero.

Luego de casarme abandoné los torneos de ajedrez porque Joyce no jugaba y no tenía interés en aprender. El ajedrez es un juego que consume muchísimo tiempo, y aunque lo amaba decidí que podríamos usar nuestro tiempo recreativo haciendo algo que ambos disfrutáramos. Pensé que ambos podríamos disfrutar del tenis, dado que habíamos pasado muchas horas jugándolo cuando éramos novios. Sin embargo, durante el primer año de casados, Joyce anunció: «Bill, no disfruto más del tenis en realidad. Creo que preferiría otras formas de pasar el tiempo juntos».

Este cambio de opinión sobre el tenis me tomó por sorpresa. Habíamos salido durante seis años como novios antes de casarnos y creía que la conocía muy bien. Habíamos disfrutado mucho del tenis, al igual que de otros deportes. Sin embargo, no me había percatado de que yo los disfruté mucho más que Joyce. Debido a que ella quería estar conmigo, se acomodaba a mí para hacer lo que yo quería. El problema radicaba en que ella casi siempre perdía. No importaba lo que hiciéramos al competir —tenis, bolos, damas— ella rara vez ganaba. Así que temprano en nuestro matrimonio, hizo lo correcto. Me hizo saber que esto ya no era divertido. Desde ese punto en adelante nuestras actividades recreativas llegaron a ser mucho menos competitivas. Pasamos a participar en eventos deportivos grupales como el voleibol, donde podíamos jugar en el mismo equipo, y expandimos nuestros intereses a las películas, las obras de teatro, los conciertos, las cenas afuera, y a disfrutar del paisaje y de la naturaleza.

Debido a que los dos acordamos mejorar nuestra recreación, hoy pasamos casi todo nuestro tiempo recreativo juntos. El resultado hubiera sido muy diferente si me quedaba con el ajedrez y el tenis, dejando a Joyce elegir su camino. Hubiéramos crecido aparte, cada uno experimentando nuestros mejores momentos de diversión y relajamiento sin el otro. Cuando aconsejo a las parejas casadas, puedo enfatizar de forma demasiado fuerte el tipo de error que esto puede ser. En lugar de hacer firmes depósitos en el banco del amor del otro divirtiéndonos juntos, la pareja con intereses recreativos separados pierde una oportunidad dorada. Muchas veces pasan los mejores momentos en compañía de *alguien más,* con la alternativa distintiva de abrir una cuenta en el banco del amor para esa persona. Dado que todos tienen una cuenta en tu banco del amor, parece razonable que la persona con la cual compartes tu mejor tiempo creará la cuenta más grande. Si quieres un matrimonio saludable, esa persona debe ser tu cónyuge.

Cómo encontrar intereses recreativos mutuos

En situaciones de consejería, cuando explico la importancia de los intereses recreativos mutuos, algunas parejas no tienen ningún problema en descubrir cosas para hacer juntos. Otras, sin embargo, parecen ser una pérdida total. Son demasiado diferentes. «De todas formas *él* simplemente no va a renunciar a su equipo de bolos» y «*Ella* debe continuar con su club de bridge los martes a la tarde».

Sonrío y digo: «No hay problema. Imaginen que alrededor de ustedes hay un círculo invisible dibujado que comprende todos sus intereses recreativos y las formas de disfrutarlos. Dentro de cada uno de sus círculos hay algunos intereses que están prontos a integrarse. Pueden quizá no disfrutarlos por igual, pero en algún grado son cosas que les agradan a ambos. Una vez que encuentran estas fuentes de placer, tienen su área de integración de intereses para trabajar juntos».

Lo próximo que hago es pedirles a las parejas que completen mi «Inventario del disfrute recreativo» (en el apéndice C incluyo una copia). Es una lista de ciento veinticinco actividades recreativas con un espacio para indicar cuánto a un esposo o esposa le gusta o le disgusta cada una. Las parejas pueden agregar a la lista actividades que no están incluidas y pueden calificarlas también.

Al completar el inventario, las actividades que han sido calificadas como motivo de disfrute por *ambos esposos* se identifican, y este ejercicio por lo general resulta en una lista de diez a quince actividades que la esposa y su esposo pueden disfrutar juntos. En las semanas siguientes les pido que registren estas actividades para llevarlas a cabo en su tiempo libre. Algunas serán cosas que le gusten más a él que a ella, y viceversa, pero en todo caso ambos estarán depositando unidades de amor mientras pasan tiempo juntos.

Nadie puede hacer todo lo que a él o a ella le gustaría en la vida. No hay suficiente tiempo. Cada tiempo recreativo personal se acumula haciendo elecciones que dejarán de lado otras oportunidades. ¿Por qué no seleccionar aquellas oportunidades que puedes compartir?

¿Puede una esposa ser la mejor amiga de su esposo?

Cuando una pareja trae su lista de las actividades que disfrutan juntos, hay muchas sorpresas. Algunas son actividades que ninguno había experimentado antes. Simplemente parecía que podrían disfrutarlas. Otras sorpresas son las actividades que la pareja no se percató de que eran para disfrutar juntos. Ambos pensaron que al otro no le gustaban.

Pero otro tipo de sorpresa es encontrar que algo que ya estaban haciendo juntos es ingrato para uno de ellos. ¿Qué harán con esa actividad? Mi Política de Apelación Mutua cubre esta situación:

> Comprométanse solo con aquellas
> actividades que ambos cónyuges puedan
> disfrutar juntos.

Es una regla dura, pero que insisto deben seguir las parejas que vienen a mí buscando consejo. No solo regirá algunas actividades que puedan hacer juntos, sino también todas las actividades recreativas que haces aparte, que uno solo disfruta.

¡Es probable que puedas imaginar el abuso de sugerir tal cosa! Significa, por ejemplo, que un esposo puede tener que renunciar a ver «Fútbol del lunes en la noche». Los hombres que creyeron que les estaba tratando de ayudar alentando a sus esposas a que se unieran a ellos en sus actividades favoritas se enfrentaron con la posibilidad de abandonar esas actividades. He perdido el respeto de muchos potenciales conversos en este punto. Muchos sienten que he ido demasiado lejos.

Pero una vez que lo piensas bien, tendrás que estar de acuerdo conmigo, por lo menos en principio. Si encontraras actividades recreativas que tú y tu cónyuge disfrutaran juntos tanto como disfrutas personalmente de tus actividades favoritas ahora, esto mejoraría de una forma definitiva los sentimientos hacia el otro. Estoy tras esta meta. ¿Qué es más importante, la calidad de tu matrimonio o «Fútbol del lunes en la noche»? En algunos casos esta es la elección que tienes.

No puedes hacer todas las cosas. De mil posibles actividades, solo habrá algunos cientos que mi esposa y yo podemos disfrutar mucho. Y no hay forma de que yo haga esos cientos de actividades que mi esposa y yo *disfrutaríamos*. ¿Por qué, entonces, debería gastar mi tiempo haciendo cosas en las cuales mi esposa no encontraría ningún placer? La política de comprometerse solo con actividades apelativas mutuas no es una condena a una vida de miseria y privación. Simplemente significa elegir actividades que ya disfruto, pero tomando en cuenta los sentimientos de mi esposa. ¿Por qué debería desear ganar a expensas de ella cuando podemos ganar juntos?

Aunque algunos consejeros matrimoniales pueden no estar de acuerdo conmigo, pero creo que el esposo y la esposa deberían ser cada uno el mejor amigo del otro. Algunos dirán que no se podría forzar este tipo de tema, pero el principio que he introducido en este capítulo sin dudas «obligará» a ambos a ser «los mejores amigos» a través del tiempo que pasan juntos. Mi política de «solo intereses mutuos» dice que un esposo y una esposa no pueden comprometerse en la mayoría de las actividades recreativas salvo que las compartan. La única excepción a esta regla le permite al esposo o a la esposa comprometerse en alguna actividad que les ayude a alcanzar una meta importante que ya ha sido acordada con mutuo entusiasmo.

Un ejemplo clave sería el tiempo pasado con los hijos. En nuestra propia familia, Joyce me ha apoyado mucho en el tiempo que paso con mi hijo en actividades recreativas. Steve y yo hemos aprendido a bucear juntos. También hemos andado en vehículos sobre la nieve, volamos, cazamos y esquiamos. Joyce nunca expresó ni sintió resentimiento cuando Steve y yo hemos salido juntos para disfrutar de estos pasatiempos recreativos. Aunque Joyce y yo no estábamos físicamente juntos en esas actividades, ganamos una importante meta: ser buenos padres. Por eso ella se sentía genuinamente feliz con mis actividades.

Lo mismo era cierto cuando Joyce ayudaba a nuestra hija Jennifer a desarrollar sus intereses y habilidades en el cuidado de los caballos. Pasaron cientos de horas juntas yendo a muestras equinas en todo el estado. Una vez más apoyé por completo sus esfuerzos, dado que a través de ellos también lográbamos la meta de ser buenos padres.

Cuando sigues la regla de las «actividades apelativas mutuas», aseguras la continuidad de los depósitos en el banco del amor de tu cónyuge. Algunos de los mejores sentimientos surgen cuando persigo una meta recreativa favorita. Si estoy compartiendo con mi esposa, asociaré esos buenos sentimientos con ella, y mientras mi amor por ella crece nuestro matrimonio se fortalece. Si comparto estas emociones con alguien más, también asociaré esos sentimientos con aquella persona. Haciendo esto, pierdo una oportunidad de desarrollar el amor por mi esposa, arriesgándome a desarrollar amor por otra mujer.

Muchos cónyuges —en particular los esposos— encuentran mi Política Apelativa Mutua muy difícil de poner en práctica. La sola idea de renunciar a su actividad favorita como cazar o el fútbol causa depresión en muchos hombres. Lo entiendo porque los hombres necesitan la recreación en sus vidas para seguir estando bien. Trabajan duro todo el día y esperan las pocas horas de entretenimiento que puedan disfrutar. Entonces este consejero matrimonial aparece y les dice que no pueden hacer las mismas cosas que creen les harán sentir bien. De todas formas aliento a los hombres a que prueben el plan por unos meses, recordándoles que no les he pedido que renuncien a sus placeres recreativos. Simplemente les aconsejo que incluyan a sus esposas y elijan actividades que ambos disfruten. No es cuestión de renunciar a todos los placeres de la vida. En vez de eso, un hombre sencillamente debe reemplazar sus viejos pasatiempos con algunos que pueda compartir con su esposa o hacerla parte de aquellos que él todavía disfruta.

Al hacer los cambios, una esposa necesita estar alerta ante la posibilidad de que romper un hábito recreativo puede poner a algunos hombres en un estado de retraimiento. Él puede extrañar esto terriblemente al principio, pero una vez que se acomoda, llega a disfrutar las actividades apelativas mutuas aun más. Esto se debe a que una de las necesidades básicas está siendo satisfecha cuando su esposa es su compañera recreativa.

También por el lado de la esposa puede ocurrir algún conflicto al hacer estos cambios. Cuando le pide a su esposo que renuncie a su noche de bolos para quedarse con ella, al principio podría llegar a creer que ha cometido un gran error. Ella no desea forzarlo a esto, aunque quiere su compañía. A medianoche, ella puede desear decirle que vuelva a la liga, porque se siente culpable por sacarlo de algo que ella sabe que en verdad disfruta y merece.

La esposa necesita mantenerse firme mientras desarrollan nuevos intereses juntos, y su esposo tiene que ser paciente mientras ella trata de aprender una de sus actividades favoritas. Si para uno o ambos una actividad fracasa después de intentarla una vez o dos, no renuncien. Tómense el tiempo necesario para ir adquiriendo algunas habilidades. Supongamos que una esposa comienza a esquiar para hacer feliz a su esposo. Ella necesita tiempo para tener la musculatura requerida y aprender asimismo las técnicas que la harán buena en eso. Si él la presiona demasiado, se resentirá con facilidad y abandonará el deporte. Con el tiempo ella lo podría haber disfrutado.

No obstante, si trata de esquiar adquiriendo algunas habilidades y todavía así le disgusta, la esposa debería tener la libertad de decirle a su esposo: «Lo he intentado y aun así no me gusta. Probemos con otra cosa».

Dense tiempo para ajustarse y probar nuevos pasatiempos. Quizá hayan tenido algunas dificultades acomodándose a estos cambios, pero encontrarán que por su matrimonio bien vale la pena el esfuerzo. En mis experiencias de consejería he encontrado que las parejas que limitan sus actividades recreativas a aquellas que realizan juntos, obtienen enormes ganancias en cuanto a la compatibilidad. También depositan unidades de amor.

¿Cuánto tiempo deberían pasar en la recreación?

Uno de los secretos de la eficiencia es aprender a hacer varias cosas al mismo tiempo. Sin embargo, en el matrimonio tal esfuerzo puede llegar a ser causa de resentimiento. Por ejemplo, las quince horas en las que tú y tu cónyuge planean darse atención exclusiva no deberían ser bombardeadas con llamadas a la oficina o mandados que distraen la atención del uno sobre el otro.

Por otra parte, las actividades recreativas pueden llegar a ser parte de este tiempo sin causar resentimiento si la actividad no distrae demasiado. Cuando las parejas están de novios, tienden a combinar la conversación y el afecto con las actividades recreativas. Es una combinación natural que incrementa el placer que las parejas experimentan cuando están juntas.

Aliento a las parejas a que traten de usar al menos parte de sus quince horas para actividades recreativas. La única condición es que la actividad no puede impedir la atención exclusiva. Si una actividad favorita distrae demasiado para calificar, la pareja debe organizar el tiempo fuera de las quince horas para comprometerse a realizar tal actividad juntos.

La política que nos urge a hacer de nuestro cónyuge los compañeros recreativos principales no es insoportablemente dolorosa o irrealista. En realidad, es la política que seguimos cuando nos enamoramos al comienzo. En lugar de esto, la Política de Apelación Mutua invita a ambos cónyuges a un nuevo nivel de intimidad y disfrute mutuo. La Cuarta Ley de Harley del Matrimonio lo dice de esta forma:

> La pareja que juega
> unida permanece unida.

Preguntas para ella

1. ¿Crees que tu marido pone tanto énfasis en tenerte como compañera recreativa como reclama este capítulo? Si tu respuesta es no, ¿es posible que te haya enviado señales que no has recibido?

2. ¿Cuál de los siguientes planteamientos describe a tu matrimonio?
   a) Él va por su camino, yo voy por el mío.
   b) Parece que hacemos tanto juntos como la mayoría de las parejas.
   c) Estamos cerca del nivel de las quince horas.

3. ¿Puedes pensar en cualquier pasatiempo o actividad recreativa que estarías dispuesta a eliminar para pasar más tiempo con tu esposo? ¿Podría él hacer lo mismo?

Preguntas para él

1. ¿Cuál de los siguientes planteamientos describe a tu matrimonio?
   a) Ella va por su camino, yo voy por el mío.
   b) Sin mis salidas con los muchachos, no creo poder soportarlo.
   c) No estamos cerca de las quince horas semanales, pero me gustaría tratar de hacerlo.
   d) Estamos cerca de las quince horas propuestas.

2. ¿Te suena amenazante limitar tus tiempos recreativos a tu esposa? Si esto es así, trata de anotar tus sentimientos en un papel para ver con exactitud lo que te molesta.

3. ¿Puedes pensar de cualquier pasatiempo o actividad recreativa que estarías dispuesto a eliminar para pasar más tiempo con tu esposa? ¿Podría ella hacer lo mismo?

Para considerar juntos

1. La tarea más importante se ha descrito en este capítulo. Utilicen el formulario «Inventario del disfrute recreativo» del apéndice C para que les ayude a descubrir actividades mutuas apelativas.

2. Después de identificar las actividades que ambos disfrutan, organicen su tiempo para probar cada una de ellas. Redúzcanlas a cinco o diez para que las puedan disfrutar al máximo.

7

ELLA NECESITA CONFIAR PLENAMENTE EN ÉL

HONESTIDAD Y FRANQUEZA

Dorothy se sintió tanto perpleja como encantada por la mística de Frank. Nunca había conocido a un hombre más reservado, y a menudo él había evadido sus preguntas. Cerca del final de una cita ella podía preguntarle a dónde iba o qué estaba planeando hacer. Pero él solo guiñaba un ojo, sonreía como sabiendo de qué se trataba, y decía: «Te llamaré mañana».

El comportamiento de Frank parecía un tanto raro, pero Dorothy se decía a sí misma que toda persona tenía derecho a la privacidad. En realidad él tenía el derecho de mantener *algunas* cosas en privado.

A decir verdad, Frank tenía varias cosas que se guardaba, en específico otras novias que él no quería que Dorothy supiera que tenía. Cuando no podía evadir una pregunta, se esforzaba en despistarla diciéndole acerca de proyectos inexistentes que tenía que completar en el trabajo. Sus proyectos reales eran citas con otras mujeres. A veces Dorothy sospechaba que se estaba viendo con otra persona, pero hacía tal historia con su derecho a mantener la privacidad que ella se sentía culpable cuando le cuestionaba su honestidad.

Además, Frank tenía muchas otras cosas que Dorothy quería en un hombre. Era afectuoso y encantador. Otras mujeres la miraban con envidia al verla entrar con un hombre tan alto y bien parecido. Además, él tenía un excelente sueldo y gastaba mucho dinero en ella con toda generosidad. Cuando Frank le propuso matrimonio, todas estas cosas pesaron mucho más que la «necesidad de privacidad».

Él me dirá todo después que estemos casados, pensó Dorothy.

Resultó ser que la conducta de Frank no cambió después de la boda. En realidad, parecía haber más problemas que antes, porque ahora que vivían juntos Frank tenía más motivos para guardar secretos.

Lo más interesante del tema era que toda su necesidad de privacidad no significaba que Frank veía a otra mujer. Una vez que hizo su compromiso matrimonial, terminó con sus otras novias para «adaptarse». Pero todavía se reservaba el «derecho» de llegar a casa desde el trabajo a la hora que se le antojaba. Dado que su trabajo tenía una agenda irregular, Dorothy muy pocas veces podía planificar algo. Frank llamaba, pero decía solo: «Llegaré tarde, quizá a las seis y media. No estoy seguro». Dorothy aprendió con rapidez que había pasado a formar parte del equipo que debía «mantener la cena caliente en el horno». Una vez que llegaba a casa, Frank parecía perder el encanto que había mostrado durante el noviazgo. Tenía poco que decir cuando de hacer planes se trataba.

«¿Puedo invitar a los Morgan a cenar el sábado a la noche?», preguntaba Dorothy.

«No estoy seguro», contestaba Frank. «Tengo que ver, es una semana ocupada».

Así seguían las cosas... de la frustración a la depresión para Dorothy. Frank se mantenía lo suficiente fiel, y en verdad no tenía nada que ocultar. No obstante, por alguna razón conocida solo por él, no quería compartir lo que estaba haciendo o pensando.

«En el casamiento nuestro pastor dijo que los dos seríamos uno», le contó Dorothy a su amiga Marge, «pero Frank y yo en realidad no podemos ser uno si él no comparte conmigo. Le he pedido que hablemos con nuestro pastor, pero no lo quiere hacer, y me prohíbe que vaya sola. Dice que la gente en la iglesia se enterará y malinterpretará».

La falta de confianza destruye el sentido de seguridad de la esposa

Dorothy y Frank está, listos para enfrentar varios problemas salvo que él se dé cuenta de que debe cambiar. Si Frank insiste en querer seguir con esta rutina, solo logrará ir vaciando la cuenta en el banco del amor de su esposa. Cuando su cuenta en el banco del amor llegue a estar muy baja, Dorothy llegará a ser un blanco vulnerable para un hombre que sepa cómo hacerla sentir confiada y segura.

Un sentido de seguridad es el hilo brillante y dorado que está entretejido en las cinco necesidades básicas de una mujer. Si un esposo no mantiene comunicaciones honestas y francas con su esposa, él mina su confianza y con el tiempo destruye su seguridad.

Para sentirse segura, una esposa debe confiar en que su esposo le proporcione información precisa de su pasado, presente y futuro. ¿Qué ha hecho él? ¿Qué está pensando y haciendo ahora? ¿Qué planes tiene? Si no puede confiar en las señales que envía (o si, como en el caso de Frank, él se rehúsa a enviar señales), ella no tiene fundamento sobre el cual edificar una relación sólida. En vez de ajustarse a su esposo, la esposa siempre se siente fuera de equilibrio. En vez de crecer *con* él, ella crece *lejos* de él.

La mujer que no puede confiar en que su esposo le dé la información que necesita también carece de los medios para negociar con él. Las negociaciones entre esposos son una piedra fundamental para edificar con éxito cualquier matrimonio, pero sin honestidad y franqueza una pareja puede resolver y decidir muy poco.

Suponga, por ejemplo, que una esposa quiere planificar las próximas vacaciones familiares. Le pregunta a su esposo, «¿A dónde te gustaría ir, a acampar o a un hotel?»

El esposo piensa: *Sé que ella preferiría ir a un hotel, pero yo odio estar allí.* No obstante, le dice: «Vayamos a un hotel».

Así es que ellos se hospedan en un hotel y el esposo se siente malhumorado durante dos semanas, protestando acerca de que podría haber comprado un mejor equipo de acampar por la misma cantidad que ellos están gastando en «lujos».

La escena de arriba pareciera estar sacada del guión de una tragicomedia televisiva, y estas historias se identifican con los espectadores porque parecen muy reales. En un matrimonio que carece de honestidad y franqueza, sin embargo, las líneas de los «actores» deberían ser menos entretenidas.

¿Tu cónyuge te conoce mejor que nadie?

Les digo a las parejas que aconsejo que la honestidad debe ser una de las cualidades más importantes en un matrimonio exitoso. Cuando están casados, deben enviarse el uno al otro mensajes precisos y recibir respuestas precisas.

Uno de los dos cónyuges muchas veces comete el grandísimo error de sentir de una manera y actuar de otra. Cuando fracasas en responder de la manera en que sientes en realidad, el ajuste que haga tu compañero no dará en el blanco. Esposos y esposas muchas veces utilizan la expresión: «¿De donde vienes?», para averiguar lo que el otro siente. Si es que «vienes de» un lugar en particular, tu cónyuge apuntará allí con una posición determinada. Si en realidad vienes de «algún otro lugar», tu pareja no acertará el blanco, y ambos terminarán frustrados.

Un simple ejemplo nos muestra a Helen preguntándole a Harry:

—¿Cómo te sientes? ¿Mejor?

—Sí... síí, estoy perfecto —musita Harry.

—¡Entonces vayamos a ver una película!

—¿No me puedes dar un poco de paz? ¡Trabajo duro todo el día, me indigesto, y ahora quieres que corra para ver una película!

Cuando sea y donde sea que tu cónyuge te pregunte cómo estás, dile la verdad. No es recomendable mentir creyendo que herirás los sentimientos de tu cónyuge (o posiblemente lastimarás tu propio orgullo). Tu pareja tiene derecho a saber tus pensamientos más íntimos. Debería conocerte mejor que cualquier otra persona en el mundo... incluso que tus padres.

«Conocerte» incluye tus buenos y malos sentimientos, tus frustraciones, tus problemas y temores... cualquier cosa que esté en tu mente. La Biblia dice que «los dos se funden en un solo ser»; nosotros los psicólogos le llamamos a esto «alcanzar una buena compatibilidad marital».

Cuando una esposa escucha mentiras de su esposo, esto golpea su mecanismo de respuesta de una forma que le hace perder el equilibrio.

Supongamos, por ejemplo, que Harry le miente a Bárbara y le dice que ama la forma en que se ha arreglado el cabello. Un mes más tarde, Bárbara gasta sesenta y cinco dólares cortándose y arreglándose el pelo. Ella llega a casa y dice: «Me arreglé el cabello, ¿te gusta?»

«Oh, sí, cariño, está bien, perfectamente bien».

Bárbara siente que no está encantado y no entiende por qué. En realidad a Harry no le gusta su peinado para nada. Él le dijo eso para hacerla feliz. Pero ahora ella no se siente contenta porque detecta el tono negativo en su voz. Sus palabras dicen una cosa, pero él siente de otra forma. Bárbara está confundida por la contradicción.

Tres clases de esposos mentirosos

Después de años de aconsejar, he descubierto tres tipos básicos de comportamiento deshonesto en los esposos:

1. El mentiroso de nacimiento

Desde temprana edad él ha dicho mentiritas de continuo acerca de temas intrascendentes. Tal tipo de mentiroso informa que estaba leyendo cuando en verdad se encontraba durmiendo. Fabrica historias acerca de hechos en su pasado y de forma constante distorsiona la verdad de maneras sutiles que parecen no notarse... al principio. Uno puede sorprender al mentiroso de nacimiento con facilidad comprobando la información. Pero sea precavido. Cuando es confrontado, por lo general se excusa a sí mismo argumentando tener «mala memoria». Un mentiroso crónico encuentra casi imposible admitir la verdad acerca de sí mismo.

Tal deshonestidad puede traer serios problemas al matrimonio. Debido a que su comportamiento es tan poco claro, es probable que no cambie. Algunos de estos hombres comienzan a mejorar a partir de la adultez y sienten cierta culpa por sus pasadas deshonestidades, pero otros siguen siendo mentirosos el resto de sus vidas.

2. El mentiroso «evita problemas»

Él no miente todo el tiempo, solo cuando hay presión o sobre algún problema significativo.

Supongamos que un esposo ha pasado la semana descuidando su responsabilidad de conseguir una niñera que cuide a su hijo para poder salir con su esposa el sábado por la noche. En la mañana del sábado, su esposa le pregunta:

—Oh, cariño, ¿te acordaste de llamar a Gail para que cuide a nuestro hijo esta noche?

—Todo está bajo control, querida —responde él.

Y piensa para sí: *No hay necesidad de preocuparse por mi irresponsabilidad. Puedo llamar a Gail en un rato y arreglarlo.* Pero la mañana se pasa, y esa tarde trasmiten un juego de su equipo favorito en la tele, y los pensamientos de llamar a la niñera son empujados hacia muy atrás en su mente. La noche llega, pero no hay quien cuide el niño.

—¿Qué ocurrió? —pregunta su esposa.

—Estaba todo arreglado —miente. Se le habrá olvidado.

Su esposa llama a Gail, que niega que haya recibido una llamada. La esposa cuelga y pide una explicación.

—No puedo entenderlo —replica nuestro mentiroso—. ¿Por qué mentiría acerca de esto? Creo que no debemos usarla más.

El mentiroso que «evita problemas» y el «mentiroso de nacimiento» tienen una cosa en común. Sus mentiras rara vez son preparadas y pensadas, son impulsivas y planeadas de forma muy pobre. Esta gente por lo general tiene lo que los psicólogos llaman desorden de carácter. Habitualmente distorsionan la realidad sin remordimientos aparentes salvo que sean descubiertos. Ellos a menudo fabrican el remordimiento para que la gente «perdone y olvide».

A diferencia del «mentiroso de nacimiento», el que busca evitar problemas solo miente de forma periódica en el matrimonio cuando se siente bajo presión. Algunas veces es posible traer a este tipo de mentiroso a una comunicación honesta advirtiéndole a la esposa acerca de la forma en que el estrés dispara una reacción deshonesta. Ella puede experimentar una comunicación más sincera siempre y cuando reduzca el nivel de presión.

3. El mentiroso «protector»

Este hombre cree que la verdad es demasiado para su esposa. Por lo tanto, le miente para «protegerla».

Por ejemplo, la familia enfrenta una emergencia financiera, pero solo él lo sabe porque maneja la chequera. El esposo «mentiroso protector» puede decidir pedir dinero prestado sin decirle a su esposa. *¿Por qué deberíamos perder el sueño por un tema como este?*, razona él. *El problema es solo temporal, sé que lo puedo manejar.*

Así que él continúa mintiéndole a su esposa, diciéndole que las cosas están bien, cuando en realidad se pone a sí mismo bajo un tremendo estrés. Con un enorme esfuerzo consigue devolver el préstamo, y su esposa nunca lo sabe... ¿pero a qué precio?

A diferencia de los dos primeros mentirosos, el «mentiroso protector» por lo general no tiene un desorden de carácter. Él no recurre a la deshonestidad para salvarse o ganarse la admiración de su esposa. Usualmente sus mentiras le molestan. Pero siente que mentir vale la pena, porque quiere evitarle a ella la ansiedad de las incertidumbres y desilusiones diarias. Él se da cuenta de que su esposa necesita seguridad, y busca crearla pintándole un cuadro de un mar en calma allí donde las aguas están visiblemente picadas.

El problema con todo esto es que la esposa sigue sin saber nada de la presión que él siente. Cuando las presiones de la vida lo vuelven irritable y malhumorado, ella encuentra esto difícil de entender. ¿Qué ocurre también si su estrategia no da resultado y no puede devolver el préstamo secreto tan pronto como deseaba? Entonces su esposa tiene que enfrentar un problema mucho más grande y alarmante, de repente y sin aviso. He visto a clientas cuyos esposos les han ocultado la verdad hasta el día en que el comisario llega a su puerta con la hipoteca vencida. La falsa sensación de seguridad creada por un esposo «mentiroso protector» a través de las mentiras y las falsas representaciones se puede deshacer en pocos segundos y provocar un daño irreparable en la confianza de una relación matrimonial.

Cómo las pequeñas mentiras piadosas vacían los bancos del amor

Es evidente que ser descubierto en una mentira acerca del desastre financiero puede causar una extracción que deje las cuentas en rojo en el banco del amor de la esposa. Pero las «mentiras piadosas» acerca de sus sentimientos y actitudes para con su esposa también pueden causar extracciones de la de *ella* cuenta en el banco del amor de *él.* Supongamos que una esposa se siente preocupada por su sobrepeso. Su esposo está todavía más preocupado, pero decide que no le haría bien decirle a ella cuán desilusionado se siente. Así que le dice que está magnífica. *Bien,* piensa ella, *quizá algunos kilos de más no están tan mal después de todo.* Por lo tanto no pierde peso, y en verdad, sigue engordando. Su esposo se manifiesta descontento con su figura poco atractiva, pero se muerde la lengua. En esta oportunidad el zapato del banco del amor está en el otro pie. A diario ocurren extracciones de la cuenta de *su esposa* en su banco del amor, y ella no se percata de eso hasta que él al fin desliza un comentario cortante con respecto a su sobrepeso, momento que le cuesta al esposo una enorme extracción de su cuenta en el banco del amor de ella.

El esposo que miente para «proteger» a su esposa es culpable muchas veces del peor tipo de chovinismo. He aconsejado a muchos hombres a través de los años que creían que sus esposas se separarían de ellos si les dijeran la verdad. Esta clase de persona visualiza a su esposa como una caja emocional, incapaz de trabajar con la realidad. Muchos hombres tienden a hacer esta presunción de las mujeres en general, algunas veces porque alimenta su propio sentido de superioridad.

Cuando un hombre le miente a su esposa él puede también estar diciendo que ella tiene poco control sobre sus hábitos y no puede en consecuencia cambiar en realidad su conducta. Este tipo de pensamiento refleja una baja opinión del carácter de las mujeres, otra actitud común entre los hombres. Tomando esto como cierto, muchas mujeres refuerzan estas presunciones falsas porque sirve a sus propósitos. La razón es: *Si puedo sacarle a Harry lo que quiero aun pareciendo una inútil idiota de vez en cuando, ¿por qué no hacerlo?*

El «¿por qué no hacerlo?» se contesta con toda facilidad. Siempre que una mujer utiliza un comportamiento que refleja inutilidad u otra conducta que manipule, no edifica su cuenta en el banco del amor de su esposo; de manera lenta, pero segura, la vacía. Su conducta puede alimentar el falso estereotipo del esposo acerca de las «mujeres inútiles», pero no pueden edificar su respeto por ella.

Tratar a tu esposa de manera sutil —o no tan sutil— como si fuera emocionalmente inestable llega a ser una profecía cumplida. Es una gran forma de volverla un poco loca.

Pero cuando un marido le dice a su esposa la verdad, edifica su estabilidad emocional. Al decirle la verdad le dice a ella que sabe que puede manejar estas situaciones cambiando cuando es necesario. La verdad demuele las falsas impresiones e ilusiones. La vida se vuelve más predecible y racional porque ahora ella puede entender el comportamiento de su esposo. La verdad puede ser dolorosa a veces (y él debería tratar por todos los medios posibles de tratar gentilmente con la verdad), pero no vuelve loca a las mujeres. Al contrario, una mujer se siente en control porque ahora sabe lo que necesita para cambiar la situación.

Un esposo no le hace ningún favor a su esposa cuando le miente «protegiéndola» para hacerla sentir segura y amada. Con el tiempo curre todo lo contrario. Un esposo debe presentarse a sí mismo a su mujer tal como es. Entonces ella puede ajustarse, negociar, y acercarse a él.

¿Tiene su lugar la privacidad?

Mucha gente me pregunta: «Cuando dices que debo ser tan franco con mi cónyuge, ¿no estás quitándome toda la privacidad?»

Si por *privacidad* esa persona quiere significar mantener partes de sí mismo o de ella misma escondidas, mantengo entonces firme mi convicción de que este mundo no tiene lugar para un esposo y una esposa. Muchos colegas y clientes no están de acuerdo, pero he visto demasiados desastres maritales causados por la negación de mi principio. Aunque encuentres amenazante pensar que tu cónyuge pueda tener derecho a leer tu correo electrónico o revisar tu monedero o billetera, creo que este tipo de franqueza es indispensable para un matrimonio saludable. Permíteme mostrarte cómo puede funcionar.

Cuando «protejo mi privacidad», me hago menos transparente para mi esposa. Joyce es la persona que necesita conocerme mejor, y yo necesito proveerle toda la información, lo cual incluye hasta mis lunares. No solo debo responder a sus preguntas diciendo la verdad, sino que debo evitar las «mentiras del silencio» y de forma rápida y voluntaria dar *toda* la información. En otras palabras, debo compartirme a mí mismo con ella en toda forma posible.

A través de los años Joyce y yo hemos logrado activar una pequeña señal que nos damos cuando sentimos la necesidad de una honestidad total. A veces nos gusta bromear, pero llegan las situaciones cuando necesitamos saber con exactitud «dónde está el otro». Cuando tenemos esta necesidad, simplemente decimos: «¿Me das tu palabra?» Cuando escucho a Joyce utilizar esa frase, sé que ella desea una honestidad transparente, no juegos ni evasivas.

Toda pareja casada necesita encontrar una señal similar. Sin la seguridad de que el cónyuge *ha dado o no su palabra,* el matrimonio cojea y con el tiempo se expone directamente al problema. Al aconsejar a parejas cuyos matrimonios están en problemas, muy pocas veces encuentro que han sido honestos entre sí. Por esta razón suelo ver al marido y a la mujer por separado, en especial al principio. Un cónyuge está mucho más apto para ser honesto conmigo cuando estamos solos en el consultorio, por lo menos por dos razones: (1) Porque siente una presión interior por decirle la verdad a alguien, y (2) porque me está pagando y quiere que entienda el problema lo más rápido posible.

Mientras cada cónyuge «aclara su situación» conmigo, a menudo obtengo una imagen más clara de ambos que la que ellos mismos tienen de cada uno. Por años han vagado ciegos a través de las pantallas de humo que ellos mismos han levantado. Cuando me hablan no tienen necesidad de esta pantalla de humo y el problema o tema real comienza a emerger.

Todos tenemos nuestros problemas

Una herramienta muy valiosa que utilizo para obtener un cuadro de la gente es el *Minnesota Multiphasic Personality Inventory* [Inventario Multifacético de la Personalidad de Minnesota] (MMPI), de S. R. Hathaway y J. C. McKinley, publicado por la Universidad de Minnesota, una prueba estándar que los psicólogos han usado durante años. El MMPI tiene un surtido de «escalas» que ayudan a identificar las predisposiciones personales hacia determinadas situaciones. Tener un resultado alto en cualquiera de estas escalas no significa tener un problema, pero sugiere que puede existir. El psicólogo necesita más evidencia para sostener o refutar la existencia de un problema. Por ejemplo, una persona que tiene un resultado alto en la escala 1 quizá esté cerca de ser un hipocondríaco. Yo mismo estoy muy alto en la escala 1, pero es probable que no detectarías mis tendencias hipocondríacas si me vieses relajado. Cuando estoy bajo presión, mi «hipocondría» comienza a mostrarse, porque entonces protesto y hablo de mi salud más de lo que mucha gente lo haría en circunstancias similares. A Joyce le gusta recordarme cómo caigo preso del pánico cuando pienso que estoy enfermo, o cuando experimento una presión emocional. Tiene razón. En circunstancias normales me va muy bien, pero bajo presión mi problema sale a la luz. El significado de este «principio de presión» para los matrimonios es obvio. Una rápida lectura de los resultados revelados por la escala MMPI (0-9) incluye lo siguiente:

0. Mide la tendencia a ser socialmente introvertido, a evitar las multitudes, a la timidez.

1. Mide el grado de preocupación acerca de la salud de uno y el temor a la muerte, a una enfermedad debilitante, o a los síntomas menores que podrían transformarse en una enfermedad debilitante.

2. Mide la depresión, un sentimiento de carencia de esperanza, una tendencia a ser pesimista.

3. Mide la supresión de sentimientos, la tendencia a no ser honesto contigo mismo y con los otros acerca de por qué sientes de la forma que sientes.

4. Mide la alienación social, la tendencia a tener problemas con la autoridad, y el fracaso en considerar a los otros cuando satisfacen necesidades personales.

5. Mide la masculinidad y feminidad, la sensibilidad a las necesidades de los demás, y la voluntad para querer.

6. Mide la sensibilidad en las relaciones cercanas, la tendencia a idealizar a los demás, o las creencias prejuiciosas, tanto buenas como malas, acerca de la gente.

7. Mide la ansiedad o el temor, la tendencia a ser indeciso, perfeccionista, o dado a la culpa.

8. Mide la insatisfacción con uno mismo, la tendencia a estar confundido y ser dependiente durante el estrés.

9. Mide la actividad o nivel de energía, revela la tendencia a ser impulsivo o estar demasiado involucrado en muchas cosas.

Incluyo este pequeño curso de MMPI solo para mostrar que en el matrimonio un hombre o una mujer pueden tener la clase de personalidad que puede llevar hacia las dificultades cuando una pareja trata de trabajar con el conflicto. Si quieren resolver los conflictos con éxito necesitan conocer las debilidades emocionales del otro que se muestran cuando están bajo presión. La deshonestidad puede ser una de esas debilidades.

Usando las diez escalas que recién describí, una escala alta en 3 y 4 podría indicar un problema con la honestidad y la apertura. Esto es en especial serio cuando un marido tiene un 4 alto. ¿Qué podría esperar su esposa? Que sea quien sirve en los partidos de tenis, que tenga problemas para negociar con él, y que se enoje con facilidad ante pequeñas irritaciones. Además, sus mentiras y verdades a medias podrían mostrar su tendencia hacia el egocentrismo. Ella podría resumir su carácter diciendo: «Él cree que es más importante hacer las cosas a su manera que decir la verdad».

Es obvio que si ella califica alto en la escala 6, mostrando una tendencia hacia la supersensibilidad, y él está alto en la escala 4, los desacuerdos maritales serán el resultado más frecuente. Mientras ella debe trabajar con su tendencia a sentirse herida, él tendrá que tratar de aprender a compensar su predisposición hacia la deshonestidad, el egocentrismo y una conducta intransigente.

¿Todo esto sugiere que deberías ir corriendo a tu psicólogo para que te evalúe con el MMPI? Me halagaría, pero no creo que puedas encontrar que sus resultados te sean útiles. Aunque no puedes hacer mucho para cambiar tu personalidad, puedes aprender cómo ajustarte a la personalidad de tu cónyuge. Las evaluaciones como el MMPI solo «prueban» que todos tenemos nuestros puntos oscuros en nuestras respectivas personalidades, debilidades, y tendencias hacia posibles problemas. Es por eso que debemos llegar a ser lo más francos y honestos posible con el otro. Necesitamos entender los problemas de cada uno para que nos podamos acomodar y adaptar a nuestro cónyuge. Aun si descubres que tu pareja tiene resultados altos en la 4, no te asustes. En lugar de eso debes entender la naturaleza de esta debilidad y aprender a compensarla.

Cómo la honestidad mutua puede rescatar a un matrimonio

¿Qué ocurre cuando en un matrimonio hay tal falta de confianza y franqueza que lleva a la deshonestidad de una relación extramatrimonial? ¿Puede el hecho de «hablar claro» con tu cónyuge ayudar o terminaría matando la relación?

Es común que me siente a aconsejar a un marido que me dice derecho y de frente que se ha visto involucrado en una serie de relaciones extramaritales. Nunca le ha dicho a su esposa sobre ninguna de ellas, pero se siente «terriblemente culpable» por todas.

Mientras se procede con la terapia, le sugiero que le confiese todo esto a su esposa. Con algo de temor y temblor lo hace, y ella reacciona previsiblemente con enojo, ansiedad y luego con la depresión. Con el tiempo, sin embargo, ella supera la sorpresa y el dolor. Entonces su matrimonio puede comenzar a edificarse sobre la base de la honestidad mutua, quizá por primera vez.

Cuando una pareja trabaja para tratar de sobrevivir a otra relación, les indico que sean muy sinceros. No deben ocultar nada de lo que piensan o sienten. Solo a través de una total franqueza puede emerger una relación honesta. Si ellos se comprometen en cualquier punto, esto socavará el proceso de reconstrucción.

Podrás preguntarte si es siempre sabio que el cónyuge responsable confiese sus pecados a su esposa. En mi experiencia, que el cónyuge responsable confiese nunca ha sido la causa primaria de un divorcio. Algunas parejas siguen adelante con los pasos necesarios para obtener el divorcio a causa de la otra relación, pero no porque al fin hayan podido hablar honestamente con el otro. En cambio, de forma bastante habitual el compañero traicionados —ya sea el esposo o la esposa— sale de la sorpresa inicial de saber acerca de la otra relación dispuesto a examinar y considerar formas de resolver los problemas matrimoniales. Mucho depende del entorno terapéutico provisto a la pareja. El consejero debe crear una atmósfera que motive a la pareja a discutir soluciones a sus problemas reales después que la otra relación ha sido descubierta y expuesta.

Una vez que la deshonestidad queda revelada, hago un esfuerzo especial para ayudar a la pareja a ver la situación con claridad. Ellos han experimentado una purga necesaria que les provee de su única oportunidad de formar un matrimonio estable y duradero. Ahora debo darles los lineamientos para restaurar la confianza.

Un marido con un historial de mentiras puede insistir en que su confesión de la otra relación prueba que se ha reformado. Él puede pretender que su esposa confíe en él de inmediato. Pero aquí insisto en lo contrario. No puedes encender la confianza como el interruptor enciende la luz. Por otra parte, la misma puede lograrse con muchas experiencias a través de las cuales una persona se prueba a sí misma como confiable. Le sugiero al hombre que le ha mentido a su esposa que debe escribir una copia de su plan diario para que ella pueda verlo. Si el plan ha de modificarse durante el día, él debería hacer el máximo esfuerzo para notificarle de inmediato. Ella debería llamar a algunos de los lugares que él ha listado en su plan diario para verificar su presencia. Por lo general pueden manejar este proceso de verificación en una forma tal que evite cualquier complicación tanto para la esposa como para el esposo.

A menudo encuentro una resistencia en el esposo que tiene que proveer este tipo de agenda diaria. Muchas veces se queja acerca del legalismo, de mantener las reglas como un niño, y dice: «Toda esta revisión solo probará que no confía en mí después de todo».

Pero este es precisamente el punto: ella no confía.

Como respuesta simplemente comento que una persona bien organizada planea su agenda. ¿Por qué debería ser reticente a la hora de compartirla con su esposa? Una esposa debería sentirse libre para llamar a su esposo en cualquier momento durante el día, aun en las relaciones que no exhiban problemas con la confianza.

El procedimiento que he mencionado a veces tarda años. Gradualmente, de todas formas, la esposa descubre a través de verificaciones repetidas que su esposo está siendo honesto con ella. Entonces y solo entonces puede comenzar a confiar en él a un punto tal que ya no necesite verificar nada más.

La mujer típica necesita poder comunicarse con su esposo en cualquier momento del día o la noche para apoyar sus sentimientos de franqueza y honestidad. La mayoría de las mujeres no abusará de este privilegio llamando a sus esposos en medio de las reuniones importantes o interrumpiéndolos en el trabajo. De todas formas la esposa debe saber que *puede* llamar si quiere, y que cuando ella llama, su confianza en el esposo se confirma. En mi libro *Destructores del amor* describo en más detalle cómo construir una relación honesta. Les recomiendo que lean el capítulo «Deshonestidad» para profundizar esta visión. En veinticinco años de consejero, nunca he encontrado el matrimonio perfecto. Cada contrayente tiene culpas y debilidades de una clase u otra: una tendencia hacia la depresión; una baja autoestima; la tendencia a quebrarse bajo presión; irresponsabilidad; una tendencia hacia la hipocondría, la sensibilidad más allá de lo necesario, o el perfeccionismo. La lista podría seguir y seguir. De todas formas no hay matrimonio que pueda sobrevivir a estas dos cosas: la falta de honestidad y la falta de cooperación.

Cuando la honestidad y la cooperación existen en el matrimonio, se tiene a una pareja que está dispuesta a compartir y edificar juntos. No necesitan secretos ni vivir en «privado». Tampoco tienen deseos de mentir y oscurecer la verdad para «proteger» al cónyuge. Cuando edificas tu matrimonio sobre la confianza, experimentas una gozosa voluntad de compartir todos los sentimientos personales con la persona que has elegido como socio de por vida.

De acuerdo a la Quinta Ley de Harley:

> La honestidad es el mejor
> seguro del matrimonio.

Por último, debo volver a enfatizar que una mujer *necesita* confiar en su esposo. Cualquier ventaja que un hombre pueda ganar al guardar ciertas cosas en secreto, o siendo hermético, o aun deshonesto, la gana a expensas de la seguridad de su esposa y la plenitud marital. Ella debe encontrarlo predecible; una fusión de su mente con la de él debería existir para que ella pueda «leer su mente». Cuando una mujer alcanza ese nivel de confianza es capaz de amar a su esposo de una forma más plena.

Preguntas para él

1. En una escala del uno al diez (siendo diez honesto por completo), ¿cuán honesto eres tú con tu esposa? (¿Cómo te calificaría ella en esta escala?)

2. ¿En qué áreas te resulta más duro ser «por completo» honesto y franco con tu esposa? ¿Qué tan bien lo maneja ella cuando eres sincero acerca de temas sensibles?

3. ¿Están de acuerdo o no con la condición de que no tendría que haber privacidad en el matrimonio, es decir, que ninguno de ustedes debería esconder ciertas cosas del otro? Trata de escribir en un papel las razones para estar o no de acuerdo.

Preguntas para ella

1. En tu propia jerarquía de necesidades, ¿cuán esencial es poder confiar en tu marido? ¿Estás de acuerdo en que es una de tus cinco necesidades básicas en el matrimonio? ¿Por qué sí o por qué no?

2. ¿Alguna vez te ha mentido tu esposo en alguna forma para protegerte? Si es así, ¿cómo te hizo sentir?

3. ¿En qué áreas, si hay alguna, deseas que tu esposo sea más franco y sincero contigo?

Para considerar juntos

1. Discutan sus respectivas respuestas a las preguntas expresadas arriba. Será un buen examen de cuán franco y honesto es su matrimonio.

2. Si no tienen una señal para «dar su palabra» todavía, ¿por qué no hacerlo ahora mismo? ¿Qué podrían decirse cuando quieran mandarse un mensaje de que necesitan una honestidad total?

3. Repasen las diez escalas del MMPI juntos. ¿Ven algunas tendencias que alguno pueda tener cuando está bajo estrés? Discutan el valor de tomar el MMPI juntos. Por lo general encontrarán un psicólogo que lo hará por setenta y cinco dólares.

4. Lean juntos el capítulo 6, «Deshonestidad», en *Love Busters* [Destructores del Amor]. ¿Qué tipo de honestidad necesita mejorar más en su matrimonio?

8

ÉL NECESITA UNA ESPOSA BIEN PARECIDA

LA CÓNYUGE ATRACTIVA

A los veintiséis años y con más de ochenta y seis kilos, Nancy muy pocas veces tenía citas: cuatro en los dos últimos años para ser exactos, y ninguno la había llamado después del primer encuentro. Sus candidatos potenciales parecían muy poco interesados en ella, por decir lo menos. Aunque tenía una personalidad encantadora y muchos intereses, pocos hombres querían salir con ella.

Un día Nancy decidió que tenía que hacer un cambio. Ella quería casarse, y estaba cansada de su trabajo. *Si tuviese alguien que cuidara de mí,* pensó, *podría renunciar al trabajo y quedarme en casa todo el día. Me gustaría eso.* Como primera táctica para lograr esa meta, Nancy se anotó en un programa de ejercicios, se puso a dieta, y perdió veintisiete kilos. Luego se compró ropa que acentuara su nueva figura. Un nuevo corte y arreglo de cabello y un apropiado maquillaje completaron su transformación.

Con veintisiete kilos menos y otras mejoras, Nancy llegó a ser impactante. Ahora tenía citas a diestra y siniestra, pero no había perdido de vista su objetivo: un marido. Unos ocho meses más tarde, cuando Harold le propuso matrimonio, ella aceptó. Había alcanzado su meta a gran velocidad.

Cuando aconsejé a Nancy y a Harold cerca de cinco años después, comencé hablando con ellos por separado. Harold me dijo:

—La primera cosa que hizo después del casamiento fue renunciar a su trabajo. Después se quedó en casa, comiendo como loca todo el día. Se infló como un globo y aumentó cerca de cuarenta y cinco kilos desde que nos casamos.

—¿Le has dicho algo acerca de su peso? —pregunté.

—Sí, muchas veces. En realidad este es un punto doloroso entre nosotros dos. Pero ella sólo dice: "Quiero que me ames por quién soy. Si tú me amas y aceptas incondicionalmente, perdería peso con facilidad". Me estoy cansando —continuó Harold—. No sé hacia *dónde* virarme. No creo en el divorcio, pero no puedo manejar esta situación, y algo tiene que pasar.

Mientras continuamos hablando, podía ver a Harold enfrentar un dilema real. Criado en una iglesia conservadora, él mantenía fuertes convicciones acerca de comprometerse de por vida, pero dado que había esperado tener un futuro con una esposa que todos parecían admirar, ahora la vida con Nancy parecía más una sentencia en prisión. El matrimonio con esta mujer coincidía muy poco con sus expectativas. ¿Qué había fallado?

Hablé enseguida con Nancy para tener su lado de la historia. Me habló acerca de su programa de superación personal para conseguir citas y un marido. Nancy nunca le había dicho a Harold que ella había pesado tanto o que no creía que podía mantener el peso después del casamiento. Para ella la dieta fue una agonía, y mantenerse delgada era un sacrificio demasiado grande si era de por vida. Cuando se casó con Harold pensó que él la amaría sin importar su peso, y que podría volver a ser gorda y feliz. Así que cuando él le dijo que se iba si no adelgazaba, sintió que estaba siendo injusto.

Las cosas no parecían justas para Harold tampoco. Él se había casado con una mujer físicamente atractiva y supuso que permanecería así. Nancy había pensado que una vez que Harold la conociese bien y la amara su peso no le importaría más. Pero se equivocó.

Es cierto que algunos hombres no se interesan por la apariencia física. Sus esposas pueden tener sobrepeso; esto no hace ninguna diferencia. Tienen otras necesidades emocionales que son mucho más importantes que la necesidad de una cónyuge atractiva. Pero Nancy no se había casado con uno de esos hombres.

En realidad, ella se había casado con un hombre para el que la apariencia física encabezaba la lista. Él necesitaba una esposa atractiva.

Algunas mujeres también tienen la necesidad de un esposo atractivo. Muchas esposas a quienes he aconsejado les han dado a sus maridos la última advertencia: o pierdes peso o tu matrimonio termina. Una mujer que aconsejé no viviría con su marido hasta que perdiese veintiséis kilos.

Si una persona considera la necesidad de un cónyuge atractivo como su necesidad emocional más importante, la apariencia física es un asunto serio en ese matrimonio. En el matrimonio de Harold y Nancy era así de serio.

Nancy escuchó con atención mientras le explicaba que un compromiso matrimonial significaba satisfacer las necesidades de su pareja. Ella quería que Harold ganara para vivir bien, que fuera afectuoso, que hablara con ella a menudo y mucho más, pero no estaba sosteniendo su parte del trato.

—¿Qué quieres decir con eso de no sostener mi parte del trato? —interrumpió—. Cocino buenas comidas. Mantengo la casa limpia. Soy afectuosa...

—Todo eso está bien, pero estás olvidando algo —le expliqué—. Tu atractivo físico es muy importante para tu marido. Esto no es ningún truco o capricho. Es algo que él necesita *mucho*. La hermosa mujer con la que se casó se esconde bajo todo ese exceso de peso. Cuidando tu cuerpo, cuidas a tu esposo.

Nancy casi no me escuchó al principio. Persistía en decir: «¡Harold debe amarme como soy!»

—Tú quieres ser amada por lo que eres y no por lo que haces —le dije—. Todos queremos eso. Pero no decidiste casarte con tu marido por quién es, sino más bien por lo que hizo. Si no hubiese satisfecho algunas de tus necesidades emocionales cuando salías con él, no lo hubieras considerado como compañero para toda la vida. Y si después de la boda él no hubiera llegado a satisfacer tus necesidades, tus sentimientos por él hubieran cambiado de forma considerable. Tu amor por él se habría simplemente esfumado.

Muchos hombres piensan que el afecto es una necesidad trivial. Muchas mujeres piensan que el sexo es trivial. Algunos hombres y mujeres piensan que la admiración es trivial. Pero ninguna de estas cosas es trivial para aquellos que las necesitan. Nancy no podía ver que la apariencia física no era una necesidad trivial. Ella quería creer que el superficial sentido de valores de Harold era el culpable. Si él podía crecer y madurar, podría mirar más allá de su apariencia.

Pero nos mantuvimos firmes, y Nancy finalmente decidió perder peso. No quería arriesgarse a vivir sin Harold y sabía en lo profundo de su corazón que sería más saludable para ella también. Se anotó en un programa de ejercicios, se puso a dieta, y perdió veintidós kilos en tres meses. Una vez que Harold vio que le iba bien, se unió a ella en el programa de ejercicios.

Nancy quería perder todo el peso que había ganado desde su casamiento, y se apegó a sus ejercicios y su dieta. Una vez que llegó a un peso deseable, a Harold le gustó, y a ella también. Su autoestima mejoró mucho, y la contribución más grande de todas fue que su atractivo hizo feliz a su marido.

Muchas mujeres (y hombres) tienen un problema como el de Nancy, aunque puedan ser menos severos. Después que se casan comienzan a aumentar de peso o a vestirse de forma menos atractiva, suponiendo que su cónyuge las ama, por lo que no les importa ya la apariencia que tienen. Para alguna gente, en especial para los maridos, nada podría estar más allá de la verdad.

¿Por qué todo este problema acerca de verse bien?

La gente muchas veces me desafía cuando menciono a un compañero o compañera atractivos como una de las necesidades emocionales más importantes. Seguramente, me dicen, los hombres deberían tener más madurez y valores más altos que mantener el atractivo físico como un ideal. ¿No deberíamos estar mirando más allá de la superficie hacia características humanas más importantes, tales como la honestidad, la confianza y el afecto? Además, ¿qué ocurre si una mujer simplemente no tiene estas cualidades físicas?

La hermosura, por supuesto, está en el ojo de quien la mira, y no estoy alentando la posibilidad de que a la mujer se la mire como a una reina de belleza. Solo quiero decir que ella debería tratar de verse de la forma en que su marido la quiere ver. Ella debería ser como la mujer con la cual él se casó.

¿Significa esto que una mujer debe ser por siempre joven? Por supuesto que no, pero envejecer no es una excusa para ganar peso y vestirse como una mendiga. Esto es justo lo que hizo Nancy, y llegó al punto de que ella y Harold dieron tantas vueltas que al final decidieron venir a verme para obtener ayuda. Afortunadamente, debajo de todo el peso, Nancy tenía la determinación de obtener sus metas. Su historia tuvo un final feliz, pero muchas otras no. He aconsejado a otras esposas (y esposos) que no quisieron cambiar. Por decir lo menos, este tipo de matrimonio cojea mientras camina. Muchas veces un marido se siente tentado a mirar a otras mujeres que encuentra más atractivas.

Si tu marido te dice que tu pérdida de peso satisfará una de sus necesidades emocionales más importantes, debes decidir si él te importa lo suficiente como para satisfacer su necesidad emocional.

Cuando ella luce bien, él se siente bien

Un hombre que necesita a una mujer atractiva se siente bien siempre que ve a su esposa lucir hermosa. En realidad, de eso precisamente se tratan las necesidades emocionales. Cuando una de sus necesidades emocionales es satisfecha él se siente pleno, y cuando no, se siente frustrado. Puede sonar inmaduro o superficial, pero he descubierto que la mayoría de los hombres tienen necesidad de una esposa atractiva. No aprecian a una mujer solo por sus cualidades internas. Ellos también aprecian la forma en que se ve.

¿Poseen la mayoría de las mujeres la misma necesidad de tener maridos atractivos? No. Ellas pueden querer que sus esposos se vean prolijos, pero la mayoría de las mujeres no califican a un marido atractivo entre las cinco necesidades emocionales básicas. Las mujeres muchas veces se enamoran de hombres con sobrepeso, poco apuestos o mal vestidos porque estos hombres saben cómo satisfacer sus necesidades emocionales más importantes, tales como las necesidades de afecto, conversación y sostén financiero.

Recuerdo a un hombre con mucho sobrepeso y calvo que tenía veinte años más que su extremadamente bella esposa. No obstante, y por curioso que parezca, ella estaba loca por él y compartían una vida sexual muy activa. ¿Por qué? ¿Qué veía ella en él? Ese es justo el punto. En vez de mirarlo a él, ella miraba *dentro de* él, y encontró un hombre cálido y sensible, bueno y generoso, que la amaba de un modo tan profundo como ella lo amaba a él. Para la mujer su esposo era «bastante bien parecido». ¿Era más madura que su marido, que por su parte se sentía atraído hacia ella debido a su gran atractivo físico? No. Simplemente tenía diferentes necesidades emocionales. Para ella, el atractivo físico no significaba lo mismo que para él. Ella se esforzaba por verse linda porque sabía que esto lo haría feliz. A la inversa, él ponía su empeño en satisfacer las necesidades emocionales de afecto, conversación y sostén económico de su esposa.

Cualquier mujer puede aumentar su atractivo para su esposo. Hay mucho libros, cintas de vídeo, programas de dietas y otros productos diseñados para ayudar a las mujeres (y a los hombres) a ponerse en forma, vestir con estilo, teñir su cabello del color correcto y cosas como esas. Mientras aconsejo a las mujeres cada semana, he observado cinco áreas que son en particular importantes para permanecer o llegar a ser atractivos. Démosles una mirada rápida.

El «secreto» para el control del peso

Cada año aparecen más éxitos de librería ofreciendo la última dieta o plan para controlar el peso «a prueba de tontos». Aquí está la mía, el Tercer Corolario de Harley:

> Equilibre las calorías que ingresan
> con la cantidad correcta de ejercicio.

Lo siento, no puedo sonar más sensacional, casual o intrigante, pero no hay «secretos» para el control del peso y la figura. Esto requiere disciplina, y así ha sido por siglos.

Aconsejo a muchas mujeres que simplemente no me creen. Ellas siguen esperando alguna pastilla revolucionaria que resolverá su problema de peso con poco o ningún esfuerzo, o se comprometen con una dieta por un tiempo y pronto vuelven a ganar el peso perdido. Así fracasan una y otra vez. Y tarde o temprano se dan por vencidas, más gordas que nunca antes.

La verdad es que los programas de control de peso funcionan solo cuando son una forma de vida, basados en los hechos de nuestra vida. Todos los cuerpos, incluidos los femeninos, son máquinas que queman combustible. Cuando el cuerpo ingiere demasiado combustible y no lo quema, almacena el combustible en forma de grasa. Por lo tanto, si quieres evitar ser gordo, debes quemar todo el combustible que tu cuerpo toma. Y para perder peso debes quemar aun más combustible. Por supuesto, el combustible es lo que comes, y lo quemas con ejercicios. Quemas una parte simplemente estando sentado por ahí, pero se quema mucho más rápido con ejercicio. Si te ejercitas a menudo, puedes comer más porque estás quemando más combustible. Desde mi perspectiva, sin embargo, es mucho más fácil comer menos que ejercitarse más.

Sí, lo sé, tú piensas que eres adicto a la comida. Pero así ocurre con todos... todos morimos de hambre sin ella. El hambre es una reacción normal a la pérdida de peso porque nuestros cuerpos están programados para impedir esta pérdida. Pero eso no significa que no puedas comer menos sino que tendrás hambre mientras lo haces.

Puedes comer mucha fruta y verdura. Mantén el refrigerador lleno de frutas y verduras. Come zanahorias hasta que tu piel se ponga anaranjada (¡estoy bromeando!). Mantén tu ingesta de azúcar y grasas al mínimo. Si te sientes tentado a consumir cosas con muchas calorías (helados, por ejemplo), no los compres. Esa será la única forma de evitar salirse de control. Tus hijos y tu esposo pueden protestar, pero serán tan saludables como tú.

Los ejercicios aeróbicos te ayudarán a perder aun más de los kilos adicionales mientras mantienes tu corazón y pulmones saludables. Todo lo que hace falta es suficiente ejercicio como para incrementar tu ritmo cardíaco a un 60% o 70% de su máximo por treinta minutos cada dos días. (Para encontrar tu máximo ritmo cardíaco, resta tu edad de 220; luego para encontrar tu mejor ritmo cardíaco en los aeróbicos según tu edad, multiplica tu ritmo cardíaco más alto por 0,70.)

Joyce y yo compartimos el mismo programa dietético, y también hacemos ejercicio juntos cuando es posible. Nos alentamos mutuamente en el control de peso. Ambos venimos de familias donde ha existido una tendencia a ganar peso a través de los últimos años, y hemos acordado evitar esa tendencia.

Si has acordado perder peso y mantenerte así, debes crear un nuevo estilo de vida que gire alrededor de la dieta y el ejercicio, y tu cónyuge debería ser parte de esto. Tal cosa puede significar que deberá evitar comidas que no están en tu dieta y unirse a ti en un programa de ejercicios. Cuando ambos están comprometidos con este nuevo estilo de vida, las probabilidades de tener éxito se incrementan enormemente.

Usa maquillaje para destacar tus mejores rasgos

Rosa vino a mi oficina pareciéndose más a un payaso que a una mujer bien maquillada. Aunque quizá tenía rasgos atractivos, yacían sepultados debajo de una capa de colores. Aunque era obvio que se había esforzado por lucir atractiva, algo había salido mal. No había usado el maquillaje para su ventaja.

Los cosméticos han existido desde los tiempos del antiguo Egipto, y con nuestra moderna y multimillonaria industria cosmética no hay mujer que tenga la excusa de que la ayuda no está disponible. La mayoría de las mujeres que no usan maquillaje o lo usan en forma inapropiada simplemente carecen de iniciativa para obtener la ayuda que necesitan.

Algunas mujeres nunca se han aplicado maquillaje y no entienden las técnicas básicas. Como en el caso de Rosa, a veces piso en el lugar donde los ángeles temen pisar y les sugiero que obtengan consejo profesional. Algunos estudios de cosmética o las grandes tiendas por departamentos proveen consultas gratis que pueden ayudar a la mujer a comenzar. Mucho depende del conocimiento de la persona que da la consulta, pero esto puede dar buenos resultados. Un gran número de revistas para mujeres también publican artículos que pueden ayudar a alcanzar la misma meta.

He visto a muchas mujeres mejorar mucho en su aspecto. Estos cambios, en las mujeres solteras, casi siempre son seguidos de una mayor atención —y a menudo de invitaciones a salir— de parte de hombres solteros. Cuando las mujeres son casadas, sus esposos aprecian y alientan el cambio si sus esposas lo han hecho por ellos. Ten por seguro que además de ser algo que *tú* quieres, tu esposo también encuentra los cambios cosméticos atractivos. Mantén en mente que tu objetivo es satisfacer *su* necesidad de tener una esposa atractiva físicamente.

Un estilo de peinado que le guste a él

El estilo de peinado y el color son otra zona sensible para las mujeres. Anualmente ellas gastan millones en tintes, enjuagues, champú, permanentes, peinados y cortes. Mi pregunta es: ¿Por qué y para quién?

Si una esposa gasta todo ese tiempo y dinero para agradar a su esposo, y obtiene algo que encuentra cómodo, está bien y es bueno. Pero si ella permite que algún peluquero o peluquera le sugiera convertirla en algo que sabe que a su marido no le gustará, ha comenzado a trabajar en contra de sí misma y de su matrimonio. Cierto fabricante de tintes justifica los precios más altos de su producto diciéndole a la mujer: «Tú lo vales». Para decirlo de forma más precisa, tu esposo lo vale. Si a él no le gusta un determinado peinado o color, renuncia a ellos. De hecho, consúltale antes y pide su opinión antes de buscar un estilo o color diferentes. Después de todo, la idea es ser atractiva para él.

¿O no es así? Algunas mujeres objetan esta idea. Insisten en el derecho de satisfacerse a sí mismas, o se niegan a tener que satisfacer a sus esposos de una manera que les parece injusta y aun degradante.

No aliento a las mujeres a que sumisamente acepten un estilo de peinado que las hace miserables. Es claro que necesitan disfrutar de su propia apariencia y sentir su atractivo. Si a un esposo le gusta algo que su esposa no puede tolerar, la negociación está a la orden. Entre los muchos estilos disponibles, estoy seguro de que pueden encontrar uno sobre el cual ponerse de acuerdo.

Los estilos de peinado, como todo lo demás, pueden crear depósitos o extracciones en el banco del amor del esposo. Si una esposa entiende la necesidad de su esposo de una compañera atractiva, ella podrá trabajar con él para lograr su objetivo. Es muy posible, por lo que he visto, que ella encuentre que su marido es bastante razonable y tiene un gusto bastante bueno.

La ropa muestra a la mujer

Hay un viejo adagio que nos dice: «El hábito hace al monje», pero en nuestra sociedad, la ropa presenta a la mujer. Esta presentación puede realzar u opacar, o hacer mucho menos que eso. Así como con los cosméticos y los estilos de peinado, el mismo principio se aplica: Vístete para lucir atractiva para tu esposo.

Las modas vienen y van, y en ciertos años los estilos de la vestimenta van de tontos a desastrosos. A pesar de la insistencia de algunos diseñadores de ropa en ser eternamente creativos, una regla todavía parece prevalecer: Cuando la ropa de las mujeres no llega a apelar a la mayoría de los hombres, no es popular por mucho más tiempo.

Una mujer debería prestar la misma atención —si no más— a la elección de su camisón o pijama que a la de la ropa que usa en público. Cuando se viste para ir a la cama, se viste estrictamente para su marido. Usar ropa de dormir vieja y rota, rolos y ungüentos en tu cara no sumará puntos en el banco del amor. Vestir un camisón gastado en la cama porque «nadie lo verá» pierde de vista un punto importante: Una persona especial y muy importante sí lo ve. ¿Por qué no utilizar algo atractivo? Tu esposo lo apreciará mucho.

¿Qué pasa con la higiene personal?

Para ser honesto, casi nunca he aconsejado a una mujer que necesitara ayuda con su higiene personal, pero he ayudado a muchos hombres con este problema. Debido a que la necesidad de tener un cónyuge atractivo es a veces la necesidad de una esposa, la higiene es un tema que debería ser tratado en este capítulo.

Kent era un granjero muy exitoso y valía millones. Cuando le pidió a Jessica que se casara con él, en todo lo que ella podía pensar era en sus millones. Era un hombre decente pero, habiendo sido soltero durante la mejor parte de su vida adulta, le había prestado poca atención a su apariencia. Jessica pensó que podría pasar por alto su apariencia externa y amarlo por sus cualidades internas y su dinero, claro está. De todos modos, después que se casaron, encontró que su apariencia la apagaba.

Cuando vinieron a mí en su primera cita, Kent se quejaba de que Jessica se negaba a hacer el amor con él. Ella ponía muchas excusas, y él pensó que un consejero podría ayudarles.

«Simplemente no puedo tener sexo con él», explicaba ella. «Cuando me casé con él, pensé que podría llegar a ser más atractivo para mí, pero esto está empeorando. Es probable que se divorcie de mí, pero no puedo hacerlo».

¡Cuando Kent entró en mi oficina su olor corporal casi me tira de la silla! Había estado mascando tabaco y sus dientes tenían residuos marrones. Su cabello era un desastre, y su ropa lucía como si hubiese dormido con ella. Había aconsejado a muchos hombres que tenían problemas con la higiene, pero Kent estaba más allá de todo lo que hubiese imaginado.

«No le gusta el sexo», fue la explicación al problema. Yo tenía otra teoría.

«Creo que puedo ayudarte», le respondí. «Pero tendrás que hacer todo lo que te recomiende. En unas pocas semanas creo que tu problema se solucionará».

Le di estas instrucciones:

1. Toma una ducha cada mañana y noche.
2. Con la ayuda de Jessica, compra ropa nueva. Permite que Jessica elija la ropa para cada día.
3. Nunca uses algo que has usado el día anterior sin lavar esa ropa.
4. Ve a ver un dentista y hazte una limpieza en los dientes. Nunca masques tabaco en presencia de Jessica y cepíllate los dientes antes de estar con ella.
5. Péinate y aféitate cada mañana antes del desayuno.

Cumplir con estas obligaciones fue bastante compromiso para Kent. Estaba acostumbrado a pasar semanas sin ducharse. Usaba el mismo pantalón y camisa día tras día, y no había ido al dentista desde que era adolescente. Pero estuvo de acuerdo con todo eso, creyéndome cuando le dije que ayudaría a su relación sexual con Jessica.

Después le di las tareas a Jessica: Comprar ropa con Kent, elegir algo para que usara todos los días, y ver que la ropa estuviera limpia. También le pregunté si estaría dispuesta a hacer el amor con él todos los días solo por una semana después de que él siguiera con sus instrucciones. Sellamos un acuerdo y Kent fue a ver al dentista y a la tienda de ropa. Él mantuvo su parte del trato y Jessica mantuvo la suya. Con los dientes limpios, ropa limpia, y un cuerpo limpio, Jessica hizo el amor con él una vez por día durante una semana.

En su próxima cita, casi no podía reconocer a Kent. ¡Qué transformación! Y se estaban tomando de las manos en la sala de espera. Por iniciativa de ellos mismos, sin usar mis servicios de consejería, habían hecho un acuerdo a largo plazo. Ella haría el amor con él si se mantenía limpio. Sus problemas sexuales estaban superados.

Estoy seguro de que no hicieron el amor todos los días desde ese entonces, pero ambos estaban satisfechos con su nueva compatibilidad sexual. Kent había aprendido una lección muy importante con Jessica. Su apariencia física, en especial su olor, era importante para ella sexualmente.

Al principio ella quería creer que la apariencia externa no era importante, que podía amarlo sin que importara su apariencia. Pero los cambios que él hizo en su higiene personal probaron que su necesidad de un cónyuge atractivo era más grande de lo que ella estaba dispuesta a admitir. Los problemas de higiene de la mayoría de los hombres no son tan extremos como el de Kent, pero problemas menores pueden todavía tener resultados devastadores en las esposas, en especial mientras hacen el amor. Una mujer quiere estar físicamente cerca del hombre que ama, sobre todo si se ve y huele bien.

Ser atractiva satisface una necesidad

Para aquellas que no están convencidas todavía de que el atractivo físico es un objetivo que vale la pena, consideren lo que significa ser físicamente atractiva. Esto sencillamente significa que tu apariencia hace sentir bien a alguien. Satisfaces una necesidad emocional con tu aspecto. La gente puede ser atractiva en muchas formas. Aquellas con personalidades atractivas pueden también satisfacer una necesidad emocional, pero por lo general depositan unidades de amor con la calidad de su afecto, más allá de su apariencia. En realidad, cuando alguien satisface cualquiera de nuestras necesidades emocionales, consideramos a esa persona atractiva. Si la apariencia física satisface una necesidad emocional de tu cónyuge, ¿por qué ignorarla? ¿Por qué no depositar unidades de amor cuando tienes una oportunidad?

Para algunas, como Nancy al principio de este capítulo, la idea de llegar a ser físicamente atractivas parece por completo fuera de su alcance. En algunos casos estas mujeres han caído en la mentira de que algunas han nacido atractivas pero otras no. Sin embargo, luego descubren la verdad del Cuarto Corolario de Harley:

> El atractivo radica en lo
> que haces con lo que eres.

Cada mujer debería beneficiarse de evaluar cada aspecto de la imagen que proyecta: su postura, peinado, vestimenta, gestos, maquillaje, peso, y cosas como esas. Ella debería pedirle a su esposo su opinión sincera, y si es posible, consultar con profesionales o amigos dignos de confianza. La mujer entonces debería decidir dónde se necesita el cambio y proponerse metas realistas para hacer esas transformaciones. Para algunas, los cambios pueden ser completados en una semana, mientras que otros pueden llegar a tardar años. Pero al final, la transformación debería tener tanto significado que debería cambiar la vida... para bien.

Lidia, una clienta que sufría de depresión, demostró de un modo dramático cómo una mujer puede beneficiarse con una mejora en su aspecto personal. Esta excepcional, brillante y encantadora mujer deseaba salir con hombres que estuvieran en verdad a la par de ella, pero no le había dado a su apariencia la atención que necesitaba. Le recordé cuán importante es la apariencia para la mayoría de los hombres. Con seguridad, esta no era una de sus necesidades emocionales. Ella no podría haberse preocupado menos por cómo se veían los hombres con quienes salía. Pero era probable que el hombre de sus sueños debiera tener por esposa a alguien que fuera físicamente atractiva, y si quería atraerlo, debería satisfacer esta necesidad.

Su metamorfosis tomó seis meses. Al final de este tiempo, Lidia era una mujer impactante y atractiva. Los hombres a los que ya había conocido y a los cuales deseaba comenzaron a invitarla. Su depresión desapareció por completo, y no necesitó más de mis servicios.

Cuando vi a Lidia por última vez, le recordé no cometer el mismo error de Nancy, de ponerse en forma para atraer a un hombre y abandonarse después de la boda. Lidia sabía que los cambios que había hecho para atraer a un marido deberían ser permanentes, ya que la necesidad emocional que ella podía satisfacer por ser atractiva debería continuar estando allí después de la boda.

Si sabes cómo hacer que tu cónyuge se sienta bien, ¿no tiene sentido continuar adelante y hacerlo cuando puedas?

La atracción de una esposa es a menudo un ingrediente vital para el éxito de su matrimonio, y cualquier esposa que ignore esta noción —por cualquier razón— se arriesga al desastre. Esto es verdad para algunos hombres también. Los cambios de aspecto que he visto en mis clientes no solo han satisfecho las necesidades del cónyuge sino que también han hecho que ellos se sientan mucho mejor con relación a sí mismos. Los cambios los han hecho mucho más exitosos en los negocios y han mejorado su salud. Este es uno de esos esfuerzos que paga dividendos en formas que van más allá del propio matrimonio.

Cuando una mujer ve la respuesta de su esposo a su apariencia mejorada, sabe que ha tomado la decisión correcta porque ha satisfecho una de sus necesidades básicas y profundas. Su cuenta en el banco del amor de él tendrá un depósito sustancial cada vez que la vea.

Preguntas para ella

1. ¿Tomo en serio las necesidades de mi esposo de que me vea atractiva? Si no es así, ¿por qué no?
2. ¿Le gusta a mi esposo cómo luzco la mayoría del tiempo? ¿Me gusta a mí también?
3. ¿Cuánto me preocupo por mi apariencia? ¿Cómo está mi figura? ¿Utilizo cosméticos para beneficiarme? ¿Cambio mi peinado cada cierto tiempo para agradar a mi esposo y darle un poco de variedad a la forma en que me veo?

Preguntas para él

1. ¿Estoy dispuesto a reconocer esta como una de mis necesidades básicas más importantes en mi matrimonio? Si no es así, ¿por qué no?
2. ¿Ha declinado la apariencia física de mi esposa desde nuestra boda? ¿Me gusta en realidad su apariencia, o simplemente lo digo y no es cierto?
3. Si mi esposa me dijera que está dispuesta a cambiar cualquier cosa que pudiera con respecto a su apariencia física, ¿qué le pediría que cambiara? ¿Por qué?
4. ¿Cómo afecta mi apariencia física a mi esposa? ¿Le gusta? ¿Me he vuelto descuidado con relación a la forma en que me veo?

Para considerar juntos

1. Siéntense con su colección de fotos, en especial aquellas de los días cuando eran novios y de su boda. Comparen su aspecto con el de hoy. ¿Necesitan hacer algunos cambios? ¿Cuáles?
2. Compartan sus respuestas a las preguntas de arriba el uno con el otro. Sean respetuosos pero honestos.

9

SEGURIDAD FINANCIERA

Sandra había sido criada con todas las comodidades en un hogar de la clase media alta estadounidense. Asistía a la universidad estatal donde se graduó en arte, en historia... y en Jorge. Se casaron mientras estaban estudiando.

Jorge terminó sus proyectos de estudio antes de graduarse y también obtuvo un grado de máster en bellas artes. Pero una vez que salió del colegio, no podía encontrar un empleo que requiriera de su capacitación. Trató de moverse en el mundo del espectáculo, pero la competencia era feroz. Dos años después de la graduación, no había encontrado todavía un trabajo de tiempo completo. Se mantenía muy ocupado con sus pinturas y dibujos, pero sus ingresos eran pobres e impredecibles. Durante los primeros seis años de su matrimonio sus trabajos u obligaciones nunca duraron más de seis meses.

Sandra, como consecuencia de esto, se encontró trabajando a tiempo completo como recepcionista para ayudar al presupuesto familiar. Ella quería tener hijos, pero sus finanzas lo impedían. Vivían en un modesto departamento. Tenían muy poco dinero para extras, y podían mantener un solo auto barato.

Sandra conocía a varios jóvenes ejecutivos en el trabajo que comenzaron a subir la escalera del éxito. Todos le parecían fantásticos, vestidos elegantemente con trajes de mil dólares. Algunos estaban ganando ingresos mucho más altos de lo que Jorge alguna vez podría alcanzar.

Alan también se sentía atraído hacia ella. En varias ocasiones Sandra le había ayudado en las ventas debido a su habilidoso manejo de los clientes por el teléfono y en el vestíbulo. Esto lo había motivado a trabajar más cerca de ella, y a veces se paraba al lado de su escritorio solo para hablar. Cuanto más la conocía, más la apreciaba.

Durante esas conversaciones, Alan a menudo escuchaba a Sandra decir cosas como: «Me siento tan mal por Jorge. ¡Es muy bueno en lo que hace, pero es duro para un artista el encontrar un trabajo estable». Un día se quebró y comenzó a llorar.

—¡Sandra! —exclamó Alan, y su voz cargaba más compasión que alarma.

—No creo que Jorge ganará mucho jamás —dijo ella sollozando—. Nunca tendremos nada.

—Es probable que esto no sea asunto mío, pero para Jorge las cosas marchan muy bien —sugirió Alan—. Él se puede pasar todo el día disfrutando del arte mientras estás aquí apoyándolo. Si no se hubiera casado contigo, estaría trabajando como el resto de nosotros. No creo que esté siendo justo contigo.

Esto provocó que Sandra comenzara a pensar. *¡Jorge me está usando! Está haciendo lo que disfruta a expensas de mí. Si se preocupara por mí, renunciaría a su trabajo en el arte por una profesión que nos pudiera sostener a ambos.* Llegó a sentirse más resentida al ver lo atrapada que estaba.

Conforme fue pasando el tiempo, Sandra y Alan llegaron a ser buenos amigos. Se encontró sentada hablando de ventas con Alan, primero en su escritorio en algunos momentos, luego en los recesos para tomar un café, y finalmente en el almuerzo casi todos los días. Él le recordaba a su padre que era empresario también, ambicioso y próspero. Cuanto más llegaba a conocer a Alan, más sentía que se había equivocado al casarse con Jorge.

En etapas predecibles, la amistad creció hasta una relación. Un fin de semana que Jorge había salido de la ciudad a una entrevista para un posible trabajo enseñando a tiempo parcial, Alan invitó a Sandra a salir en su bote. Esa fue la primera vez de muchas en que hicieron el amor.

El trabajo no llegó, pero ella comenzó a pensar que algún día podría ser necesario que se alejara de Alan para que Jorge pudiera encontrar un trabajo en alguna otra parte. O peor aún, Jorge podría descubrir su nueva relación. Para evitar esos y otros momentos posiblemente desagradables, pidió el divorcio. Un año más tarde se casó con Alan.

¿Se casan las mujeres con los hombres por su dinero?

Abundan las anécdotas de humor sobre mujeres que se casan con los hombres por su dinero, pero mi experiencia de consejero me ha enseñado a no tratar esta tendencia como un chiste. En verdad una mujer *sí* se casa con un hombre por su dinero, porque por lo menos quiere que él gane suficiente dinero como para mantener el hogar.

Puedo recordar mi conversación con una mujer que tenía un problema muy similar al de Sandra. Su propio matrimonio era intensamente infeliz por el escaso ingreso de su esposo, pero insistía en que nunca se «inclinaría al divorcio» para resolver el problema.

—Jorge es leal y afectuoso. Nunca sería tan egoísta y descuidada como para dejarlo solo porque no trae suficiente dinero.

—Oh —repliqué—. ¿Te sientes de esa manera siempre?

—¡Por supuesto que sí! Dejar a un hombre porque no gana suficiente dinero es una bajeza, un egoísmo.

Alicia parecía conocer su mente, y me convenció de que podría evitar el divorcio. Dos semanas más tarde, faltó a su cita conmigo porque ya había solicitado el divorcio y se sentía demasiado avergonzada como para contármelo. Luego de que finalizó el divorcio, se casó con un hombre que ganaba considerablemente más dinero que su primer esposo.

¿Por qué Alicia protestó tanto contra «inclinarse al divorcio» cuando al final no tenía un gran compromiso hacia el matrimonio? Su conducta no exhibía nada demasiado inusual. Muchas veces aconsejo a gente que está «verbalmente rígida» justo antes del quebrantamiento. Creo que las acciones contradictorias de Alicia resultaron de un conflicto profundo dentro de ella misma, entre sus valores y su necesidad de sostén financiero. La increíblemente poderosa necesidad de tener suficiente dinero ganó por sobre todos sus compromisos y buenas intenciones.

Las mujeres casadas a menudo se resienten al tener que trabajar

La mayoría de los hombres están dispuestos a casarse con una mujer que espera ser mantenida económicamente de por vida. Pero no hay muchas mujeres que se casarían con hombres que ellas deban mantener. En realidad, la mayoría de las mujeres ayudarían a su marido a realizar estudios que lo prepararían para una vocación que disfruta. Pero cuando los estudios terminan, las mismas mujeres esperan que sus maridos encuentren trabajos.

Incluso la diferencia en perspectivas aquí va más allá, porque mientras las mujeres esperan que sus esposos trabajen, los hombres se mantienen abiertos a la idea de que sus esposas no lo hagan. La mayoría de las esposas no solo esperan que sus maridos trabajen, sino que también tienen la esperanza de que ganen lo suficiente como para sostener a sus familias.

Una y otra vez he escuchado a las mujeres casadas decir que se resienten por *tener* que trabajar. Las mujeres con las cuales hablo por lo general quieren elegir entre seguir una carrera y ser amas de casa... o es posible que deseen una combinación de ambas cosas. Muchas veces quieren ser amas de casa en sus años jóvenes, mientras sus hijos son pequeños. Más tarde, cuando los chicos han crecido, muchas veces desean desarrollar carreras fuera del hogar.

De todas formas, la dura realidad para muchas mujeres de hoy es que deben trabajar para ayudar a sostener sus hogares cuando los chicos son pequeños. Sus esposos simplemente no parecen poder costear los gastos y pagar las cuentas mensuales.

Estoy en firme desacuerdo con las señales materialistas que han forzado a las mujeres a ingresar en la fuerza laboral solo para «mantenerse al mismo ritmo de los Jones», sin mencionar el hecho de mantenerse al día con el banco y las tarjetas de crédito. Muchas parejas se imponen un estilo de vida mucho más alto de lo que necesitan para ser felices. Si solo reducen su estándar de vida hasta un punto de confort, se podría evitar que los esposos trabajaran largas horas y las esposas estuvieran presionadas para ganar un salario. A veces este simple ajuste les daría a las esposas la elección de seguir una carrera o de ser amas de casa, lo que significa tanto para ellas.

Por favor, entiendan que no estoy en contra de las mujeres que quieren desarrollar una carrera y no me opongo a aquellas que eligen hacerlo temprano en su vida. Mi hija, que está casada y tiene dos niños pequeños, se graduó y es licenciada en psicología. Estoy orgulloso de sus logros, y ella está feliz con su doble rol como ama de casa y psicóloga. Y su esposo también lo está.

Deseo, en cambio, remarcar el principio de que muchas mujeres deben hacer su *elección* sobre si quieren o no trabajar una vez que tienen niños. Si *eligen* una carrera, el dinero que ganan no debería ser gastado en el sostén básico de la familia. Dicho de manera sencilla, muchas familias necesitan aprender a vivir con lo que el esposo puede ganar en una semana laboral normal.

Si una pareja puede disminuir el nivel irrealista de sus vidas, esa acción libera al marido para plantear objetivos económicos realistas con respecto a las necesidades financieras básicas de la familia. Pero mientras la esposa continúe trabajando para que juntos puedan financiar la casa grande, autos grandes, y los hábitos de las tarjetas de créditos, ¿dónde está el incentivo para recortar el presupuesto?

Me doy cuenta de que lo que digo no será popular para muchas parejas. Muchas me escribirán y me dirán que no soy realista. ¿Acaso no sé que una pareja hoy en día simplemente no puede vivir con un solo salario? No, en realidad no lo sé, y explicaré por qué más tarde en este capítulo. En realidad, conozco a una familia que *puede* vivir con un salario, y les voy a mostrar cómo. Justo aquí solo quiero enfatizar que hay muchas mujeres cuya necesidad de sostén financiero es profunda y debiera ser tratada con seriedad. La mayoría de los hombres no tienen esta necesidad. De hecho un esposo rara vez se siente bien cuando su esposa lo sostiene financieramente. Si su salario paga las cuentas, él por lo general se siente satisfecho ya sea que ella gane poco o nada. Por contraste, he encontrado muy pocas mujeres que sinceramente se sienten conformes con un marido que gana muy poco o nada.

Algunas personas bien intencionadas, en su deseo de defender los derechos de las mujeres, animan a todas a desarrollar una carrera porque ven al empleo como un derecho y privilegio. De todas formas olvidan considerar que una mujer también debería tener el derecho a la elección entre ser ama de casa o madre a tiempo completo. Aquellos que afirman que las mujeres hacen mejor en elegir una carrera a veces no entienden sus necesidades como madres. Creo que las mujeres deberían tener la posibilidad de elegir entre ser amas de casa o desarrollar una carrera. Cuando sus maridos, las defensoras de los derechos de las mujeres o cualquier otra persona eligen por ellas, esto priva a muchas de la plenitud marital.

Un presupuesto es un bien necesario

Cada familia debe llegar a reconocer con sinceridad con lo que puede gastar. Algunas parejas miran los presupuestos como un «mal necesario». A mí me gusta llamar al presupuesto un «bien necesario», y lo recomiendo a casi todas las parejas que aconsejo. Todavía no he encontrado a la pareja que a veces no quiera comprar más de lo que podrían pagar.

Un presupuesto te ayuda a descubrir lo que una determinada calidad de vida en realidad cuesta. Para entender de forma más cabal la calidad de vida que puedes pagar, te recomiendo tres presupuestos: uno para describir lo que *necesitas*, uno para describir lo que *quieres*, y uno para describir lo que puedes *pagar*.

El *presupuesto de las necesidades* deberá incluir el costo mensual de satisfacer las necesidades de tu vida, los artículos sin los cuales te sentirías incómodo.

El *presupuesto de los deseos* incluye el costo de satisfacer todas tus necesidades y deseos, las cosas que traen un placer especial a tu vida. No obstante, deberías ser realista: Nada de mansiones o una limosina conducida por un chofer si estas cosas están fuera del rango de tu alcance.

El *presupuesto de lo que se puede pagar* comienza con tus ingresos, y debería incluir primero los costos de satisfacer tus necesidades más importantes. Si hay dinero de sobra cuando el costo de todas tus necesidades está cubierto, entonces y solo entonces pueden ser cubiertos tus deseos más importantes hasta que tus egresos se equiparen a tus ingresos.

Para poner estas metas en el contexto del sostén financiero, recomiendo que solo el ingreso del esposo sea utilizado en el presupuesto de las necesidades. En otras palabras, si su ingreso es suficiente como para satisfacer las necesidades de la familia, por definición él ha satisfecho la necesidad del sostén financiero. Puede también estar cubriendo algunas necesidades del presupuesto de los deseos también. Sin estos presupuestos, su éxito en satisfacer esta necesidad puede no ser obvio para su esposa.

Tanto los ingresos del esposo como los de la esposa son incluidos en el presupuesto de lo que se puede pagar para que se entienda que el ingreso de la esposa está ayudando a la familia a mejorar su calidad de vida más allá de las necesidades básicas. Algunas mujeres quieren trabajar por los desafíos de una carrera; otras para poder escapar de los niños. Pero más allá de las razones, si el ingreso de su esposo sostiene sus necesidades básicas, ella no está trabajando para sostenerse a sí misma ni a su familia. Puede decidir que tendrá una mejor calidad de vida al no trabajar tanto. Quizá no ahorre tanto dinero, pero tiene más tiempo para la familia. Me he asombrado por un buen número de mujeres que se sienten mucho mejor con sus maridos cuando sus ingresos alcanzan para satisfacer sus necesidades y las de sus hijos. El «Inventario de sostén financiero» en el apéndice C te ayudará a crear un presupuesto de las necesidades, un presupuesto de los deseos, y un presupuesto de lo que se puede pagar.

¿Podemos ganar más?

¿Pero qué ocurre cuando el ingreso no es suficiente como para pagar los gastos del presupuesto de necesidades? Ya he admitido que bajar el estándar de vida podría ser una opción desagradable para las mujeres. Resentidas como podrían llegar a estar, muchas veces prefieren trabajar antes que bajar su calidad básica de vida.

Me he encontrado con incontables parejas en esta trampa. El esposo trabaja tan duro como puede, viniendo a casa muy cansado cada noche. Pero sus ingresos simplemente no alcanzan. Su esposa se enfrenta a la imposible elección de ser infeliz trabajando para suplir la diferencia económica o ser infeliz aguantando un estilo de vida intolerable. Su banco del amor se está drenando. *¿Por cuánto tiempo más puedo soportarlo?*, se pregunta.

Me compadezco del hombre atrapado en esta situación. Él hace lo mejor que puede y todavía no puede satisfacer la necesidad emocional de ella de sostén financiero. ¿No hay respuesta para este tipo de situación? De alguna forma él debe incrementar su ingreso sin sacrificar el tiempo de su familia. Puede tratar de conseguir un aumento en su trabajo, puede cambiar de trabajo a uno que pague más, o puede tener que enfrentar los problemas de un cambio de carrera. La siguiente historia ilustra cómo una pareja solucionó este problema.

Cuando Sean y Mindy vinieron a verme, la carrera de Sean había llegado a un estancamiento. Él había avanzado lo máximo en la compañía. Vi a Mindy primero, y ella rompió a llorar.

—Supongo que no debería sentirme de esta manera, pero estoy perdiendo el respeto por Sean. No puede ganar lo suficiente como para pagar nuestras cuentas, y ahora quiere que vuelva a trabajar para suplir la diferencia. Con los niños tan pequeños, no quiero volver a hacerlo.

—¿Y si reducen los gastos? —le pregunté.

—Por lo que yo sé estamos en el mínimo ahora. Supongo que no podíamos comprar una casa más grande, pero ya estamos en ella. No sería posible arreglarnos sin un segundo automóvil. Vivimos demasiado lejos como para dejarme en casa sin algún tipo de transporte.

Veía que hablar con Mindy acerca de bajar su nivel de vida no tenía objeto, por lo tanto saqué la única carta que tenía en mis manos.

—Quizá Sean podría ganar mucho más si terminara su educación, creo que me dijiste que le quedaban dos años. ¿Estarías dispuesta a trabajar para ayudarle?

—Bueno, supongo que puedo, siempre y cuando no sea para siempre —respondió Mindy—. Hablaré con Sean y veré lo que piensa.

Durante unas semanas Sean y Mindy lo organizaron todo. Ella había encontrado un trabajo de tiempo completo, y su compañía le autorizó a él a tomar un turno parcial para que pudiera ir a la universidad y terminar su educación.

Este nuevo plan salvó su matrimonio. Mindy estaba feliz de ver a Sean tratando de mejorar su potencial de producir ingresos, y no le importó el sacrificio porque sabía que no era permanente. Irónicamente, a Mindy le gustó tanto su trabajo que continuó trabajando aun después de que Sean hubo completado sus estudios y ganaba lo suficiente como para sostenerla. Al final ella ganó el respeto por su marido y una carrera valorada para sí misma.

Si el ingreso de un esposo es insuficiente, él debería mejorar sus habilidades para el trabajo. Mientras se entrena para su nuevo trabajo, su familia puede temporalmente bajar su nivel de vida, su esposa podrá salir a trabajar, o quizá hagan ambas cosas a la vez. He visto que por lo general las mujeres están dispuestas a bajar su calidad de vida e ir a trabajar para ayudar a sostener a la familia si es una solución *temporal* a su crisis financiera. Por cierto, cuando se hace este tipo de sacrificio temporal muchas veces sirve como un poderoso incentivo de afecto en el matrimonio. Cuando el esposo y la esposa trabajan juntos hacia una meta común, sus esferas de interés se vinculan, y sus conversaciones se volverán más interesantes para el otro. Resumiendo, se constituyen en un equipo ganador, y a los jugadores de un equipo ganador les gusta respetarse unos a otros.

Cómo vivir con mil dólares por mes

Habiendo aconsejado a tantas parejas como Sean y Mindy, me he llegado a dar cuenta de lo poco que cuesta ser feliz. Como medida a corto plazo, mientras se completa la educación, las parejas aprenden a recortar los gastos al máximo. Una vez que se hacen los cambios, muchas veces se sorprenden de lo satisfechos que están viviendo con lo mínimo.

Cuando conocí a Sara y a Jim estaban al borde de las peores circunstancias y parecía que se estrellaban contra las rocas financieras.

Ambos trabajaban a tiempo completo, pero las cosas que compraban con su ingreso doble no les daban satisfacción. Se volvieron adictos al alcohol y a las drogas, abandonaron sus valores morales, y parecían destinados a la autodestrucción.

Cuando me vinieron a ver, les convencí de que ambos necesitaban una nueva dirección en la vida y que una educación universitaria sería un buen comienzo para encontrar esa dirección. Ellos tenían un solo problema: Estaban acostumbrados a vivir con ingresos combinados de nueve mil dólares por mes, y nunca podrían ganar tanto asistiendo a la escuela también.

Les sugerí una solución radical.

—¿Han vivido con mil dólares por mes? —les pregunté.

Se miraron y comenzaron a reírse.

—Nadie *puede* vivir con mil dólares por mes —contestó Jim.

—Oh, por el contrario, la mayoría de la gente en el mundo vive con menos de la mitad de eso. Pueden descubrir lo interesante que es experimentarlo y ver cómo lo hace el resto del mundo —les indiqué.

Ambos se fueron de mi oficina ese día todavía cuchicheando y negando con sus cabezas, pero yo había plantado la semilla. Les tomó varias semanas decidirse, y estoy seguro de que pensaron que el experimento sería algo así como vincularse a VISTA o al Cuerpo de Paz. De todas formas, propusimos el siguiente presupuesto mensual:

Gastos de casa y servicios	$	400
Alimentos	$	200
Ropa	$	100
Varios y emergencias	$	300
	$	1.000

Alquilaron una pequeña habitación con un lugar pequeño para cocinar cerca de la universidad. Viajaban en ómnibus porque habían vendido sus autos, o iban en bicicleta a la escuela o al trabajo. Compraban comida nutritiva pero no cara. Todas sus compras de ropa se hacían en negocios baratos. Ya habían comprado sus muebles. El dinero de la venta de sus autos y posesiones innecesarias se invirtió en ahorros.

Cada uno de ellos trabajaba solo quince horas por semana para ganar los mil dólares que necesitaban. A veces ganaban algo extra, pero acordaron no gastar más. Ahora no podían comprar droga ni alcohol y tenían que superar sus hábitos. Los fondos para su educación vinieron prácticamente de donaciones. Cuando completaron su educación, todavía tenían dinero en su cuenta de ahorro.

Fui testigo del cambio en sus vidas. Debido a que los créditos en sus bancos del amor habían crecido, estaban innegablemente felices. Su matrimonio, a punto de terminar en un divorcio cuando los vi por primera vez, ahora florecía. Este cambio se dio *mientras* vivían con mil dólares por mes.

Es posible vivir con mucho menos dinero de lo que lo hacemos. No estoy tratando de convencerlos de que deberían vivir con mil dólares por mes. Es seguro que las familias con hijos enfrentarían serios problemas. Pero casi cualquier familia *puede* vivir con comodidad con menos de lo que actualmente gasta. Solo quiero que sea receptivo a la idea de que muchas personas piensan que necesitan cosas que en realidad no necesitan. Ellas a veces llegan a convertirse en sus peores enemigos. Sacrifican la plenitud de su necesidad marital en pos del sostén financiero para mantener un estándar de vida que no pueden satisfacer. Los hombres a veces cavan su tumba temprano proveyendo para estándares de vida de los cuales podrían prescindir. Algunas veces podemos medir el costo de mantener un nivel de vida alto por la pérdida de los tesoros más valiosos de la vida.

Juntos podrán comprobar la verdad del Quinto Corolario de Harley:

> Cuando de dinero
> y matrimonio se trata,
> menos puede ser más.

Preguntas para él

1. En una escala de -4 (muy infeliz) a +4 (muy feliz), ¿cuán feliz te sientes con tu trabajo actual?

2. ¿Pensaste que tu esposa podría esperar que la sostuvieras financieramente cuando recién se casaron? ¿Esperabas que ella trabajara?

3. ¿Crees que tu esposa está satisfecha con el dinero que ganas ahora trabajando de la forma habitual?

4. ¿Has considerado recientemente volver a capacitarte para que puedas conseguir un trabajo en el que ganes más dinero? ¿Suprimir gastos en la casa ayudaría a cumplir el mismo objetivo?

5. ¿Suprimiría estos gastos tu esposa de forma voluntaria?

Preguntas para ella

1. En una escala de -4 (muy insegura) a +4 (muy segura), ¿cuán segura te sientes con el sostén financiero que provee tu esposo en la actualidad?

2. ¿Has pensado mucho acerca del ingreso de tu esposo y cómo afecta tu estándar de vida? Si es así, ¿cómo te sientes acerca de esto?

3. ¿Te sentirías cómoda compartiendo con él los sentimientos negativos que tengas acerca del nivel de ingresos? ¿Lo has compartido en el pasado?

4. ¿Estás dispuesta a reducir tu estándar de vida para que puedas ser sostenida por el ingreso de tu esposo? ¿Quieres ser capaz de elegir entre una carrera y criar a una familia a tiempo completo?

Para considerar juntos

1. ¿Cómo es su estándar de vida normal? ¿Se sienten ambos felices con él? ¿Tienen el dinero suficiente para satisfacerlo?

2. Utilicen el formulario del «Inventario de sostén financiero» que se encuentra en el apéndice C para crear un presupuesto de necesidades, un presupuesto de deseos, y un presupuesto de lo que se puede pagar.

3. ¿Necesitan hacer algunos cambios? Si es así, ¿qué plan podría adecuarse mejor a sus necesidades? Comiencen a decidir juntos cómo implantar los cambios que necesitan.

10

ÉL NECESITA PAZ Y QUIETUD

SOSTÉN DOMÉSTICO

Phil era un próspero joven soltero. Le pagaban bien en su trabajo. Debido a que había hecho un pago inicial importante para su automóvil, las cuotas eran bajas, y su departamento era agradable, estaba amueblado con buen gusto, y se encontraba bien ubicado. Había salido con varias mujeres antes de conocer a Charlene. Pero ella resultó ser diferente. Era especial. Llegaron a ser buenos amigos, y luego de ocho meses de novios, él le pidió que se casaran.

La boda fue en octubre. Al principio vivieron en el departamento de Phil. Eso fue solo para que les diera tiempo de terminar de reunir el dinero y pagar el porcentaje requerido para comprar una casa. Charlene tenía un buen trabajo también, y no tuvieron problemas en juntar sus recursos para llegar a ser propietarios de la vivienda.

Al verano siguiente encontraron el lugar que querían, y se mudaron en septiembre. Phil disfrutó de muchas de las responsabilidades de ser propietario de una casa, cuidando el patio, haciendo reparaciones, instalando nuevos artefactos, y cosas como esas.

Todo fue muy bien hasta que nació el primer hijo. Entonces Charlene decidió disminuir la jornada laboral a tiempo parcial. Esto redujo sus ingresos al tiempo que aumentaban sus gastos. Phil tomó un segundo trabajo para compensar la pérdida del ingreso de Charlene. Se encontró trabajando doce horas por día, primero como gerente de su departamento, y luego llevando los libros de contabilidad para otra compañía.

Al cabo de cinco años, Phil y Charlene tenían tres hijos. Phil todavía trabajaba en dos lugares. Pero al llegar a casa de su segundo trabajo encontraba las exigencias mayores que nunca antes. Charlene todavía necesitaba que se arreglaran las cosas de la casa y requería ayuda con los chicos. Había que cortar el césped, y Charlene comenzó a quejarse de que su casa de dos dormitorios no era lo suficiente grande para la familia.

La vida, tan placentera en un tiempo para Phil, rápidamente llegó a ser intolerable. Trataba de escapar mirando televisión y leyendo el diario. Pero eso no funcionó muy bien, pues Charlene todavía lo molestaba haciéndolo levantar para que ayudara en la casa. Luego comenzó a quedarse en el trabajo después de la hora de irse, charlando con algunos compañeros. Pero eso solo enojó más a Charlene. Se sentía herida y enojada cuando no llegaba a casa a la hora exacta para ayudar.

No mucho después Phil encontró a Janet, una compañera del trabajo con la cual podía hablar y relajarse. Al cabo de un año, él y Janet se involucraron en una relación. Cuando entrevisté a Phil, me enteré de que Janet era madre soltera de seis hijos. Phil paraba en su casa cerca de la medianoche, al salir de su segundo trabajo. Los chicos de Janet estaban en cama, y lo esperaba un delicioso bistec para la cena, junto con un trato digno de un rey. Después de la cena hacían en amor y se dormían. Janet orientaba todas las cosas hacia el placer y la relajación de Phil.

Este modelo continuó por varios meses, sin que Phil nunca volviera a su casa. Su esposa, tanto furiosa como desesperada, intentó recuperarlo yendo a su oficina de vez en cuando en medio del día para tener sexo con él. Pero no hubo demasiado progreso, porque se sentía demasiado furiosa como para darle a Phil la calidez y el afecto que recibía de Janet. Más aun, el estrés que ella soportaba llegó a ser tan grande que afectó seriamente su salud.

Cuando Phil y yo hablamos, le dije:

—Si estuvieras soltero, nunca mirarías dos veces a Janet. ¡Ella tiene sobrepeso, está en su casa todo el día, y tiene seis chicos! No tiene nada que ver contigo.

—Pero la amo —protestó—. Nunca he amado tanto a una mujer en mi vida entera.

Con el tiempo, Charlene no pudo tolerar esto más, y tan pronto como dejó a Phil su relación con Janet terminó. Sabía que tal cosa ocurriría, ya que Janet había provisto un servicio para competir con Charlene. Cuando esa competencia no existió más, muchas de las motivaciones de Janet se perdieron. Además, Janet había provisto un grado de servicio que ninguna mujer podría darle a un hombre dentro de una relación marital. Pensó que tenía a Phil atrapado, y decidió que ahora *ella* merecía ser tratada como reina. Las cenas a medianoche cesaron, y Janet comenzó a exigirle a Phil y a hacerle ver un poco lo que significaba estar en casa con sus seis hijos.

Phil volvió atrás. Dejó de ver a Janet, y luego de meses de extrañar a su familia, regresó con Charlene, dispuesto a trabajar juntos hacia la meta de unirse de nuevo. La relación de ellos mejoró enormemente una vez que ella pudo entender la necesidad de Phil de lo que yo llamo «sostén doméstico». También trabajé con Phil y Charlene en su presupuesto y les ayudé a recortar gastos de manera que Phil pudiera trabajar en un solo lugar.

No era que Phil no estuviera feliz de ayudar en casa... en realidad, con solo un trabajo realizó muchas de las tareas que Charlene pensó que le disgustaba hacer. Sin embargo, al mismo tiempo, Phil necesitaba con desesperación sentir que su esposa manejaba la casa y a los niños en una forma organizada y eficiente. Charlene no quería asumir las responsabilidades de la casa y en lugar de eso enfatizó sus demandas para que Phil compartiera la carga. Con todas las horas que Phil trabajaba para ganarse la vida, las demandas de Charlene parecieron insoportables. Eso provocó que él se fuera y se relacionara con Janet.

La perfecta dicha doméstica: la fantasía de un hombre

Las necesidades emocionales no satisfechas muchas veces disparan las fantasías, y la necesidad de sostén doméstico no es una excepción.

Los hombres muchas veces fantasean acerca de una vida hogareña libre de estrés y preocupaciones. Después del trabajo cada día, su esposa lo espera con amor en la puerta y sus hijos bien educados también están contentos de verlo. Entra al confort de una casa bien mantenida mientras su esposa le pide que se relaje antes de la cena, cuyo aroma ya puede percibir en el aire.

La conversación durante la cena es agradable y está libre de conflictos. Más tarde la familia sale junta a dar un paseo, y vuelven para acostar a los niños sin ningún conflicto. Luego él y su esposa se relajan y charlan juntos, miran un poco de televisión, y van a la cama para hacer el amor, todo a una hora razonable.

Algunas esposas pueden emitir sonidos entre dientes al leer sobre el escenario recién descrito, pero te aseguro que si hay un abismo muy grande entre la realidad de tu hogar y esta fantasía, tu matrimonio está en serios problemas. Una revolución en las actitudes machistas acerca de las tareas del hogar parece haber tomado lugar, con los hombres siendo presionados para que tomen parte por igual en las tareas del hogar. Pero esta revolución no significa necesariamente que sus necesidades emocionales hayan cambiado. Muchos de estos hombres que aconsejo todavía me dicen en privado que necesitan el sostén doméstico más que nunca.

Si la conducta refleja en alguna medida un cambio de actitud, no veo mucho cambio en la forma en que los hombres se sienten acerca de las tareas de la casa. Ellos no están ayudando en la casa mucho más de lo que lo hacían cien años atrás. Pueden hablar de cuán injusto es esperar que las mujeres hagan todas las tareas de la casa, pero cuando llega el momento de hacerlo, sus mujeres saben que se trata más que nada de palabras.

Como crear una división justa de tareas

Con tantos matrimonios en los que ambos trabajan, la división de responsabilidades domésticas ha llegado a ser una fuente importante de conflictos maritales. Los cambios en nuestros valores culturales han contribuido grandemente a este problema, porque ahora hay casi un acuerdo unánime con relación a que tanto el marido como la esposa deben compartir estas responsabilidades, en particular el cuidado de los hijos. Pero el cambio en la conducta no ha mantenido el paso del cambio en los valores.

De forma tradicional, las esposas han asumido casi todas las tareas del hogar y sus responsabilidades, mientras que los maridos han tomado la responsabilidad de proveer los ingresos para la familia. Cuando las parejas lo podían afrontar, las sirvientas y las niñeras vivían en el hogar para tomar el peso de esas responsabilidades de los hombros de la esposa.

Pero hoy en día, por lo menos en los Estados Unidos de América, hay pocas sirvientas y niñeras, y las mujeres están mucho más comprometidas con los trabajos fuera de casa. La combinación de factores hace que los maridos sean el recurso más evidente para cubrir los huecos. Aunque los hombres están cambiando pañales, limpiando el piso y cocinando mucho más a menudo que antes, por lo general no lo hacen lo suficiente. En los matrimonios donde ambos trabajan, los hombres, en promedio, hacen menos de la mitad con relación al cuidado de los niños y las tareas del hogar de lo que hacen sus esposas que trabajan.

Como la mayoría de las mujeres se han dado cuenta, los hombres no están muy motivados para hacer las tareas de la casa. Muchos esposos piensan que cualquier esfuerzo para ayudarlas en las tareas de la casa representa un sacrificio monumental. No obstante, desde la perspectiva de la esposa, él solo está haciendo una pequeña parte de su justa obligación de compartir la tarea. En muchos de estos matrimonios, el esposo exige o espera que la esposa haga la mayoría del trabajo, y la esposa exige o espera que lo haga el esposo. Ninguno siente la responsabilidad.

Las responsabilidades domésticas son una bomba de tiempo en muchos hogares. El matrimonio por lo general comienza con la disposición de ambos cónyuges a compartir las tareas. Los recién casados lavan los platos juntos muchas veces, hacen la cama juntos, y dividen muchas de las responsabilidades de la casa. El novio da la bienvenida a la ayuda que recibe de la esposa porque, previo al casamiento, él lo hacía todo solo como soltero. En este punto del matrimonio, ninguno de ellos considera las responsabilidades domésticas como un tema marital importante. Pero la bomba de tiempo ya está descontando minutos.

¿Cuándo explota? ¡Cuando llegan los hijos! Los chicos crean enormes necesidades, tanto una necesidad más grande de ingresos como responsabilidades domésticas mayores. La división previa de las tareas ahora es obsoleta. Ambos cónyuges deben tomar nuevas responsabilidades. ¿Cuáles deberían tomar? En la mayoría de los matrimonios modernos, ambos cónyuges optan por los ingresos, dejando las responsabilidades a quien se presente como voluntario. Esta es una receta para el desastre, por lo menos para la mayoría de las mujeres que trabajan, porque terminan por llevar sobre sus hombros casi la totalidad de las tareas domésticas de la casa y el cuidado de los niños, resintiéndose por la falta de apoyo del marido.

Si las responsabilidades de la casa son dadas a quien esté de humor para hacerlas, no se hará mucho. Si un cónyuge demanda ayuda del otro, eso también tendrá un resultado insatisfactorio. Pero si la asignación de estas tareas puede ser acordada mutuamente por esposos dispuestos que aceptan la responsabilidad, entonces todo se desarrollará con suavidad. Me gustaría proponerles una solución a su conflicto. Mi solución no solo resolverá su conflicto, sino satisfará la necesidad de sostén doméstico.

La solución requerirá que hagan algo que es esencial para resolver la mayoría de los conflictos: organizarse. Esto significa que deben pensar en el problema de una forma cuidadosa y sistemática. Necesitas escribir tus objetivos y crear soluciones que tengan los sentimientos del otro en cuenta. Aunque veas que todo esto suena un poco raro y es algo lejano y ajeno por completo a lo que eres como persona, no hay otra forma. Y por otra parte, cuando hayan solucionado el problema, quizá puedas encontrar que es más cómodo de lo que anticipaste.

Paso 1: Identifiquen sus responsabilidades en la casa

Primero, hagan una lista de todas las responsabilidades de la casa incluyendo el cuidado de los niños. La lista debiera (1) nombrar cada responsabilidad, (2) describir brevemente lo que hay que hacer y cuándo,

(3) señalar el nombre del cónyuge que quiere que esto se cumpla, y (4) calificar cuán importante es esa tarea para ese cónyuge (usen una escala del 0-5, donde 0 indica ninguna importancia y 5 lo más importante).

Ambos cónyuges deberían trabajar en la confección de la lista, y pueden tardar varios días para tener lo elemental. Agregarán responsabilidades cada día mientras se encuentren cumpliendo varias tareas o queriendo verlas cumplidas.

Cada vez que se agrega una tarea y se describe el trabajo, se anotará el nombre del cónyuge que quiere que se haga junto con el rango de importancia del trabajo. Sin embargo, el otro cónyuge debe considerar también hasta qué punto él o ella quieren ver esta tarea cumplida. Así que los nombres de ambos cónyuges y el rango de importancia deberían acompañar cada responsabilidad.

He aquí algunos ejemplos de las tareas en la lista:

Lavar la vajilla del desayuno — levantar la mesa del desayuno cada mañana; fregar, secar y guardar toda la vajilla del desayuno y los utensilios utilizados para prepararlo — Becky (4); John (2).

Alimentar al gato — poner la comida y el agua en los platos del gato a las 8:00 a.m. y 5:00 p.m. — John (5); Becky (0).

Cuando hayan terminado su lista, ambos deberían estar satisfechos de que esto incluye todas las responsabilidades de la casa y del cuidado de los niños que ambos comparten. Pueden tener tantas tareas como crean necesarias. Solo esta parte del ejercicio ya les ayudará a entender en qué difiere su orden de prioridades.

Paso 2: Asume la responsabilidad por las tareas que disfrutarías o prefieres hacer

Ahora hagan dos nuevas listas, una lista titulada «las responsabilidades de él» y la otra titulada «las responsabilidades de ella». Luego seleccionen tareas según lo que prefieran o disfruten hacer. Estos son trabajos que uno prefiere, o que quiere ver cumplidos de determinada manera. Cuando agreguen las tareas a sus listas respectivas, vayan tachándolas de la lista original.

Si tanto tú como tu cónyuge quieren asumir la responsabilidad por las mismas tareas, pueden tomar turnos para realizarlas, o dividirlas de forma arbitraria entre los dos. Pero deben aprobar la selección del otro antes de tomar las responsabilidades finales. Si uno no cree que el otro hará bien la tarea planteada, deben darse un tiempo para probar si son o no eficientes en su cumplimiento. Una vez que has asumido la responsabilidad por cualquier tarea, tu cónyuge debe ser capaz de lograr que realices tu trabajo de acuerdo a las expectativas de él o ella.

Ahora tienen tres listas: (1) las responsabilidades del esposo, (2) las responsabilidades de la esposa, y (3) la lista de responsabilidades de la casa que no están asignadas.

Paso 3: Asignen las responsabilidades remanentes al que más desea que se cumplan

Asumiendo que todas las tareas que no te importan hacer han sido eliminadas, nos quedan aquellas que serían desagradables tanto para ti como para tu cónyuge. Estas son tareas que ninguno de los dos quiere hacer.

Es en este punto que pueden sentirse ahogados con mi recomendación. Sugiero que esas ingratas responsabilidades sean asignadas a la persona que las quiere ver cumplidas con más empeño. Es una solución razonable, dado que hacerlo de otra manera sería forzar la responsabilidad sobre uno a quien no le importa nada de eso.

Considera por un momento por qué quieres que la otra persona haga esas tareas ingratas por ti. Aunque eres tú el que las quiere ver hechas, deseas que la otra persona te alivie del dolor que sufres cuando las realizas. En otras palabras, quieres disfrutar del beneficio de tenerlas hechas, pero no estás dispuesto a sufrir para verlas cumplidas. Preferirías ver sufrir a tu cónyuge. Quieres ganar los beneficios de tener estas tareas ingratas cumplidas a expensas de tu cónyuge.

Puedes argumentar que estas tareas no son las que en realidad quieres ver cumplidas, pero que deberían estarlo. Por ejemplo, puedes decir que son para beneficio de los hijos. Pero cuando argumentas así, implicas que tu cónyuge es tan vago o tan descuidado que él o ella no sabe o no se preocupa por lo que está bien o lo que es mejor para los niños.

Si esa es la forma en que piensas, es increíblemente irrespetuosa. Estás asumiendo que tu punto de vista de la situación es superior al de tu cónyuge. Estás tratando de imponerte sobre él o ella. Garantizo que tu argumento no será bien recibido. Siempre que tratas de imponer tu forma de pensar sobre tu cónyuge, le haces sentir mal, lo cual extrae unidades de amor. ¡Y por lo general no vas a ganar la discusión! Por lo tanto, ¿por qué hacerlo?

Siguiendo este procedimiento puedes decidir cambiar tu actitud acerca de algunas responsabilidades en tu lista. Cuando sabemos que la única forma de tener algo hecho es haciéndolo nosotros mismos, podemos decidir que no necesita hacerse después de todo. En realidad, puedes descubrir que lo que te mantuvo convencido de la importancia de algo era la noción de que tu cónyuge debía hacerlo.

Hasta ahora hemos hecho una división justa de tareas, pero no hemos encarado la necesidad del sostén doméstico. Hay un paso más en mi plan que puede no solo hacerte sentir mucho mejor acerca de mi solución, sino que quizá también te ayudará a satisfacer una de las necesidades emocionales más importantes de tu cónyuge.

Paso 4: Satisfaga la necesidad de sostén doméstico asumiendo responsabilidades que depositan más unidades de amor

Hasta este punto, la asignación de responsabilidades en la casa ha sido justa. Están dividiendo las tareas de acuerdo a la disponibilidad y a quién se beneficia más con su cumplimiento. Pero el matrimonio te lleva un paso más allá. En el matrimonio se hacen cosas para el otro porque cuidas los sentimientos de la otra persona, no solo porque las quieres ver cumplidas. Y eso puede depositar cargas enteras de unidades de amor si se hace de la forma correcta.

Quizá no estés dispuesto a hacerte responsable de una cierta tarea porque, francamente hablando, no crees que deba hacerse. Pero si tu cónyuge piensa que necesita realizarse, puede ser una oportunidad para que satisfagas su necesidad emocional de sostén doméstico.

Para asegurarte de que tu esfuerzo no es en vano, tanto tú como tu cónyuge deberían agregar una pieza más de información a sus listas de tareas. Al lado de cada responsabilidad escriban un número indicando cuantas unidades de amor crees que se depositarían si tu cónyuge hiciera esta tarea por ti. Usa una escala del 0 al 5, con el 0 indicando que no experimentarías nada de placer y el 5 señalando que experimentarías el máximo placer y estarías eternamente agradecido.

Si estas mediciones son precisas, significará que cuando has completado una tarea que fue calificada con 4 o 5 por tu cónyuge, estarás depositando muchas unidades de amor. En realidad, para algunos cónyuges que califican el sostén doméstico como su necesidad emocional más importante, cuando alguien completa estas tareas se depositan las unidades suficientes como para desencadenar el sentimiento del amor.

Quisiera repetir un concepto que es crucial para tu felicidad marital. Si tú y tu cónyuge están enamorados, tendrán un matrimonio feliz. Si no están enamorados se sentirán estafados. Por lo que cualquier cosa que desencadene el sentimiento de estar enamorados se convierte en un esfuerzo que bien vale la pena.

Si cocinar la cena, planchar las camisas o recoger las medias desencadena un sentimiento de amor en tu cónyuge, ¿por qué no hacer esas cosas? De hecho, si satisfacer cualquiera de las necesidades emocionales que he descrito en este libro en realidad crea un sentimiento de amor, ¿por qué se resistiría alguien a hacerlo? Esto no es solo un acto de afecto, sino de suprema sabiduría. Haciendo por el otro lo que aprecia más, tendrás lo que muy pocos matrimonios tienen: un sentimiento de amor que dura toda la vida.

Pero déjame repetir otro concepto importante. No pierdas tu tiempo en cosas de poca importancia. Pon tu energía en lo que deposita el mayor número de unidades de amor, e ignora las tareas que no representan ninguna ganancia.

No hagas las tareas de la casa o cuides a los niños por tu cónyuge si no es algo apreciado. Recuerda, lo que tenga tu cónyuge en su lista es su responsabilidad, no la tuya. Tú ayudas a tu pareja con estas tareas por una única razón muy importante: incrementar tu balance en el banco del amor. Si tu esfuerzo por aliviar a tu cónyuge en alguna tarea en particular no deposita unidades de amor, no malgastes tu tiempo. Pon tu esfuerzo en otra tarea que te dé más dividendos.

La respuesta de tu pareja a tu ayuda debería ayudarte a probar si las unidades de amor son depositadas o no. Si te agradece cuando haces la tarea y expresa su aprecio con afecto, sabes que estás en el camino correcto. Pero si tu cónyuge te ignora después de hacer alguna de estas tareas, las unidades de amor no están siendo depositadas por alguna razón. En ese caso vuelve a la lista original de tareas de tu cónyuge y elige alguna otra cosa para hacer que tenga un impacto más grande.

Solo porque decidas ayudar a tu cónyuge con una de las responsabilidades de él o ella no significa que sea ahora tu responsabilidad. En realidad, esta es una forma muy importante de satisfacer las necesidades emocionales en general. Si satisfacer cualquier necesidad emocional se ve como obligación, entonces no se aprecia tanto. Solo cuando la satisfacción de las necesidades emocionales es vista como regalo —como un acto de afecto— tiene el máximo impacto en el banco del amor. Si tanto tú como tu cónyuge toman la satisfacción de cualquier necesidad emocional como dada, su efecto tenderá a disiparse.

Si tu cónyuge ve una tarea abrumadora como responsabilidad suya, y tú realizas la tarea, apreciará tu ayuda. Por otro lado, si tu cónyuge la ve como tu responsabilidad, entonces tus esfuerzos tendrán mucho menos impacto. Así que los tres primeros pasos de mi plan para satisfacer la necesidad de sostén doméstico de tu cónyuge son cruciales. Si no estableces una tarea como responsabilidad de tu pareja, tus esfuerzos pueden ser dados por garantizados.

Debo destacar un último punto. Si sufres ante el esfuerzo de satisfacer la necesidad de sostén doméstico de tu cónyuge, nunca formarás el hábito de satisfacer esa necesidad. Los depósitos en el banco del amor de tu cónyuge serán compensados por extracciones en tu propio banco. Así que debes ingeniarte de qué manera satisfacer las necesidades de sostén doméstico de tu pareja sin la pérdida de unidades de amor.

Hay muchas formas de hacer las cosas, y quizá no hayas considerado las mejores posibilidades. Tú y tu cónyuge deberían ponerse de acuerdo sobre cómo cumplir con las tareas más agobiantes sin que les pese demasiado. Quizá a uno de ustedes no le preocuparía preparar una parte de la cena, y el otro podría hacer la otra parte. O tal vez consideres que salir a cenar es la mejor solución al problema (todavía satisfaces la necesidad sin tener que trabajar).

Hay ciertas tareas hogareñas que son tan desagradables para ambos cónyuges que contratar a alguien que lo haga es una alternativa razonable, en especial cuando ambos cónyuges trabajan a tiempo completo. Contratar a una persona una vez a la semana para que haga solo la limpieza desagradable es dinero bien gastado. La misma cosa puede aplicarse al jardín. Tener a alguien que corte el pasto puede transformar un sábado pesado en una oportunidad de disfrutar el día con la familia.

Con relación a esto, asegúrate de no asignar a tus hijos tareas que tanto tú como tu cónyuge encuentran muy desagradables como para llevar al hombro. No edifican el carácter de los hijos al darles tareas que odian hacer, sino que provocan resentimiento. Si quieres que tus chicos te ayuden en la casa, permíteles que elijan las tareas de la lista de responsabilidades de la casa que disfrutarían haciendo. Hagan listas para ellos, al igual que para ti y tu cónyuge. Habrá varias para mantenerlos entretenidos.

Resumiendo, cuando crean un plan para la división de las tareas de la casa, depositar el mayor número de unidades de amor y evitar su extracción deberían ser tus metas. Asume las responsabilidades del cuidado de la casa que aceptas con entusiasmo o quieres ver cumplidas más de lo que tu cónyuge quisiera. Luego, para satisfacer las necesidades de tu cónyuge de sostén doméstico, haz algunas de las tareas de la lista de tu pareja, aquellas que serán apreciadas al máximo. Y hazlas en una forma que no extraiga unidades de amor de tu propio banco del amor.

Este enfoque en la división de las tareas de la casa garantiza el afecto y el cuidado mutuo, en especial cuando te consideras poco afectuoso. Evita que trates de ganar a expensas de tu cónyuge, y que intentes forzar a tu pareja a una forma de vida desagradable contigo. Además, te orienta en una dirección que les dará felicidad a ambos, plenitud, y lo mejor de todo, un sentimiento de amor mutuo.

Preguntas para ella

1. ¿Sientes que tu esposo espera demasiado de ti? ¿Entiende él todas las responsabilidades que tratas de balancear durante el día?

2. ¿Cómo puedes comunicarle tu disposición a brindarle sostén doméstico, pero también la dificultad que tienes para lograrlo? ¿Estás dispuesta a eliminar algunas de tus responsabilidades para darle lugar al sostén doméstico?

Preguntas para él

1. ¿Has sentido la presión de tu esposa para que la ayudes a cumplir tareas domésticas que sientes que son su responsabilidad? ¿Cómo has tratado de comunicar tus sentimientos?

2. ¿Qué afecta tu disposición a ayudar con las responsabilidades domésticas? ¿Qué podría hacer tu esposa para lograr que tu participación en estas tareas sea más fácil?

Para considerar juntos

1. Discutan de qué forma se han agobiado cada uno con las responsabilidades:

   a) Con un estándar de vida que requiere más tiempo de trabajo de lo que les gusta.

   b) Con actividades para los niños que requieren más esfuerzo de lo imaginado.

   c) Con trabajo voluntario o en la iglesia que elimina el tiempo con la familia.

   d) Con pasatiempos e intereses recreativos que toman el tiempo y los recursos de las prioridades más altas.

2. Si una necesidad de sostén doméstico ha sido identificada, ¿cómo planean satisfacerla de una forma en la que ambos estén de acuerdo con entusiasmo? Para ayudarse con este plan, usen los pasos sugeridos en este capítulo.

11

ELLA NECESITA QUE ÉL SEA UN BUEN PADRE

COMPROMISO FAMILIAR

Ann y Terry se conocieron cuando tenían casi treinta años. Ninguno de ellos se había casado antes, y ambos sentían que estaban listos para establecerse. Su relación fue muy buena, con una excepción: Terry no se llevaba bien con los padres de Ann. Ella se sentía muy mal con esto, pero conocía a otras parejas que tenían problemas peores. Ann y Terry se llevaron tan bien al principio en cada área que ella decidió vivir con el problema.

Quizá con el tiempo se solucionará, se dijo.

El fuerte deseo de Terry de alejarse de la familia de Ann empañó la boda. Apenas tuvo tiempo de saludar a sus parientes antes de que su marido se la llevara de luna de miel.

Durante el primer año de casados, Ann trató de interesar a Terry en las reuniones de su familia, pero no tuvo éxito. Pronto descubrió que él tenía muy poca relación con sus propios parientes, así que mucho menos pasaría tiempo con los de ella.

El problema no se solucionó con el tiempo, en realidad en el momento en que llegaron sus dos hijos las cosas empeoraron. Cuando eran bebés, Ann lo interpretó como una actitud típicamente machista. *Él se interesará cuando sean más grandes,* pensó.

Pero Terry no se interesó. Tenía muy poco tiempo para ellos, y cuando clamaban por atención, él se volvía irritable. Ann al fin abandonó la idea de esperar y admitió que se había casado con un hombre que no tenía inclinaciones familiares. Se preocupaba por lo que les ocurriría a los chicos, en especial al pequeño Tommy, que en realidad necesitaba a su papá.

Ann odiaba admitirlo, pero el primo soltero de su esposo, Drew, era mejor padre para sus hijos que el propio Terry. Drew los visitaba con regularidad durante las vacaciones y algunos fines de semana. Era tan bueno con los chicos que lo llamaban tío Drew. Con el tiempo él llegó a ser el niñero favorito de los niños, sobre todo cuando Terry y Ann tenían que salir de noche. La popularidad de Drew con los chicos de Ann despertó en ella un sentimiento ambiguo. Aunque podía ver que Drew se convertía en «padre» en un sentido para los chicos, y eso le preocupaba, se sintió cómoda al saber que sus hijos recibían la supervisión y la compañía masculina que tanto necesitaban.

Un día, mientras Ann hacía las compras ya casi a mediodía, vio a Drew. Después de unos momentos de conversación, Drew le dijo:

—Mira, ¿por qué no almorzamos?

—¡Me encantaría!

Después que ordenaron a comida, Drew le preguntó:

—Bien, ¿cómo están mis chicos?

Su tierna preocupación por sus hijos hizo humedecer los ojos de Ann.

—Nunca te dije cómo me preocupo por ellos —comenzó.

En unos minutos había sacado a la luz todos sus temores y preocupaciones acerca de la carencia de compromiso familiar de Terry.

—A veces, Drew, siento que tú actúas más como padre de mis hijos que Terry —terminó confesando.

Drew se sonrojó, pero sonreía.

—Tú sabes que amo a esos pequeños como si fueran míos —dijo extendiendo su mano y tomando la de Ann—. Mira, quiero ayudar. Trataré de pasar más a menudo a verlos. Por cierto, ¿qué te parece si los llevo a la feria el sábado?

—¡Eso sería maravilloso! —dijo Ann sonriente—. Puede ser que vaya yo también.

Ann fue a la feria con Drew y los chicos el sábado. Y esto dio inicio a un patrón de conducta firme en el cual Drew trataba de ayudar compensando la falta de compromiso de su primo hacia su familia. A Terry esto no le importaba. Confiaba en Drew como buen amigo y miembro de la familia.

Dos años después de ese almuerzo, Ann y Drew empezaron a encontrarse más a menudo. Almorzaban varias veces juntos además de compartir salidas con los chicos.

Ann comenzó a admitir que necesitaba a Drew en su vida. Él la apoyaba en lo que parecía ser su responsabilidad más importante: el cuidado y desarrollo de sus hijos. Lentamente fueron pasando los meses y su amistad se convirtió en una relación extramatrimonial. Ella llegó a amarlo con más intensidad y pasión que a ningún otro hombre.

El conflicto que se desarrollaba en Ann era insoportable. Por un lado, no quería que los chicos tuvieran que atravesar el dolor de un divorcio y la separación de su padre real, pero por el otro no podía soportar criar a sus hijos sin el apoyo de un hombre al cual ella amaba.

Ann luchó con sus emociones hasta que Terry descubrió esa relación. Se sintió dolido y enojado de que su propio primo lo traicionara. Para evitar la furia de Terry y del resto de su familia, Drew se mudó a otro estado. Ahora Ann estaba doblemente devastada. Su amante se había ido, y también el hombre que había actuado como un padre para sus hijos. ¿Qué podría hacer?

Una esposa necesita una unidad familiar fuerte

Las relaciones como la de Ann y Drew no son comunes, pero ocurren. He aconsejado a varias parejas como Ann y Terry, y en cada situación se repite la impresión de la fuerte necesidad de la esposa de la unidad familiar. A pesar de la tendencia que se ve en muchas parejas jóvenes que evitan tener hijos, sigo creyendo que la vasta mayoría de las mujeres tienen el instinto de crear una familia. Más aun, las esposas quieren que sus esposos tomen el rol de liderazgo en la familia y se comprometan con la educación moral y el desarrollo de los hijos. El escenario ideal para una mujer es casarse con un hombre al cual ella pueda respetar y en el que pueda confiar, y ver luego a sus hijos creciendo como su padre.

En la Biblia a los padres judíos se les decía: «Instruye al niño en el camino correcto, y aún en su vejez no lo abandonará» (Proverbios 22:6). Sin importar cuáles puedan ser sus convicciones religiosas, la mayoría de las esposas que aconsejo no tienen problema para ver la sabiduría de las palabras arriba expresadas. También esperan que sus esposos asuman el rol clave de instruir a sus hijos.

Las mujeres parecen conocer instintivamente lo que los psicólogos hemos descubierto investigando y en la práctica: un padre tiene una profunda influencia sobre sus hijos. Mi propio padre ejerció una poderosa influencia en mi desarrollo moral y educativo. Quizá no lo sabía en ese tiempo, porque yo no estaba de acuerdo con él en muchos temas. Sin embargo, al llegar a la adultez, me encontré más inclinado a su manera de ver las cosas. Este desarrollo de mis propios valores morales fue en extremo importante para mi madre, y estoy seguro de que ella le da mucho crédito a mi padre por entrenarme en la forma que quería que yo fuese.

En las familias donde el padre se interesa poco en el desarrollo de sus hijos, la madre trata con desesperación de motivarlo para que cambie. Le compra libros sobre el tema y los deja en lugares convenientes. Le aconseja asistir a seminarios auspiciados por las iglesias o la asociación de padres y maestros. Quizá también le pida que hable con un consejero familiar con la esperanza de que le inspire mayor interés y compromiso. Los esfuerzos de ella a veces tienen un éxito parcial. Pero más a menudo se frustra por sus excusas, demoras, y otras respuestas carentes de entusiasmo de parte de su esposo. Con frecuencia, esta madre comienza a buscar en otros hombres de su familia o su círculo de amigos la satisfacción de esta necesidad. Ella piensa que son los chicos los que tienen tal necesidad, pero en realidad es suya. Debe tener un hombre que contribuya al bienestar de sus hijos. A veces un abuelo lo hará; otras veces un hombre como Drew aparece y toma el lugar del padre para los chicos... y el lugar del esposo de la mujer al convertirse en su amante.

¿Qué es lo que una mujer quiere en realidad expresar cuando dice que desea que sus chicos «tengan un buen padre»? Detrás de esta expresión subyacen expectativas de responsabilidades que ella quiere que él cumpla. Irónicamente, muchas veces estas entran en conflicto con la necesidad de sostén doméstico que consideramos en el último capítulo. Para tratar con tal situación, la pareja debe lograr una comunicación franca en dos áreas importantes: tiempo y entrenamiento.

Ser padres toma tiempo, mucho tiempo

Además de las quince horas que un hombre debe dedicar para dar atención exclusiva a su esposa y de las más de cincuenta horas destinadas a ganarse la vida, un hombre también necesita dedicarle tiempo a su familia. Él puede fortalecer tanto su matrimonio como los lazos con sus hijos, desarrollando lo que llamo «tiempo familiar de calidad».

Esto no debe confundirse con el esfuerzo que los padres hacen al alimentar, vestir y cuidar a sus hijos para que se sientan seguros. El «tiempo familiar de calidad» tiene lugar cuando la familia está junta con el propósito de enseñarles a los hijos el valor de la cooperación y el afecto por el otro.

Recomiendo quince horas por semana para el «tiempo familiar de calidad». Al principio estas horas pueden parecer imposibles de ubicar en la agenda. Quizá tu primera semana solo permitirá cinco horas para tu familia, pero si incrementas eso con una hora semanal, en diez semanas te encontrarás en el objetivo con un mínimo de esfuerzo.

¿Cuál debería ser tu plan de acción durante esas horas? Considera actividades como:

- Comer juntos como familia.
- Salir de caminata o en bicicleta.
- Asistir a servicios religiosos.
- Convocar reuniones familiares.
- Realizar juegos de mesa juntos.
- Asistir a eventos deportivos.
- Leer cuentos a los niños antes de dormir.
- Ayudar a los niños con la planificación financiera.
- Hacer proyectos familiares (asegúrense de que sean divertidos para los chicos y de que no trabajen ellos solos).

Naturalmente, tu lista puede también incluir otras cosas que disfrutas. Cada familia tiene diferentes prioridades. Tu meta es estar juntos como familia; durante este tiempo alienta a todos para que se ayuden los unos a los otros mostrando un espíritu cooperativo. Dedica un tiempo para la diversión con tus hijos, no para pasar un tiempo aburrido y pesado. Cuando los hijos se dan cuenta de que mamá y papá van a darles a ellos atención exclusiva, comienzan a esperar este tiempo.

Si son menores de doce años, encontrarán bastante fácil motivarlos a pasar tiempo con ustedes de esta forma. Una vez que llegan a la adolescencia, todo dependerá de la creatividad de ustedes. En ese tiempo quieren pasar la mayoría del tiempo con sus amigos; y su familia comienza a verlos cada vez menos. Para compensar, desarrollen actividades que apunten a los adolescentes y que estén bien planeadas... ¡de otra forma ellos expresarán su insatisfacción con claridad y un gran vigor!

Si tus hijos han crecido disfrutando de este tiempo familiar, no será demasiado complicado continuar con la misma práctica. Esto no significa que no serán desafiados por los adolescentes que tienen otros planes; pero con un poco más de creatividad —y quizá algo más de gastos— en tus planes, puedes desarrollar algo que tus hijos adolescentes *estén de acuerdo* en continuar.

Las familias que comiencen este tiempo familiar con los chicos adolescentes pueden descubrir que ellos no están de acuerdo para nada ante tales arreglos. En los casos donde se producen discusiones airadas entre padres e hijos, se puede hacer tanto daño con estas peleas que muchas veces recomiendo que la familia se olvide de pasar un tiempo de calidad juntos. Sencillamente —aunque por desdicha— deben olvidarse de la oportunidad.

La mayoría de los educadores se dan cuenta de que los niños son más fáciles de influenciar que los adolescentes o los adultos. Tomen una hoja de su libro de anotaciones, y si sus hijos todavía son jóvenes, hagan lo máximo para moldearlos con estándares morales de calidad y principios de vida que les pueden beneficiar por años. Consideren que el objetivo es entrenar a sus hijos «en el camino correcto», teniendo en cuenta sus necesidades futuras. Si toman en serio el tiempo familiar en las primeras etapas de crecimiento, no

encontrarán problemas después por haber ignorado a sus hijos adolescentes en esta etapa clave del desarrollo.

Ser padres requiere entrenamiento, mucho entrenamiento

Si desean ser buenos padres, también tendrán que enfrentar el hecho de que necesitarán algo de buen entrenamiento en esto. Nadie sabe cómo criar a un hijo de forma automática, sin importar cuáles sean los estereotipos que te hagan pensar que puedes resolver la situación.

Aunque las mujeres y los hombres se benefician al aprender a ser padres en mis clases, en mi experiencia los hombres son los que necesitan entrenarse más. Muchos se equivocan al pensar acerca de la paternidad como un instinto... eres un padre bueno o malo, y no puedes controlar los factores involucrados, creen ellos. Debido a que se sienten así se resisten al entrenamiento que recomiendo.

Terry, el esposo de Ann, no creía que el entrenamiento le haría bien alguno. Debido a que reconocía los malos hábitos que le hicieron convertirse en un padre terrible, evitaba pasar tiempo con sus chicos. Drew parecía saber hacer las cosas mejor que Terry, por lo que le dejó tomar la delantera. Pero sin importar lo que ocurriera, solo Terry podía ser el padre real. ¡Si tan solo se hubiera dado cuenta de que *podía* aprender las habilidades que necesitaba! Lo mismo que con cualquier otra capacidad, él podía mejorar leyendo buenos libros sobre cómo ser un buen padre, o tomar algunas clases. Cuando adquiriera mayor experiencia, sus hijos podrían haber disfrutado de su presencia enormemente, y Terry se habría sentido más cómodo con ellos. Y como si esto fuera poco, él habría satisfecho una de las necesidades importantes de su esposa.

Cientos de libros sobre cómo ser padres aparecen en los estantes de las librerías cada año. Busca libros que muestren ideas sensatas para mejorar tu relación con tus hijos, en vez de buscar esos que dicen cómo controlarlos. A largo plazo, vas a encontrar esas ideas más efectivas.

Hay una innumerable cantidad de seminarios que tratan de explicar cómo criar a los hijos. Si enfatizan el respeto de los padres por el chico y les muestran a los padres formas de mejorar la comunicación, ellos también pueden ayudar. Creo que el respeto mutuo y el entendimiento establecen el cimiento de un sistema de crianza efectivo.

Los manuales, libros y cursos de instrucción para padres abundan en todo tipo de información, desde el entrenamiento para ir al baño hasta cómo obligarlos a ir a la cama. Pero con relación a la necesidad de la mujer de un buen padre para sus hijos, el área más importante que cualquier marido necesita conocer y dominar es la de aprender a disciplinar adecuadamente a los chicos. Aun más importante, él necesita aprender a actuar de forma conjunta con su esposa para establecer una disciplina para sus hijos. Aquí ofrezco algunos lineamientos para los padres:

1. Aprende a ser constante

Muchos padres cometen errores de constancia, y los chicos no tardan mucho en descubrir que las reglas dependen del humor de papá. Cuando él se siente feliz, pueden hacer prácticamente todo: correr alrededor de la casa, tirar cosas, saltar en las camas, gritarse y ensuciarse en una guerra de pistolas de agua. Cuando viene enojado... ¡cuidado! Cualquier movimiento encontrará un grito de enojo.

Los niños necesitan entender las diferencias entre comportamiento apropiado e inapropiado. En la disciplina que practican los padres inconstantes no siempre vemos la misma conducta como mala: solo llega a estar mal que Johnny grite cuando papá necesita concentrarse en algo o no se siente a la altura de las circunstancias. Padres, hagan las reglas, respétenlas, y disciplinen a sus hijos de manera constantes.

2. Aprende a castigar de forma correcta

Aunque me opongo a la violencia, no objeto que un padre le dé una nalgada a su hijo. Los chicos cuyos padres nunca les dieron una nalgada muchas veces se crían como salvajes. Para evitarlo utiliza el castigo corporal con sabiduría, aprendiendo cuándo es apropiado y para qué edad. (Por lo general recomiendo que los padres no le den más nalgadas a sus hijos a partir de los siete u ocho años.)

Los castigos no corporales también prueban ser efectivos en muchas situaciones. Pero utilízalos para ayudar y no para herir a tu hijo. Es muy común que los padres retiren los privilegios, pero esto debe hacerse con cuidado. Algunos padres bien intencionados les han quitado algunos derechos básicos a sus hijos mayores, logrando, tristemente, que los adolescentes se escapen o hasta intenten suicidarse.

No olvides el método más eficaz de disciplina para algunos casos: las recompensas. Utilízalas de modo apropiado, asegurándote de no «sobornar» a un niño en vez de recompensarlo. Los chicos no deberían crecer esperando que toda conducta buena reciba una compensación. Por otro lado, las recompensas sabiamente empleadas pueden alentar al chico a cambiar su conducta, en particular en el caso de un mal hábito bien desarrollado.

3. Aprende a llegar a un acuerdo con tu esposa

Los hombres deben ver la crianza de los hijos como un esfuerzo conjunto con su esposa. Si los chicos pueden impedir esto, harán un «arreglo» con mamá para evitar a papá. Cuando un chico quiere un privilegio, tanto mamá como papá deberían consultarse en privado y dar una respuesta acordada.

Lleguen a un acuerdo también acerca de cómo quieren disciplinar a sus chicos. Una opinión conjunta recibe más respeto de los chicos y tiene más peso ante ellos. Cuando saben que sus padres tomaron la decisión juntos, los chicos son menos propensos a cuestionarla.

En una increíble cantidad de oportunidades he visto a algunos chicos manipulando con éxito a uno de sus padres que los favorece. Papá favorece a María. Mamá favorece a Joan. Entonces María busca a papá para pedirle dinero, y él trata de dárselo sin que lo sepa la madre. Cuando Joan lo averigua, ella demanda el mismo tratamiento. La madre trata de convencer al padre para que le dé a Joan la misma cantidad de dinero, resultando esto en una brecha profunda entre esposo y esposa. Para evitar tal cosa, todas las decisiones *deben* resultar del acuerdo mutuo. Si no se ponen de acuerdo, *no* tomen ninguna acción.

La forma en que los esposos disciplinan a sus hijos afecta mucho sus depósitos en las cuentas del banco del amor de sus esposas. Las mujeres son muy sensibles al castigo sumamente duro o inapropiado. Muchas veces reaccionan como si el castigo fuera para ellas, personalmente, y este incidente resulta en extracciones del banco del amor. Por lo tanto, un hombre necesita ser cuidadoso con respecto a ponerse de acuerdo con su esposa antes de imponer una solución disciplinaria. Si el plan la hiere, ella necesita la oportunidad de modificarlo. También necesita alentar a su esposo a implementar una solución que edifique su amor por él. Entonces su banco del amor gana nuevos depósitos, reflejando el cuidado que él tomó por sus sentimientos.

4. Aprende a interpretar las reglas

Los chicos necesitan entender *por qué* deben hacer esto o lo otro. Los hombres en especial deberían aprender a explicar las reglas con claridad y paciencia. A veces la conversación puede ser algo así como:

—Johnny, sube las escaleras y haz tu cama.

—¿Por qué?

—Porque queremos que puedas crecer sabiendo cómo mantenerte a ti mismo y a tus pertenencias de forma limpia y ordenada.

—¿Por qué?

—Porque ser limpio y ordenado hace que la gente con la que vives se sienta bien y les guste vivir contigo.

—¿Por qué?

—¡Solo ve arriba y haz tu cama PORQUE LO DIGO YO!

Puedes entender con facilidad la reacción del padre a esas al parecer interminables preguntas, ¿no es cierto? Pero la línea del «porque lo digo yo» no beneficia demasiado a tu hijo. Cuando te sientes frustrado, tensar tus músculos como un padre enojado puede funcionar —puedes lograr que el chico realice la acción apropiada— pero también habrás perdido la oportunidad de explicarles tus razones a tu hijo. En tales situaciones puedes comunicar de forma sutil pero clara tus valores, tu ética y tu moral si contestas con paciencia a sus *por qué*.

5. Aprende a manejar la ira

Los hombres se ven tentados a emplear la ira como un medio para comunicar su disconformidad. Algunos también recurren al comportamiento violento e inclusive pegan con palos y dejan a sus hijos con

en el trabajo. Una mujer necesita apreciar a su esposo por lo que ya es, no por lo que podría llegar a ser si viviera acorde a sus expectativas.

A algunos hombres —aquellos con baja autoestima— la admiración también les ayuda a creer en sí mismos. Sin esto tales hombres parecen más a la defensiva con relación a sus fracasos. Muchas veces odian ir a ver al consejero porque no quieren que alguien sea crítico con ellos. A menudo vienen a mí con el pretexto de «ayudar a sus esposas con sus problemas emocionales».

Mientras la crítica causa que los hombres se pongan a la defensiva, la admiración los energiza y motiva. Un hombre espera —y necesita— que su esposa sea su fanática más entusiasta. Él extrae confianza de su apoyo y por lo general obtiene mucho más con su aliento.

La autoestima por lo general comienza en casa

La baja autoestima, uno de los problemas más comunes que ayudo a superar en mis clientes, comienza muy temprano, en el hogar durante la niñez. Casi siempre la persona con opiniones muy bajas de sí misma ha tenido unos amigos y una familia que lo han criticado y se han quejado de sus fracasos, por lo que esperará que otros continúen con ese modelo crítico. En particular espera que su esposa reanude la tarea donde la dejaron sus padres y continúe recordándole sus fracasos e intentos fallidos.

En tales casos les aconsejo a los clientes que rechacen las evaluaciones negativas, y les aliento a rodearse de amigos y parientes que vean su valor y sus logros. Muchas veces tal cambio funciona, y durante semanas su autoestima mejora considerablemente. Un entorno de crítica es peligroso para tu salud mental. Aquellos que te apoyan y alientan hacen aflorar tu verdadero potencial y estimulan tu ingenio.

En mi propia vida, he visto el poderoso efecto de la admiración a través de la bendición de una abuela que era mi gran admiradora. Cuando era pequeño, recuerdo vívidamente que me decía que era un genio y que tenía más talentos que ningún otro en el mundo entero. Aunque creerme lo que me dijo me causó algunos problemas en el jardín de infantes, su actitud hacia mí también plantó las semillas de la confianza.

En la escuela secundaria un consejero una vez revisó mis calificaciones y otros resultados, y concluyó que nunca podría tener éxito en la universidad y que debería considerar seriamente trabajar en vez de estudiar. Dado que mi abuela me había enseñado lo contrario, fui a la universidad de todas formas, me fue mucho mejor de lo que me había dicho el consejero, y luego continué para obtener el doctorado. Sin la opinión inspiradora de mi abuela, quizá hubiera estado de acuerdo con el consejero sin obtener el beneficio de esa educación.

Habrás oído este dicho: «Detrás de todo gran hombre hay una gran mujer».

Me gustaría variar esto para el Sexto Corolario de Harley:

> Detrás de cada hombre
> debería haber una esposa que
> fuera su admiradora.

Las biografías de los grandes hombres atestiguan esto, y las vidas de todos los hombres lo muestran: un hombre simplemente se crece con la admiración de una mujer. En gran medida, los hombres le deben gratitud a sus esposas por esta clase de apoyo emocional, porque sin él su confianza —la mayor fuente de éxito— se desgasta y con el tiempo se cae a pedazos.

¿Cómo muestras admiración honestamente?

Antes de que comiences a llenar de palabras halagüeñas a tu esposo, necesito hacerte una advertencia. Nunca finjas tu admiración. Las palabras exageradas pueden hacer más daño que bien. Para que tenga valor, el elogio debe reflejar tus sentimientos de forma genuina. Por ejemplo, cuando mi abuela me dijo que ella creía que era brillante, lo creía con honestidad, y su convicción me convenció.

Puedo escuchar a muchas esposas diciéndose: *Eso está bien y es bueno, Dr. Harley, pero ¿qué pasa si tu esposo es una fuente constante de irritación? ¿Qué ocurre cuando él de modo sistemático complica las cosas? ¿Cómo puedo aprender a admirar a un hombre como ese?*

Estas son preguntas muy importantes que requieren respuestas cuidadosas.

El primer paso para aprender a expresar admiración es aprender a sentir admiración. Cuando logras eso, puedes expresar estos sentimientos.

Un plan para crear admiración

Necesitas un plan para que te ayude a expresar los verdaderos sentimientos de admiración. Eso significa nada de juegos de palabras, ninguna mentira, solo verdades y sentimientos sinceros.

Has visto cómo funciona el banco del amor, cómo el aprender a satisfacer las necesidades maritales del otro crea el sentimiento de amor. Bueno, el proceso de crear un sentimiento de respeto en una mujer funciona de una manera bastante similar. Mientras el marido aprende a satisfacer las cinco necesidades básicas de la esposa, ella se encuentra respondiendo con un fluir natural de respeto hacia él. A la inversa, si un hombre no satisface esas necesidades, ella no puede expresar con honestidad la admiración que él mismo necesita de ella. Por lo tanto, la admiración de ella depende de la habilidad de él para satisfacer sus necesidades maritales básicas.

Manteniendo esta observación en mente, nuestro plan busca ayudar a una mujer para que sus necesidades maritales sean satisfechas.

Paso 1: Identificar las características que edifican y destruyen la admiración

Una esposa debe hacer dos listas, la primera describiendo las características que admira en su esposo, la segunda describiendo aquello que destruye su admiración. En ambas listas, ella agrupa estas características en las cinco necesidades básicas que ya hemos considerado para las mujeres. Cuando una característica cae fuera de las áreas, debe tratar de nombrar la necesidad lo mejor que pueda.

Como ejemplo miraremos a la lista que Rachel hizo, la cual evalúa a su esposo John.

Característica que admiro	Características que destruyen mi admiración
AFECTO	**AFECTO**
1. Sostiene mi mano cuando salimos juntos. 2. Me abraza cuando llega a casa del trabajo. 3. Me sorprende con tarjetas y flores.	
CONVERSACIÓN	**CONVERSACIÓN**
4. Me habla acerca de cómo fue su día y pregunta cómo pasé el mío. 5. Muestra interés en mis actividades diarias y las discute conmigo.	1. Cuando me siento ansiosa, se sepulta en su trabajo y no me habla.
SOSTÉN FINANCIERO	**SOSTÉN FINANCIERO**
6. Gana un buen ingreso para sostenerme a mí y a nuestros hijos.	
HONESTIDAD Y FRANQUEZA	**HONESTIDAD Y FRANQUEZA**
7. Siempre me dice dónde ha estado y me deja números donde puedo encontrarlo en una emergencia.	2. Cuando algo le molesta, lo niega, aunque yo puedo ver que está molesto.
COMPROMISO FAMILIAR	**COMPROMISO FAMILIAR**
	3. No dedica suficiente tiempo para estar conmigo y nuestros hijos juntos como familia. 4. No disciplina a los chicos, y deja la crianza en mis manos. 5. No muestra ningún interés en las actividades de nuestros hijos y nunca va a las reuniones de padres de la escuela.

El ejemplo señalado arriba nos muestra que John debe comenzar a satisfacer la necesidad de compromiso familiar antes de que ella pueda admirarlo por completo. Su dificultad con la conversación puede deberse directamente a su fracaso en el compromiso familiar: Rachel se molesta por su falta de interés en los chicos, y él no hablará acerca de eso. Como además se siente abrumado y no tiene tiempo para los proyectos de los chicos, decide que hablar sobre esto no va a ayudar. Cuando él pueda satisfacer la necesidad de compromiso familiar, sus problemas de conversación desaparecerán.

moretones. Estas malas reacciones de parte de los padres no funcionan, y ningún psicólogo infantil que haya estudiado recomienda la ira como herramienta para entrenar a un chico. Controla tu ira *antes* de disciplinar a tu hijo. Separar tus emociones de la acción disciplinaria te ayudará a ser un padre más efectivo.

Ser padres implica compromiso

Muchos hombres visualizan esta necesidad del compromiso familiar como un rol demandante, a veces demasiado exigente. No solo deben actuar como buenos esposos, proveyendo a sus esposas con afecto, conversación, honestidad y apoyo financiero, sino que ahora deben llegar a ser buenos padres con el tiempo y el entrenamiento que esto requiere. Como temen ser abrumados por todo esto, pueden negar el rol de padre, pasándole toda la responsabilidad a sus esposas. Al evitar el rol de padre, un hombre pierde el respeto de su esposa y la cuenta del banco del amor pierde ingresos.

Por otro lado, los hombres que aceptan el desafío de ser buenos padres reportan que han logrado incrementar la plenitud marital. Su esfuerzo les devolvió varias veces la admiración de sus esposas. Como dice la Novena Ley de Harley del Matrimonio:

> El mejor esposo
> es un buen padre.

Busca en los libros y cursos lo que pueda hacerte un mejor padre. Pasa tiempo con tus hijos. ¡Te alegrarás de haberlo hecho!

Preguntas para él

1. ¿Te has comprometido con tu familia? ¿Qué significa eso en términos de un tiempo familiar de calidad? ¿Te has entrenado en las habilidades para ser padre?

2. ¿Estás experimentando problemas con la ira? ¿Castigas? ¿Eres constantes? ¿Te pones de acuerdo con tu esposa en la forma de disciplinar a tu hijo?

3. ¿Te abruman las responsabilidades? ¿Cómo has tratado de comunicarle este problema a tu esposa? ¿Parece entenderte?

4. ¿Tienes un plan, sobre el cual tú y tu esposa se han puesto de acuerdo, con el que tus problemas de compromiso familiar y de paternidad podrán ser resueltos en los próximos meses? Si esto no es así, ¿planean obtener alguna ayuda para resolver el problema?

Preguntas para ella

1. Enumera algunas de las habilidades que tu esposo ha perfeccionado para aprender a criar a tus hijos.

2. Enumera algunas de las habilidades que él debería desarrollar para aprender a criar a sus hijos.

3. ¿Cuántas horas pasas cada semana en actividades de calidad con la familia?

4. ¿Cómo has tratado de convencer a tu esposo de que necesitas su compromiso con la familia? ¿Puedes pensar en un método más eficiente?

5. ¿Cómo has tratado de alentar a tu esposo a pasar tiempo cada semana con la familia? ¿Cuál sería un método más efectivo?

6. ¿Cómo has tratado de alentar a tu esposo a que se eduque en las habilidades de la paternidad? ¿Cómo puedes ser más eficiente?

Para considerar juntos

1. ¿Tienen un acuerdo sobre cómo deben ser disciplinados sus hijos? Si no, dediquen algo de tiempo para discutir este tema y llegar a una conclusión que ambos encuentren justa.

2. Explíquense mutuamente sus valores morales. Esto les ayudará a explicarlos a sus hijos.

3. Suscríbanse a la revista *Family Fun* [Diversión para la familia] (1-800-289-4849) para obtener una lista de las formas en que su familia puede disfrutar de un tiempo familiar de calidad.

12

ADMIRACIÓN

—Oh, Charles, gracias —dijo Louise con los ojos encendidos de excitación—. ¡Qué hermoso cuadro! Nadie me h regalado su obra maestra antes. ¡Tientes tanto talento!

—Eso no lo sé, Louise. Tengo mucho por andar todavía.

—Te subestimas, cariño. Eres bueno. Conozco suficiente de arte como para saberlo. Siempre haces trabajos muy hermosos. Eres un gran artista, y estoy orgullosa de ti.

En los días del noviazgo de Charles y Louise, este habría sido un fragmento típico de su conversación. Ella siempre lo elogiaba, y él se sentía genial. Nadie le había hecho tantos cumplidos antes.

Después del casamiento, los comentarios de Louise poco a poco comenzaron a cambiar. Charles, contento con su trabajo en diseño comercial, parecía demasiado relajado con relación a su carrera. Ella quería que él llegara a ser un artista famoso. Mientras tanto comenzó a sentirse convencida de que nunca iba a desarrollar su potencial, y las palabras de admiración de Louise se esfumaron y por último se terminaron por completo.

Mientras tanto, en el estudio, Charles se encontró a sí mismo formando un equipo con Linda. Ella le mostró con toda intención varios proyectos y gráficos, y juntos presentaron algunas muestras que resultaron ganadoras. Un día mientras compartían el almuerzo, Charles comenzó a descargarse con ella.

—Sabes, Linda, creo que mi esposa tiene razón. No he hecho demasiado para desarrollar mi carrera en el arte. Soy demasiado haragán.

—¡Haragán! —protestó Linda—. ¿Cómo podría pensar eso? ¿Sabe ella lo duro que es este negocio? Porque no puedo pensar en *nadie* de tu edad que haya ido más lejos que tú como artista. Tu esposa no entiende lo que cuesta esto. No obstante, eres uno de los mejores hombres con los que me he encontrado. Ella se debería sentir afortunada de haberse casado con alguien tan maravilloso como tú.

Charles apenas sabía qué decir.

—Gracias Linda —dijo al fin—. Es realmente amable lo que dijiste.

—No es amabilidad. Es lo que pienso.

Charles saboreó ese comentario todo el día. Alguien finalmente lo apreciaba por lo que era ahora, no por lo que podría llegar a ser algún día. Era bueno vivir con otras expectativas para variar.

Al poco tiempo, Charles y Linda comenzaron una relación extramatrimonial. Cuando el presidente de la compañía lo supo, me refirió a Charles y a Louise para consejería matrimonial. Louise aprendió cómo expresar la admiración que ya sentía por su esposo, en lugar de presionarlo para que obtuviera logros más grandes.

¿Por qué esta necesidad masculina de admiración?

Uno de los principios que le enseñé a Louise era que la admiración sincera es de gran motivación para la mayoría de los hombres. Cuando una mujer le dice a un hombre que cree que él es maravilloso, eso le inspira a conseguir más. Él se ve a sí mismo capaz de manejar nuevas responsabilidades y perfeccionando muchas más habilidades. Esa inspiración le ayuda a prepararse para las responsabilidades de la vida.

La admiración no solo motiva, sino que también recompensa los logros ya alcanzados por el esposo. Cuando ella le dice que lo aprecia por lo que ha hecho, le da más satisfacción que cuando recibe su paga

¿Qué hago cuándo comienzo a admirarlo?

¡Díselo, por supuesto! Sin embargo, esta respuesta obvia no es tan simple como parece. Pudiste no haber aprendido cómo decirle a tu esposo que lo admiras. El hecho de que sientas admiración u orgullo no significa que se lo hayas comunicado. Enséñate a pronunciar aquellas palabras de elogio de la misma forma en que has aprendido cualquier otro hábito. Repito, recuerda no decir algo forzado o falso. Expresa con honestidad lo que sientes. Al principio puede parecer raro, pero a medida que se desarrollan los hábitos se vuelven más fáciles y hasta espontáneos. Entonces habrás desarrollado tu objetivo: la admiración natural que él siempre quiso de ti.

A veces una mujer teme expresar elogios demasiado pronto, ya que su esposo puede dejar de trabajar en la conducta que no se ha vuelto un hábito todavía. Le aconsejo a ella que le manifieste su elogio tan pronto sienta aunque sea la más pequeña admiración, no como recompensa por un cambio (puedes encontrar otros métodos) sino como una verdadera expresión de sus sentimientos.

Recuerda que todo *hombre* necesita apreciación. Él se crece con eso. Muchos hombres que vienen a mí porque padecen de estrés debido a otras relaciones extramatrimoniales afirman que la admiración de sus amantes actuaba como una suave brisa de primavera en comparación al frío ártico de la crítica de sus esposas. ¿Cómo pueden ellos resistirse? No hagas que tu marido vaya fuera del matrimonio a encontrar aprobación; él necesita la perspectiva que tu admiración le da. Eso no significa que tienes que fingirle y decirle que amas tanto algo que te vuelve loca, pero trabaja con él en las necesidades que ambos deben llenar, estableciendo una estrategia que edifique la admiración. Necesitas admirarlo tanto como él necesita tu admiración. Sé suave y paciente, y anima a tu esposo a que satisfaga tus necesidades diciéndole lo mucho que te gustan los cambios que observas.

Preguntas para ella

1. ¿Ha sido para ti un problema expresarle tu admiración a tu esposo? ¿Alguna vez te ha dicho que seas menos crítica con él o te ha alentado a «contar tus bendiciones»?

2. ¿Necesitas desarrollar un sentimiento de admiración o simplemente el hábito de expresar tu admiración?

3. Haz una lista de los cambios que te gustarían en tu esposo. Lo siguiente es definir los rasgos, convirtiéndolos en hábitos. Ahora divide la lista en cambios esenciales y no esenciales. Si tu esposo hiciera esos cambios esenciales, ¿crees que podrías mostrarle la admiración que él necesita?

Preguntas para él

1. ¿Estás consciente de tu necesidad de admiración? Algunos hombres nunca admiten esto y no creen que lo necesitan. ¿Qué evidencia puede haber en tu vida de que tienes una necesidad profunda y básica de admiración y elogio de parte de tu esposa?

2. ¿Cómo has tratado de comunicarle tu necesidad de admiración? ¿Cómo ha respondido?

3. ¿Qué crees que necesitas para el plan sugerido en este capítulo? ¿Cómo puedes modificarlo para hacerlo más aplicable a tu matrimonio?

4. Haz una lista de los cambios que quisieras en tu esposa. Separa los rasgos, convirtiéndolos en hábitos. Ahora divide tu lista en cambios esenciales y no esenciales. ¿Estás dispuesto a hacer los cambios que tu esposa te sugiera si ella hace los cambios que a ti te gustan?

Para considerar juntos

1. Desarrollen estrategias para cambiar los hábitos que han identificado. Señalen un plazo para las estrategias y planeen reevaluarlas para ver si funcionan.

2. Discutan las desventajas de sus críticas hacia el otro. ¿Cómo pueden alentarse a cambiar sin ser críticos?

13

CÓMO SOPORTAR
UNA INFIDELIDAD

Muchas veces me he preguntado: «Cómo ayudamos a la gente a sobrevivir a una relación extramatrimonial? ¿Qué le dices a una pareja cuando esto les ocurre a ellos?»

Mi perspectiva al tratar estas situaciones se centra en dos palabras: sé *suave*, pero *firme*.

La gente atrapada en la telaraña de una relación extramatrimonial necesita cuidado tierno y amoroso, en especial el cónyuge traicionado. Al mismo tiempo, si descubres a tu cónyuge en una relación, no recurras a estrujarte las manos o a la histeria. Si quieres salvar el matrimonio, es tiempo para la acción.

Paso 1: ¿Quieres sobrevivir?

Primero, debes preguntarte si en verdad quieres sobrevivir a la tormenta. Es posible que tu matrimonio haya estado en serios problemas por mucho tiempo, te hayas dado cuenta de ello o no. Uno o ambos tenían necesidades básicas insatisfechas, lo que le dio a la relación extramatrimonial la posibilidad de desarrollarse. La parte afectada se sentirá tentada de apuntar con un dedo acusador y puede, casi siempre de una forma prematura y tonta, simplemente llevar al matrimonio a su fin. A esos tipos de matrimonios que vienen buscando mi

183

consejo trato de puntualizarles que el cónyuge en falta no es la única parte culpable. Las relaciones extramatrimoniales comienzan porque el banco del amor lentamente se ha vaciado. Por desagradable que pueda parecer, la víctima de una relación debe preguntarse: *¿Cómo llegó tan bajo mi cuenta en el banco del amor de mi cónyuge? ¿Qué necesidad estuve dejando de satisfacer?*

Paso 2: No lo soportes

Segundo, no soportes esta relación ni un minuto más. Pudiste haber fracasado al satisfacer ciertas necesidades de tu cónyuge, pero eso no significa que él (o ella) no sea responsable de esta conducta en extremo destructiva. Como dije en el capítulo 1, el matrimonio es una relación exclusiva en donde dos se hacen uno y deben permanecer uno. Tres es definitivamente una multitud.

Mis archivos de consejero incluyen un sorprendente número de casos donde las mujeres por lo general soportan que el marido tenga otra relación con tal de seguir casadas. Muchas veces gente que tiene fuertes convicciones religiosas me dice: «Mi iglesia no permite el divorcio» o «Dios quiere que permanezcamos casados. La Biblia enseña con claridad que el divorcio es pecado».

Me identifico con estos puntos de vista porque son similares a mis propios valores y convicciones. Al mismo tiempo la gente debe entender que una vez que una relación extramatrimonial ha comenzado, el matrimonio ya ha sido lastimado por infringir el pacto de la fidelidad. Lo que Dios ha unido, algún hombre (o mujer) lo ha separado. Si quieres juntarlo otra vez, debes llevar a cabo una acción definitiva. Urjo a las esposas en particular a separarse de sus esposos temporalmente hasta que puedan resolver este asunto juntos. Sea lo que sea que hagan, deben poner en claro al cónyuge en falta que no soportarán esto.

Paso 3: Saber qué esperar

La mayoría de estas relaciones extramatrimoniales no llevan al divorcio sino a la reconciliación. Pero durante los meses o años que van

Paso 2: Llegar a un acuerdo

A veces es más fácil resolver un problema marital cuando tanto el marido como la mujer necesitan mejorar sus habilidades de cuidarse el uno al otro. Se sentirán alentados sabiendo que no son los únicos que necesitan hacer cambios y que su cónyuge tiene que realizar acciones correctivas también. Por lo tanto, desde un punto de partida práctico, tú motivarás exitosamente a tu cónyuge a hacer los cambios en su conducta si estás de acuerdo en hacer algunos cambios también; pero prepárate para una reacción defensiva de su parte cuando lea tu lista. Con gentileza y paciencia puedes mostrarle a un hombre a quien le gustaría agradarte que *va* a tener éxito. Prueba que sus temores son equivocados.

Una vez que has completado el primer paso y has listado tus áreas fuertes y débiles, pónganse de acuerdo para eliminar las características que destruyen la admiración en cualquiera de ustedes. De forma ideal, su negociación debería incluir *todas* las características que han listado.

Varios años atrás Ben y Charlotte vinieron a consultarme, y les ayudé a hacer tales listas. De inmediato sus problemas maritales se hicieron evidentes. Charlotte me entregó veinticuatro páginas con las cosas que su marido hacía que destruían su respeto por él. La lista de él tenía solo un tema: no lo admiraba lo suficiente. En este matrimonio Charlotte había hecho una tarea inmensa para satisfacer las necesidades de su esposo, y Ben había hecho un trabajo horrible en satisfacer las necesidades de ella. Por este fracaso, Charlotte no podía admirar a su marido. Yo me encontraba en una terrible desventaja porque no podía pensar en ningún punto de acuerdo. Con el tiempo, cuando le expliqué a Ben que podría perderla, él se sintió motivado para hacer algunos cambios. Durante un año él trabajó en sus flaquezas una a la vez, hasta que todas fueron resueltas. Mientras tenía éxito, la admiración de su esposa también florecía, y luego de un tiempo informó que se sentía orgullosa de él.

Si te encuentras en una situación como la de Ben y Charlotte, y una negociación no es posible porque ya estás satisfaciendo las necesidades de tu esposo, explica que tienes solo la admiración como objetivo para el acuerdo. Si tu esposo no trabaja contigo sobre esa base, puedes necesitar ayuda profesional para incentivarlo.

Una vez que has hecho tu acuerdo (si fue posible) y estás dispuesta a trabajar con los puntos débiles de tu cónyuge, entonces te mueves hacia el siguiente paso.

Paso 3: No puedes cambiar los rasgos. Puedes cambiar los hábitos

Ahora necesitas cambiar la forma de pensar acerca de la gente... de tu cónyuge en particular. Tendemos a clasificar a la gente por rasgos o características. Alguien es agradable o desagradable, inteligente o estúpido. A un psicólogo que estudia la conducta no le gusta trabajar con rasgos. Prefiere trabajar con hábitos. Él te diría: «No te puedo enseñar a ser más agradable, porque ser *agradable* no es un hábito, es un rasgo. Pero *puedo* enseñarte cómo sonreír más a menudo y criticar menos a la gente, porque esos son hábitos, y podemos cambiar los hábitos. ¿Ayudará eso?»

Si le dijeras a un psicólogo de la conducta: «Quiero ser delgado», él contestaría: «No puedo enseñarte cómo ser delgado; ese es un rasgo. *Puedo* enseñarte a comer menos, porque el hecho de comer es un hábito».

Esto simplemente quiere decir que mientras te olvides de los rasgos y te enfoques en los hábitos, puedes cambiar la conducta de tu cónyuge. Muy a menudo, cuando nos quejamos acerca de nuestros cónyuges, miramos sus rasgos y no sus hábitos. Sin embargo, los hábitos son por lo general lo que en realidad importa, y podemos hacer algo acerca de ellos. Por lo tanto, la solución más fácil será definir sus puntos débiles en términos de hábitos, entonces ambos tendrán algo que pueden medir y evaluar.

Por ejemplo, supón que deseas que tu esposo demuestre un gran compromiso familiar. Así que enumera los hábitos que te gustaría que él aprendiera:

> Asistir a las reuniones de padres de la escuela.
> Dedicar quince horas semanales a las actividades familiares.
> Leerles a los chicos antes de que se vayan a la cama.

Tu esposo tendrá una meta que alcanzar con estos hábitos, los cuales puede aprender, practicar, y usar como medida de un cambio. Ambos verán las diferencias en sus acciones.

Pero sean precavidos: mientras tu cónyuge aprende un hábito, su actitud puede no parecer consistente con su nueva conducta. Puede no sentirse «bien» acerca del cambio. En la mayoría de los casos, no obstante, una vez que el hábito se desarrolla con fuerza, entonces sus actitudes comienzan a conformarse a dicho hábito, y tendrás lo que en realidad querías en primera instancia.

Ahora veremos como un psicólogo de la conducta te ayudaría a aprender esos nuevos hábitos.

Paso 4: Aprendiendo nuevos hábitos

La mayoría de los que estudian la conducta usan esta técnica simple y directa para ayudar a la gente a desarrollar nuevos hábitos:

1. Defina el hábito que quiere crear.
2. Planee la estrategia que utilizará para desarrollar ese hábito.
3. Siga su estrategia.
4. Evalúe la efectividad de la estrategia para ver si la conducta ha cambiado.

Veamos cómo funcionó para John y Rachel. Cuando armaron su lista, Rachel dijo que la falta de interés de John en las actividades de sus chicos destruía su admiración por él. Después de mucho pensar, Rachel convirtió la característica «interés en las actividades de los chicos» en un hábito, «pasar cinco horas cada semana trabajando con los chicos en cualquiera de sus actividades». John aceptó el desafío.

Una vez que identificaron el hábito, John y Rachel pudieron planificar la estrategia que le ayudara a aprenderlo. Decidieron que tendría tres partes:

1. El domingo a las siete de la noche él le preguntaría a los chicos qué actividades planificaban para esa semana.
2. Seleccionaría una actividad para ayudar a cada chico.
3. Separaría cinco horas para estas actividades.

Cada estrategia debe incluir incentivos para continuar el nuevo hábito y desalientos para no caer en los hábitos del pasado. Juntos, John y Rachel planificaron que ella miraría «Fútbol del lunes en la noche» con él cuando pasara cinco horas con los chicos; si no lo hacía no podría mirar deportes en la televisión esa semana.

Una razón por la que la gente no aprende hábitos es que a menudo no se dan el tiempo suficiente para eso. John y Rachel planificaron mantener su estrategia durante cinco meses, desde agosto hasta diciembre.

Una vez que anunciaron el plan a los chicos, de inmediato se dispusieron a comenzar. Durante ocho meses consecutivos John pasó tiempo con los chicos. En el noveno trastabilló un poco. Tenía muchas razones: se enfermó y se atrasó en el trabajo; tenía que reparar la puerta delantera; y vino la hermana de Rachel por dos días. A pesar de estas buenas razones, él no podría mirar programas deportivos durante la siguiente semana, y Rachel no tuvo que mirar el fútbol tampoco.

El resto del programa fue como se planificó, y a fines de diciembre evaluaron su nuevo hábito para ver si la estrategia había funcionado. Los indicadores parecían buenos. Ahora no solo pasaba cinco horas con los chicos en sus actividades, sino que había comenzado a planificar nuevas actividades con ellos, con las que podía ayudarles aun más. ¡Él disfrutaba estando con ellos más de lo que le gustaba «Fútbol del lunes en la noche»!

Prepárese para retrocesos

Cuando trabajo con parejas en la formación de nuevos hábitos, les advierto que pueden encontrar que sus primeros intentos son desalentadores. Su plan original puede necesitar varias revisiones antes de que alcancen el objetivo de un nuevo hábito. Naturalmente, si el problema fuera fácil de resolver, no hubieran requerido mi servicio profesional. Algunos problemas pueden parecer difíciles desde un punto de vista profesional, pero en el fondo, juntos podemos resolverlos por lo general.

Necesitarán paciencia y optimismo en sus esfuerzos para mejorar los hábitos de cada uno. De todos modos descubrirán que el *progreso* puede hacer que el matrimonio mejore mucho y sentirán la admiración desarrollarse.

desde el inicio de una relación hasta la reconciliación, el proceso puede infligir un dolor prácticamente insoportable para ti. Si te preparas para lo que viene, no solo sufrirás menos, sino que además tu matrimonio tendrá una mejor oportunidad de sobrevivir.

Una de las mejores maneras de prepararse es saber lo que se puede esperar. Habiendo visto tantas relaciones extramatrimoniales, he visto algunos hilos comunes a través de muchas de ellas. Uno de los hilos más comunes es la resistencia del cónyuge a abandonar a su amante.

Uso una regla de hierro que dice que el cónyuge involucrado debe detener los contactos con su amante de inmediato y nunca ver o hablar con esa persona otra vez. Para explicar por qué mi regla es tan rígida y extrema les digo a los clientes que veo la relación extramatrimonial como una adicción. Un alcohólico, por ejemplo, ha de abstenerse de todo consumo de alcohol si espera controlar la conducta adictiva. Así como el alcohol, la tentación de retornar a su amante debe ser controlada un día a la vez. La mejor forma para que una persona pueda abandonar una relación de este tipo es evitar todo contacto con su amante.

Una y otra vez he visto a la gente involucrada en relaciones extramatrimoniales flaquear y ser incapaces de realizar una decisiva y drástica ruptura con su amante. Logran «enderezarse» por un tiempo, pero de modo inevitable encuentran su camino de vuelta a los brazos de este hombre o mujer. Pareciera que cuando se trata de esta persona, exhiben un juicio increíblemente defectuoso y una fuerza casi irresistible los atrae.

El efecto permanente de una relación extramatrimonial no debe ser ignorado. El cónyuge involucrado rara vez se desenamora de su ex amante. Los sentimientos subyacen adormilados pero listos para volver apenas aparezcan las condiciones para hacerlo. El banco del amor de su ex amante se mantiene alto porque existen pocas oportunidades de extraer fondos. Solo una experiencia dolorosa o desagradable puede extraer unidades de amor, y cuando un amante está en competencia con un cónyuge, las experiencias desagradables son evitadas con toda intención.

Cuando un cónyuge no está dispuesto a romper todo contacto con su amante, la parte traicionada debe prepararse para lo que podría llegar a ser una separación larga. Lo recomiendo primeramente por la protección de las emociones del cónyuge traicionado, pero a veces la relación extramatrimonial en sí misma puede producir que una persona esté tan movida por la ansiedad que se apega al cónyuge involucrado por seguridad. Esto, por supuesto, solo incrementa el trauma emocional, y muchas veces hace falta un consejero para apoyar la ruptura. Una vez que se han separado de forma temporal, el consejero continúa siendo de ayuda al reasegurarle al cónyuge que está tomando la decisión correcta.

Una separación ayuda protegiendo las emociones del cónyuge afectado. Pero otra razón por la cual también es beneficiosa es que el cónyuge afectado se mantiene satisfaciendo las necesidades que él o ella suplía antes de la relación extramatrimonial. En la mayoría de los casos, un (una) amante satisface una o dos necesidades emocionales importantes, y el cónyuge satisface otras dos o tres. El cónyuge involucrado se da cuenta de que su amante no puede satisfacer todas sus necesidades y ve que no se puede tener «el pan y la torta también». Una separación también puede dar la oportunidad para experiencias desagradables entre el cónyuge y su amante, bajando la cuenta del banco del amor. ¡Pero no cuentes con eso!

Cuando la decisión final del cónyuge involucrado es reconciliarse y evitar todo contacto con su amante, esto por lo general ocurre con la esperanza de que su pareja pueda aprender a satisfacer las necesidades suplidas por su amante con mucha más facilidad de lo que su amante puede satisfacer las necesidades suplidas por su pareja. Un obstáculo muy importante para dejar al cónyuge por su amante son los hijos y la familia extendida. Su amante nunca podrá ser capaz de tomar el lugar del cónyuge, pero el cónyuge *puede* tomar el lugar de su amante.

Deberías esperar que la realidad prevalezca con el tiempo. Pero antes te explico qué hacer en este punto, y déjeme ilustrarle qué es lo que deberías esperar examinando la historia de Alex y Elaine... y Harriet.

La anatomía de una relación extramatrimonial

Alex suspiró silenciosamente mientras giraba para apagar la luz. Luego se dio vuelta para darle un beso a Elaine en la mejilla. «Buenas noches, cariño», susurró. No hubo respuesta. Elaine dormía de forma profunda. Eso no lo sorprendió, y sabía cuán enojada se pondría si la despertaba solo para hacer el amor. Acostado, se tapó hasta los hombros. Mucho tiempo atrás había renunciado al sentimiento perdedor de sentir lástima de sí mismo. Tenía que enfrentar el hecho de que a Elaine ya no le interesaba más el sexo. Solía interesarle, según pensaba él, en los primeros años de casados, antes de que llegaran los chicos.

A la mañana siguiente mientras Alex tomaba el tren de las siete y media saludó a Harriet y a Fred, que también trabajaban para su firma. Mientras Alex abría su diario de la mañana se acordó de su agenda vacía al mediodía.

—Eh, ustedes dos —les llamó él—. Mi compañero de almuerzo no está en la ciudad hoy. ¿Está libre alguno de ustedes?

—Lo siento —le dijo Fred—. Tengo que cruzar la ciudad.

Alex miró a Harriet, una mujer alta, esbelta, inteligente y comprensiva.

—Me encantaría almorzar contigo —respondió ella con alegría.

No la he visto hace bastante tiempo, pensó Alex. Harriet había ido a la escuela secundaria con él, y se habían perdido el rastro por unos cuantos años hasta que empezaron a trabajar para la misma compañía. Su amistad había continuado varios meses atrás, cuando empezaron a trabajar en el mismo proyecto instalando un nuevo equipo de computación. Una vez que completaron eso, las responsabilidades de Alex lo llevaron al quinto piso mientras ella quedó en el séptimo.

—Sabes —le dijo Alex ese día durante el almuerzo—, me alegro de que Charlie tuviera que salir de la ciudad hoy.

—Yo también —afirmó ella sonriendo—. Te he extrañado desde que te fuiste abajo. Debimos haber hecho esto antes.

—Sí. Trabajar en ese proyecto fue lo más divertido que he hecho en mucho tiempo.

—El sistema en realidad está funcionando bien. El tiempo de espera de las órdenes se ha reducido a casi nada.

—Eso no me sorprende —dijo Alex—, porque contigo y conmigo ese trabajo *no podía fallar.*

Mientras salían, Alex y Harriet hicieron planes para encontrarse de nuevo a la semana siguiente. Pronto el almuerzo de mitad de semana formaba parte de sus agendas. Una vez Harriet le regaló a Alex un libro sobre programación de computadoras, y unas semanas más tarde él le respondió con un modesto pero hermoso brazalete. Mientras se lo dio en el almuerzo el rostro de ella se iluminó. Apoyándose sobre la mesa, lo besó con ternura en la mejilla.

—Harriet, tengo que ser honesto —le dijo casi sin control de sí mismo—. Me estoy acercando mucho a ti. Es... bueno, es más que una amistad.

—Alex —respondió ella en voz muy baja—, yo también siento lo mismo.

—No te he dicho cómo me siento con respecto a Elaine...

—Y no hace falta —aseguró ella.

—Pero lo quiero hacer. Nunca he podido hablar con nadie acerca de esto antes. Lo quiero hacer ahora.

—Entonces continúa. Está bien.

—Cuando me casé con ella, no me di cuenta de a qué me estaba exponiendo. Creí que compartíamos muchos intereses, que pasaríamos mucho tiempo juntos, pero todo eso se acabó al año más o menos. Ahora ella hace sus cosas, y yo hago las mías. No le gusta que le hable del trabajo, y se queja de que no gano suficiente dinero. La mitad de las veces, cuando llego tarde en la noche, es como entrar en una casa de locos.

Harriet escuchó en silencio; luego él la acompañó a su casa «para hablar».

A la mañana siguiente, cuando Alex se despertó en la cama de Harriet, pensó en lo bella que parecía. Le besó el hombro desnudo y sonrió mientras ella abría los ojos.

—Hola, buen mozo —susurró ella.

—Hola, hermosa —respondió él.

Después de esa noche, Alex y Harriet parecían obsesionados el uno con el otro. Nunca en su vida Alex había experimentado tanto entusiasmo y constancia al hacer el amor.

Al principio Elaine solo experimentaba algunas dudas vagas sobre Alex, pero pronto sus dudas se volvieron sospechas mientras sus ausencias se incrementaban. Las ocasionales permanencias en la ciudad para pasar la noche fueron seguidas por sus salidas en las tardes durante los fines de semana. Finalmente, una noche ella decidió comprobar sus sospechas y llamó a Jake, con quien Alex le dijo que planeaba pasar la noche. Jake trató de explicar que Alex no había llegado todavía, pero su respuesta no convenció a Elaine. Cuando trató de llamar más tarde, nadie contestó el teléfono.

Elaine recordó que Alex había hablado con calidez acerca de trabajar con Harriet en un proyecto de computadoras. Ella también sabía que Harriet no vivía demasiado lejos y decidió que podría ser el motivo más probable. Un sábado a la tarde cuando Alex había desaparecido, Elaine contrató a una adolescente del barrio para cuidar a los chicos y manejó hasta el departamento de Harriet. Tan pronto giró en la cuadra de ella, vio el automóvil de Alex aparcado justo a la vuelta de la esquina.

Elaine estacionó, encontró el departamento de Harriet, y tomó aire profundamente mientras tocaba el timbre. Harriet abrió la puerta vestida con un camisón.

—¡Elaine! —dijo, solo que un poco demasiado fuerte—. Vaya, qué sorpresa...

—Discúlpame, Harriet, si esto parece grosero, pero debo entrar y ver algo por mí misma.

La corrió de su lugar y recorriendo el departamento entró en el dormitorio. Allí encontró a Alex, poniéndose los pantalones muy apresurado. El resto de su ropa estaba todavía amontonada sobre una silla cerca de la cama.

—¡Elaine! Yo...

Su esposa giró y salió del departamento sin decir palabra. No vio señales de Harriet y no se preocupó por cerrar la puerta a la salida. Una vez en su automóvil, Elaine prorrumpió en llanto. Mientras manejaba de forma automática a casa intentó obligar a su mente en blanco a pensar. El divorcio parecía la única opción.

Alex y Harriet, parados frente a la ventana delantera, observaron a Elaine cuando se iba.

—¿Qué harás? —preguntó Harriet.

—Tengo que ir y tratar de calmarla. No te preocupes, amor. Esto va a funcionar.

Cuando llegó a casa Alex vio el auto de Elaine, con el motor en marcha y la puerta entreabierta, detenido en la rampa de acceso. Apagó la ignición, metió las llaves en el bolsillo, y cerró la puerta. Mientras entraba por la puerta delantera escuchó a los niños llorando. La niñera desesperada le dijo que la esposa había ido arriba. Le pagó y la mandó a casa, y luego fue a buscar a Elaine. Ella se había encerrado en su habitación. Después de llamarla varias veces se dio cuenta de que debería cuidar de los niños primero. Salió a buscar algo para darles de comer y luego los acostó a dormir. Durante todo ese tiempo la puerta de su habitación se mantenía firmemente cerrada.

Alex tocó otra vez a la puerta. No hubo respuesta.

—Elaine, por favor —rogó suavemente.

La cerradura de la puerta hizo «clic», y él intentó abrirla otra vez. Cuando abrió la puerta vio a Elaine sentada en la cama, con los ojos hinchados y deformados de llorar. Caminó hacia donde estaba ella.

—Estoy tan avergonzado, cariño...

—¡No te atrevas a llamarme cariño! —se quejó ella.

—Pero Elaine, te amo a ti y a los niños. Significan todo para mí. No entiendo cómo pude hacerte esto.

Otra vez Elaine comenzó a llorar, e instintivamente Alex trató de consolarla.

—¡No me toques! —gimió ella, zafándose de él para agazaparse en la mitad de la cama—. ¿Cómo pudiste hacer eso? ¡Odio tu presencia!

—Elaine, por favor... nunca ocurrirá otra vez. Debo haber estado loco, por favor, dame otra oportunidad —dijo mientras lloraba con lágrimas incontenibles.

—¡Mentiroso! Me mentiste acerca de esas noches que tenías que pasar en casa de Jake, ¿no es cierto?

—Elaine, por favor, no...

—No mientas. ¡Solo empeoras las cosas!

—Tienes razón, y no voy a mentir nunca más. Tú y los chicos significan demasiado para mí. Ya pasó todo, Elaine, lo digo en serio.

Este tipo de intercambio continuó hasta las tres de la mañana. Alex estuvo rogándole a Elaine por misericordia y comprensión, y Elaine reprochándole con furia y angustia. Al final, ya exhaustos, ella concedió una tregua y le permitió a Alex entrar en la cama.

Durante los próximos días Alex continuó mostrando remordimiento y logró calmar a Elaine de alguna forma. Para el fin de semana ya la tenía convencida de que una locura temporal había causado su situación con Harriet, y de que esto no ocurriría otra vez.

Alex no vio a Harriet más en el almuerzo, pero la llamó apenas pudo.

—Te tengo que ver, pero no me atrevo en este momento. Te amo tanto, no sé que hacer...

—Alex, te amo también. Nunca habrá dudas con respecto a eso. Pero quiero que mantengas tu matrimonio unido. No quiero causar un divorcio.

—Harriet, eres una joya. No te preocupes. Haré mi mejor esfuerzo. Si termina en divorcio, no será tu culpa.

Alex se mantuvo alejado un par de semanas y luego se encontró con Harriet en el lugar acordado para almorzar con ella.

—No puedo dejar de pensar en ti y en lo que vivimos juntos. Nunca he tenido nada como esto en mi vida entera, y sé que no lo voy a volver a tener.

Harriet solo podía sostener la mano de Alex y llorar. A la semana siguiente se encontraron en el departamento de Jake y reanudaron la relación con renovado vigor. Parecía como si tuvieran una nueva energía, acumulada después de las últimas semanas de separación. Más adelante se encontraron cuantas veces pudieron para almorzar. Quedarse en la ciudad estaba fuera de discusión, porque Elaine sospecharía. Un sábado a la tarde, Alex no se aguantó y calladamente fue al departamento de Harriet. No se dio cuenta de que Elaine lo había visto salir y lo siguió. Repitieron toda la escena del perdón, la cual dejó a Elaine inconsolable. Ella le exigió a Alex que se fuera de la casa y pidió el divorcio.

Alex pensó ir a vivir con Harriet, pero no lo hizo. En lugar de eso encontró una pieza en la YMCA (Asociación Cristiana de Jóvenes), y sentado en su cama angosta analizaba los hechos. Se dio cuenta de que no solo extrañaba a Elaine y a los chicos, sino de que debía tener en cuenta muchas otras cosas: el ser rechazado por su familia y amigos y las sumas grandes que gastaría en abogados, las cuotas de manutención y el sostén de los niños. También pensó en su compañía y su política concerniente a las relaciones extramatrimoniales y a mantener a las familias unidas. Podría perder su empleo, o por lo menos perder la posibilidad de un ascenso en su trabajo.

Una noche, cerca de una semana más tarde, Alex telefoneó a Elaine.

—Por favor, dame una oportunidad más. Pienso que nuestro matrimonio estaba en problemas mucho antes de que esto ocurriera. Sé que hubo cosas que estuve tratando de ignorar y estuve equivocado al hacer eso. Debí haber hablado de mis problemas de forma sincera contigo y con un consejero. Elaine, en realidad quiero salvar nuestro matrimonio y nuestra familia. ¿Irías a ver a alguien conmigo?

Al principio Elaine no sabía qué responder. ¿Tenía razón Alex? Quizá ella tenía parte de la culpa. Y él quería ver a un consejero.

—Está bien —respondió al fin—. Te daré una oportunidad.

Antes de que la semana terminara, Alex se mudó de la YMCA y regresó a la casa. Pudo tener una breve conversación con Harriet, diciéndole que todavía la amaba pero que no podía divorciarse... no todavía.

Durante las sesiones de consejería, Alex trató de explicar sus sentimientos acerca de por qué sentía que el matrimonio había ido mal... y por qué guardaba resentimiento contra Elaine. «Alex», dijo el consejero, «necesitas especificar por qué creíste que tu matrimonio estaba mal. Seamos específicos».

Alex fue específico y habló acerca de la indiferencia sexual de Elaine, su falta de interés por su carrera y la falta de voluntad para compartir las actividades que él disfrutaba. Luego mencionó los incesantes reproches acerca del mantenimiento de la familia, aunque ella nunca había tenido que salir a trabajar.

Mientras Elaine escuchaba, se comenzó a preguntar si quizá una buena parte del problema no era su culpa después de todo.

Luego el consejero, poniendo las cosas en claro, le pidió a Alex que fuera totalmente honesto. ¿Estaba todavía enamorado de Harriet?

«Sí, lo estoy», dijo Alex con una mezcla de vergüenza y desafío. A Alex no le molestaba decir que había reanudado su relación y que todavía pasaban la hora del almuerzo en el departamento de Jake. El consejero no lo preguntó.

En los meses siguientes Alex logró mantenerse en consejería y continuar su relación con Harriet. Él engañó tanto a Elaine como al consejero haciéndoles creer que estaba interesado en serle fiel de modo permanente a su esposa. Aprendió a ser más cuidadoso y menos impulsivo en sus frecuentes encuentros con Harriet.

¿Son siempre eternos los triángulos?

Alex, Elaine y Harriet parecen estar atrapados en un eterno triángulo, y no es tan difícil imaginar cómo esto ocurrió. Cuando Alex y Elaine se casaron, los balances en sus cuentas del banco del amor se mantenían usualmente altos. Pero como las expectativas no se vieron respondidas y las necesidades no fueron satisfechas, Alex se volvió vulnerable a otra persona que sí satisfizo sus necesidades emocionales importantes. Después de ese primer almuerzo, la cuenta de Harriet en el banco del amor de Alex subió con rapidez. La relación se desarrolló y Alex se encontró enamorado de dos mujeres en lugar de una sola. Ahora se encontraba encerrado en una prisión, no podía vivir sin ninguna de las dos. Cada una satisfacía algunas de sus necesidades emocionales que no eran satisfechas por la otra.

Por lo tanto, ¿qué van a hacer Alex y Elaine —y Harriet— de aquí en adelante? En mis primeros años de práctica clínica un hombre como Alex podía engañarme, pero cuando traté de ayudar a parejas como Alex y Elaine pronto detecté un modelo distintivo. Traté de utilizar distintos métodos y aproximaciones, pero nada funcionaba de modo eficiente. Mandaba a los cónyuges errantes a retiros para que pensaran bien; traía a sus pastores, cuando era posible, para darles apoyo y aliento moral. Trabajé sobre la premisa de que un nuevo *compromiso* podría cambiar la conducta de los hombres como Alex. La experiencia probó que estaba equivocado.

Al final di con el concepto de la «abstinencia total» utilizado para tratar a los alcohólicos. Si Alex y Elaine vinieran a mí hoy les plantearía reglas estrictas para que Alex no viera nunca más a Harriet. Para asegurarme de que él mantuviera su fidelidad a este principio, le diría a Alex que le diera a Elaine un calendario de todo lo que hace durante las veinticuatro horas del día. Si Alex grita: «¡Eso es injusto!», simplemente diría: «Sé que esto parece un juego de niños e injusto además, pero tenemos un problema muy serio aquí. Tú dices que no verás más a Harriet. Si quieres renunciar a ella no tendrás ningún problema en proveerle a Elaine un horario para que ella pueda sentirse segura acerca de contactarse contigo a cualquier hora. Más aun, deberás llamarla periódicamente solo para reportarte de vez en cuando».

¿Funciona este chequeo de veinticuatro horas por día? Les aseguro que es algo mejor que solo *confiar* en Alex. Por otro lado hay que admitir que hay un retroceso real al arreglar este tipo de vigilancia para alguien como Alex. La cuenta de Elaine no subirá con rapidez cuando chequea lo que él hace y mientras su esposo tenga que hacer llamadas para reportarse con ella. En un principio estas acciones causan más extracciones de su banco del amor, ya que Alex se sentirá enojado e irritado.

Es evidente que queremos lograr más que dejar a Alex sintiéndose como si tuviera un oficial de libertad condicional. De forma típica un cónyuge implicado, confrontado de este modo, responde con la depresión total. Él está tratando de salvar su matrimonio, pero se siente miserable. Ahora alejado de Harriet —alguien a quien ama mucho y que satisfizo algunas de sus necesidades emocionales más importantes— y con el sistema de chequeo en marcha, se siente atrapado.

Paso 4: Comiencen a satisfacer las necesidades del otro

El cuarto paso en mi programa para sobrevivir a una relación extramatrimonial les provee la forma de salir de la trampa. Elaine debe aprender a satisfacer las necesidades emocionales que satisfizo Harriet. Me doy cuenta de que el que falló fue Alex, pero Elaine debe ser sincera acerca de las necesidades insatisfechas que lo hicieron a él vulnerable.

Si todo va bien, Elaine se hará más disponible para Alex sexualmente y comenzará a acompañarlo en algunas de sus actividades favoritas. Algo ideal sería que leyera libros acerca de computadoras y programación para entender mejor qué hace él para ganarse la vida, y para rematar ella podría darle algo de apoyo y dejar de quejarse porque no trae suficiente dinero o no hace determinadas cosas en la casa.

Todo esto podría tomar varias semanas o aun meses. Es probable que Alex no le hubiera mostrado suficiente afecto a Elaine, y esa es la razón por la que ella lo rechazaba sexualmente. Sumado a eso, Alex necesitaría algo de entrenamiento para hablar con Elaine. En lugar de simplemente juzgar a su esposa por no estar interesada en su mundo de computadoras, debería aprender cómo hablar con ella de *sus* intereses y sentimientos. Elaine necesita profundamente la conversación de calidad que Alex había compartido con Harriet.

Es obvio que la necesidad femenina de honestidad y franqueza de Elaine ha sido seriamente dañada. Alex tendrá que trabajar duro y mucho para volver a ganar su confianza, pero lo puede lograr.

Si yo aconsejara a Alex y Elaine, enfatizaría mucho el punto de que Elaine ha comenzado un largo e irregular camino. En realidad, al principio ella debería esperar muy pocos beneficios por sus esfuerzos. Elaine no debería suponer que como resultado de todos los cambios en su conducta Alex de repente se volverá más amoroso, cuidadoso y fiel. Como ya lo señalé, Alex al principio reaccionará con depresión. Si él describiera sus pensamientos honestamente, le diría a Elaine que piensa mucho tiempo en Harriet. Elaine todavía debería esperar mucha mentira y engaño de parte de Alex durante un cierto período de tiempo. Alex se sentirá tentado de tratar de escaparse sin ser visto para encontrarse con Harriet otra vez.

No importa lo bien que Elaine satisfaga las necesidades de Alex, él permanecerá enamorado de Harriet por algún tiempo todavía. Alex y Elaine pueden reedificar su matrimonio tratando de satisfacer las cinco necesidades básicas de cada uno. Pueden volver a encender las llamas de su propio amor, pero todos sus esfuerzos no pueden extinguir la llama de amor que se inició con la relación entre Alex y Harriet. Esta puede arder poco, pero es posible que nunca se apague por completo.

De la misma forma que un alcohólico permanece adicto al alcohol por el resto de su vida y nunca se atrevería a probar otro trago, Alex será vulnerable a Harriet de por vida y no debería verla otra vez.

Cuando le digo a una esposa que su marido errante siempre será vulnerable a su amante, la reacción típica es por lo general de desesperación.

—¿Entonces por qué debería quedarme con él después de todo? —preguntan ellas por lo general.

—Porque lo amas y quieres sobrevivir a este desagradable enredo —le respondo—. No me gusta decir esto más de lo que te gusta oírlo, pero lo he visto ocurrir demasiadas veces. *Debes* aceptar el hecho de que tu esposo será vulnerable a la otra mujer. Pero eso no significa que no puedes edificar un amor más fuerte entre los dos.

He comprobado que romper la relación de un hombre con su amante cuando este se reconcilia con su esposa es más difícil que romper la relación de una mujer con su amante. No estoy seguro de por qué esto es así. Quizá las mujeres se sienten más incómodas amando a dos hombres, mientras que los ellos se ajustan mejor a las relaciones múltiples. A través de la historia, en el sistema común de la poligamia, los hombres han sostenido a varias mujeres, pero en la mayoría de las sociedades no se les ha permitido a las mujeres hacer lo mismo. Por lo general los sociólogos han asumido que esta discriminación tenía una base económica (los hombres podían sostener a muchas mujeres, mientras que las mujeres habitualmente no podían sostener a los hombres), pero la razón puede también ser emocional: a los hombres les gusta tener varias esposas, mientras que a las mujeres no les gusta tener varios maridos.

Cuando un hombre recupera a su esposa después que ella ha tenido una relación extramatrimonial y aprende a satisfacer sus necesidades, él tiene poco de qué preocuparse. Mis experiencias de consejero han mostrado que cuando una mujer involucrada en otra relación vuelve a su marido y encuentra sus necesidades satisfechas, su amante no la tienta más.

Pero con los maridos involucrados en relaciones extramatrimoniales tenemos un problema más serio. He visto a los maridos edificar nuevas relaciones con sus esposas, pero vuelven a sus amantes después de cinco o seis años de lo que ocurrió. Cuando les pregunto por qué, siempre me dicen que extrañan a la mujer terriblemente y que todavía la aman. Al mismo tiempo afirman que aman a sus esposas y que nunca pensarían en dejarlas.

Creo que un hombre como este ha dicho la verdad. Está en realidad enredado y necesita toda la ayuda posible para mantenerse fuera del alcance de su amante y permanecer fiel a su esposa. A menudo recomiendo que un hombre involucrado en una relación venga a verme cada tres o seis meses durante un tiempo indefinido, solo para hablar de cómo andan las cosas y para hacerme saber con cuánto éxito ha podido alejarse de su amante. Él debe resignarse a vivir para siempre sin ella. En realidad no debe trabajar con su amante y debería vivir en alguna otra ciudad o estado. Y aun con esas restricciones el deseo de su compañía subsiste.

Tu matrimonio llegará a ser más fuerte que nunca

Cuando finalmente hayan aprendido a satisfacer las necesidades emocionales más importantes del otro, tu amor y tu matrimonio se fortalecerán más que nunca. Una persona que descubre que su cónyuge está involucrado en otra relación experimenta uno de los golpes más duros que la autoestima puede aguantar. También comienza una lucha constante que pone a ambos en una situación emocional difícil. Pero una vez que han resistido lo suficiente, descubren que se aman el uno al otro mucho más. En realidad, muchas parejas me dicen que han construido un mejor matrimonio de lo que hubieran podido si no hubiera aparecido la otra relación que los propulsó hacia una acción constructiva. Estas relaciones desencadenan un trabajo conjunto para satisfacer las necesidades básicas. Una vez que comienzan a satisfacer estas necesidades, tu matrimonio llega a ser lo que debió haber sido siempre.

En casi todos los casos que he aconsejado, cuando la pareja ha estado fielmente adherida al programa que les di, ha desarrollado una relación mejor que nunca antes. La gente me dice que nunca pueden amar o confiar después que el cónyuge se ha visto envuelto en una relación extramatrimonial. Sé que esto no es cierto. ¡Restaurar la relación conlleva un largo proceso, pero puede lograrse!

14

DE INCOMPATIBLE
A IRRESISTIBLE

Para concluir, necesitamos hacer un breve estudio de dos palabras importantes: *incompatible* e *irresistible*.

Dentro de las definiciones de estas palabras subyace la clave para entender este libro y aplicarlo a tu propio matrimonio. Según el diccionario, la definición de *incompatible* es: «sin armonía, antagonista». La definición de *irresistible* es: «tener un atractivo muy poderoso».

Cuando una esposa y un esposo no pueden convivir, podemos describirlos como *incompatibles*. Sin embargo, en un tiempo hubiéramos dicho que eran irresistibles el uno para el otro. Debido a que se encontraron irresistibles es que hicieron un compromiso para casarse de por vida. Las parejas comienzan por ser irresistibles y solo llegan a ser incompatibles al tiempo que dejan de satisfacer las necesidades del otro. Cuando otra persona fuera del matrimonio se ofrece para satisfacer estas necesidades, comienza una relación extramatrimonial. Entonces el (la) amante se convierte en «irresistible».

Pero darle al amante ese título puede ser algo engañoso. El amante pocas veces es «irresistible por completo». En la mayoría de las relaciones él o ella solo satisfacen algunas —por lo general una o dos— de las necesidades básicas del cónyuge involucrado. El cónyuge traicionado todavía satisface las otras tres o cuatro necesidades básicas. Como he tratado de mostrar una y otra vez, él o ella sienten una necesidad fuerte de ambas personas: el cónyuge que quedó en casa y su amante. El pensamiento de perder a cualquiera de los dos parece insoportable.

Algunos de los que he aconsejado han podido decidir entre los dos. Algunos eligen al cónyuge, otros eligen a su amante. En ambos casos se mueven de la culpa y la vergüenza a la lamentación y el dolor. Se sienten y actúan deprimidos porque las necesidades una vez satisfechas quedan ahora sin satisfacer.

Por ejemplo, cuando un esposo vinculado a este problema elige volver con su esposa, a menudo siente que ha hecho un enorme sacrificio por su familia. En la mayoría de los casos ha sido forzado a no satisfacer sus relaciones sexuales, quizá las primeras que haya conocido en su vida. Cualquier sentimiento bueno que puede derivar de «haber hecho lo correcto» no menguará su dolor ni enfriará su resentimiento ante la pérdida de lo que tenía en la otra relación.

Si este hombre involucrado elige a su amante, se siente insoportablemente culpable y lleno de vergüenza por haber abandonado a una esposa que lo ha cuidado y atendido de muchas maneras. Si hay hijos, la culpa y la vergüenza se multiplican con rapidez. Otra mentira que se emite en los programas de entrevistas por televisión, así como en los libros y artículos escritos por psicólogos populares, es que el divorcio no necesariamente daña a los chicos. En algunas condiciones excepcionales un divorcio puede ser el menor de dos males, por ejemplo cuando en un matrimonio hay severo alcoholismo, abuso infantil (y de la esposa), locura, y cosas como esas. Pero en la vasta mayoría de casos que he aconsejado, el divorcio devasta a los chicos. Razonar de otra manera no solo es estúpido, sino cruel.

En mi experiencia, el cónyuge atrapado en otra relación sale de esta experiencia relativamente sano cuando él o ella eligen resolver la incompatibilidad en casa y reedificar el matrimonio. Aquellos a quienes he aconsejado que han abandonado su matrimonio sin un esfuerzo por mejorarlo sufren mucha culpa y pierden una oportunidad de aprender cómo tener un matrimonio exitoso. Muchos de esos individuos me ven años más tarde con los mismos problemas en sus matrimonios con los amantes. Cuando consiguen resolverlos, comprenden que podrían haber usado esos principios para salvar sus primeros matrimonios.

La cura para la incompatibilidad: ocuparse a tiempo completo de satisfacer las necesidades emocionales más importantes del otro

La cura más rápida para la incompatibilidad y el camino más rápido para llegar a ser irresistible se hallan en satisfacer las necesidades emocionales más importantes del otro. Las parejas felizmente casadas ya están atentas a este principio y han aprendido cómo hacer de sus matrimonios la más alta prioridad. Pero estas parejas no solo hacen el esfuerzo, sino que lo ubican en los *lugares correctos*.

He visto funcionar este principio en muchas situaciones diferentes. Por ejemplo, una vez manejé un servicio de citas en el área de Twin Cities. Un servicio de citas está diseñado para ayudar a que la gente con intereses y objetivos comunes se encuentre. Al poco tiempo de iniciar el servicio comencé a ver un problema muy real. Aquellos que estaban registrados —cerca de quinientos— necesitaban más que justo una oportunidad para satisfacerse el uno al otro. Casi sin excepción, a esta gente le faltaban capacidades para satisfacer las necesidades de su pareja. No obstante, cada uno de ellos buscó con afán a otra persona que tuviera las capacidades suficientes para satisfacer *sus* necesidades y que cuidara de ellos. Se quejaron de que solo encontraron gente egoísta e insensible. Pero por supuesto ellos no podían ver su propio egoísmo y falta de sensibilidad.

Por lo tanto, reorganicé el servicio de citas. En lugar de ayudar a mis suscriptores a encontrar gente elegible, les ayudé a llegar a ser gente elegible que los demás quisieran conocer, desarrollando capacidades y otras cualidades que los harían atractivos para el sexo opuesto.

Algunos de estos suscriptores al servicio de citas se adhirieron a mi nuevo concepto y realizaron en serio los esfuerzos necesarios para llegar a ser habilidosos en satisfacer las necesidades de la gente. Para estos hombres y mujeres mi sistema de citas fue un gran éxito. En realidad, encontraron que no necesitaban un servicio de citas para conocer a otra persona. Sus habilidades recién adquiridas les hicieron atractivos para el sexo opuesto sin importar a dónde fueran. Muchos se casaron antes de los dos años.

Creo que los fracasos de nuestra sociedad al entrenar a la gente para satisfacer las necesidades de los otros —en especial las necesidades del cónyuge— han contribuido mucho a nuestro alto índice de divorcios. El matrimonio no es una institución simple a la que todos entran porque él o ella «se enamoran y viven felices para siempre». Mientras fracasemos en ver al matrimonio como una relación compleja que requiere entrenamiento especial y habilidades para satisfacer las necesidades de un miembro del sexo opuesto, continuaremos viendo un desalentador y devastador número de divorcios.

Los niños debieran ser entrenados a una edad muy temprana para que aprendan cómo satisfacer las necesidades y expectativas que caerán sobre ellos cuando se casen algún día. No hay razón para que veamos tantos matrimonios que apenas se mantienen unidos o son desviados hacia otras relaciones.

Buena parte de este libro trata el tema de lo que la gente acostumbra llamar «malos» matrimonios, esos que se enredan en las relaciones extramatrimoniales y los divorcios. He tratado de aconsejar sobre cómo evitar una relación extramatrimonial o sobrevivir a ella. Pero en verdad puedes usar estos consejos para matrimonios normales y transformarlos en relaciones notables en las que los cónyuges se encuentran mutuamente irresistibles. Lo bueno es que no necesitas soñar con «llegar a ser irresistible», esperando que esto ocurra siempre y cuando encuentres el champú, el desodorante o el perfume correctos. Démosle una mirada rápida a lo que hace falta para ser un hombre o una mujer irresistibles.

El hombre irresistible

Cualquier marido puede llegar a ser irresistible para su esposa aprendiendo a satisfacer sus cinco necesidades emocionales más importantes.

1. *Afecto.* Su esposo le dice que la ama con palabras, tarjetas, flores, regalos y actos de cortesía comunes. Él la abraza y la besa muchas veces al día, creando un entorno de afecto que expresa clara y repetidamente su amor por ella.

2. *Conversación.* Aparta tiempo cada día para hablar con ella. Pueden hablar acerca de los acontecimientos en sus vidas, sus hijos, sus sentimientos o sus planes. Pero cualquiera sea el tema, ella disfruta la conversación porque nunca se hace en tono de juicio, siempre es informativa y constructiva. Ella habla con él cuanto quiera, y responde con interés. Él nunca está demasiado ocupado «solo para hablar».

3. *Honestidad y franqueza.* Él le dice todo acerca de sí mismo, sin dejar nada que pueda sorprenderla más tarde. Describe sus sentimientos positivos y negativos, hechos de su pasado, su agenda diaria y sus planes para el futuro. Nunca la deja con una falsa impresión y es veraz acerca de sus pensamientos, sentimientos, intenciones y conducta.

4. *Sostén financiero.* Él asume la responsabilidad de proveer para la casa y alimentar y vestir a la familia. Si sus ingresos son insuficientes para proveer el sostén esencial, él resuelve el problema preparándose para incrementar su salario. No trabaja muchas horas para no separarse de su esposa y familia, y puede proveer el sostén necesario trabajando de cuarenta a cuarenta y cinco horas semanales. Mientras alienta a su esposa a que siga una carrera, él no necesita depender de su salario para los gastos.

5. *Compromiso familiar.* Compromete suficiente tiempo y energía para el desarrollo educativo y moral de los chicos. Les lee, se involucra en el deporte y les invita a salir. Lee libros y asiste a charlas con su esposa sobre el tema del desarrollo de los niños para poder prepararlos bien. Discuten los métodos de entrenamiento y los objetivos hasta que se ponen de acuerdo. Él no procede con ningún plan de disciplina sin la aprobación de la esposa. Reconoce que su cuidado de los chicos es muy importante para ella.

Cuando una mujer encuentra un marido que exhibe las cinco cualidades, lo encontrará irresistible. Pero he aquí una advertencia: Si él exhibe solo cuatro de ellas, la esposa todavía experimentará un vacío que siempre pedirá ser satisfecho. Cuando de satisfacer las cinco necesidades se trata, darle a los ochocientos no es suficiente. Cada marido debe procurar alcanzar los mil.

La mujer irresistible

Una esposa se vuelve irresistible para su esposo aprendiendo a satisfacer sus cinco necesidades emocionales más importantes.

1. *Plenitud sexual.* Su esposa satisface su necesidad llegando a ser una compañera sexual excelente. Estudia sus propias respuestas sexuales para reconocer y entender lo que hace surgir lo mejor de ella; luego comparte esta información con él, y juntos aprenden a tener una relación sexual que ambos encuentran repetidamente satisfactoria y agradable.

2. *Compañía recreativa.* Desarrolla un interés en las actividades recreativas que él disfruta y trata de llegar a ser buena en ellas. Si ella encuentra que no las puede disfrutar, le alienta a considerar otras actividades que puedan disfrutar juntos. Ella llega a ser su compañera recreativa favorita, y él la asocia con sus mejores momentos de relajación.

3. *Atractivo físico.* Ella se mantiene físicamente atractiva con dieta y ejercicio, y se peina, se maquilla y se viste de una manera que él encuentra atractiva y de buen gusto. Él se siente atraído por ella en privado y orgulloso de ella en público.

4. *Sostén doméstico.* Acomoda su casa, que le ofrece a él un refugio de las presiones de la vida. Logra organizar las tareas de la casa de una forma que le anima a él a pasar su tiempo en su hogar disfrutando con su familia.

5. *Admiración.* Ella lo entiende y aprecia mucho más que todos. Le recuerda de sus valores y logros, y le ayuda a mantener su

autoestima. Evita criticarlo. Está orgullosa de él, no por obligación, sino por un profundo respeto hacia el hombre que ella eligió para casarse.

Cuando un hombre encuentra una esposa que exhibe las cinco cualidades, la encontrará irresistible. Pero otra vez la misma nota de advertencia debe ser tomada en cuenta para ella tanto como para él. Si la esposa exhibe solo cuatro de las necesidades básicas emocionales más importantes, el esposo todavía experimentará un vacío que puede generar problemas. Como él, ella debe darle a los mil cuando de la satisfacción de las necesidades básicas se trata. Contentarte con satisfacer tres o cuatro de sus necesidades básicas no te hará irresistible por completo.

Descubre tus necesidades emocionales más importantes y las de tu cónyuge

Mientras voy terminando, puedes permanecer inseguro todavía de que las necesidades emocionales que he descrito son *tus* necesidades más importantes... o las más importantes de tu cónyuge.

Con toda honestidad, no puedo decir cuál de estas necesidades se aplica a ti o tu pareja. Por lo tanto, he provisto una oportunidad para que tú y tu cónyuge averigüen por ustedes mismos.

En el apéndice A, he escrito una breve descripción de cada una de las diez necesidades emocionales. Luego, en el apéndice B, hay un «Cuestionario de necesidades emocionales» para que completes. El cuestionario te ayudará a determinar cuáles de las diez necesidades básicas son más importantes para ti y tu cónyuge.

El «Cuestionario de necesidades emocionales» debería ser aumentado con una fotocopiadora para que tengas más espacio para escribir tus respuestas. Y necesitarás hacer dos copias del cuestionario, una para ti y una para tu cónyuge. Antes de que las completes, asegúrate de leer el apéndice A para que te familiarices con todas las diez necesidades emocionales.

En la última página del cuestionario tienes una oportunidad de calificar las diez necesidades en orden de importancia para ti. Esta calificación final le ayuda a tu cónyuge a poner tus necesidades emocionales en perspectiva. Él o ella sabrán dónde hacer el mayor esfuerzo para alcanzar tu felicidad si calificas las necesidades con honestidad.

Evita la tentación de poner solo las necesidades *insatisfechas* en la parte superior de la lista. Algunas de tus necesidades más importantes pueden ya estar satisfechas. No uses la lista solo para llamar la atención de tu cónyuge; utilízala para describir tus necesidades con precisión. Recuerda, las necesidades en la parte superior de la lista deberían ser aquellas que te dan mayor placer cuando están satisfechas y te frustran más cuando están insatisfechas.

He estado diciendo a lo largo de este libro que si bien hombres y mujeres comparten la mayoría de las diez necesidades básicas, el orden de prioridades es por lo general inverso. Las primeras cinco necesidades para los hombres son las últimas para las mujeres, y las primeras cinco para mujeres son las últimas cinco para los hombres. Cuando le indicas con claridad la prioridad de tu necesidad a tu cónyuge, él o ella puede invertir energía y atención donde te beneficia más.

Pocas experiencias igualan a la de enamorarse. Pero muchas parejas no se dan cuenta de que el amor necesita nutrición y cuidado constantes. He tratado de darles algunas directrices para proveer ese cuidado y edificar un matrimonio que puede mejorar cada vez más. Se requiere un trabajo duro y voluntad para aprender nuevas habilidades, pero cuando lo has hecho, habrás aprendido una de las lecciones más valiosas de la vida.

Tanto tú como tu cónyuge deberían completar sus copias del cuestionario para que esto les ayude a comunicar tanto sus necesidades como lo que están haciendo para satisfacerlas. Con el aumento de la comprensión que viene a través de esta comunicación, espero que puedan edificar un matrimonio exitoso y duradero.

Apéndice A

Las necesidades emocionales más importantes

Antes de que completen el «Cuestionario de necesidades emocionales» en el apéndice B, revisen las siguientes diez necesidades emocionales más importantes.

Afecto

En forma simple, el afecto es la expresión del amor. Simboliza seguridad, protección, comodidad y aprobación... todos ingredientes vitales importantes en cualquier relación. Cuando un cónyuge es afectuoso hacia el otro, envía los siguientes mensajes:

1. Tú eres importante para mí, y te cuidaré y protegeré.
2. Estoy preocupado por los problemas que enfrentas y estaré allí cuando me necesites.

Un abrazo puede decir esas cosas. Cuando abrazamos a nuestros amigos y familiares, les estamos demostrando nuestro afecto e interés por ellos. Y hay otras formas de mostrar nuestro afecto... una tarjeta de saludo, una nota que diga: «Te amo», un ramo de flores, tomarse de las manos, dar caminatas después de la cena, una palmada en la espalda, las llamadas por teléfono, y las conversaciones con expresiones de amor y cariño, son todas cosas que pueden comunicar afecto.

El afecto es, para muchos, el cemento fundamental de una relación. Sin él mucha gente se siente alienada por completo. Con él se llega a estar emocionalmente vinculado. Si te sientes dichosa cuando tu cónyuge es afectuoso y te sientes terrible cuando no hay suficiente afecto, posees la necesidad emocional del afecto.

Plenitud sexual

Muchas veces confundimos sexo y afecto. El afecto es un acto de amor no sexual y puede ser recibido de amigos, familiares, niños, o aun de las mascotas. Sin embargo, los actos que pueden mostrar afecto, tales como abrazar y besar, pero que se hacen con una motivación sexual, están comprendidos en el sexo, no en el afecto.

La mayoría de la gente sabe si necesita sexo o no, pero en el caso de que hubiese incertidumbre, puntualizaré algunos de los síntomas más obvios.

Una necesidad sexual por lo general antecede a tu relación actual y es en algún sentido independiente de esta relación. Aunque pudiste haber descubierto un profundo deseo de hacer el amor con tu cónyuge desde que te enamoraste, esto no es la misma cosa que una necesidad sexual. Querer hacer el amor cuando estás enamorado a veces es un mero reflejo de querer estar emocional y físicamente cerca.

Las fantasías sexuales son usualmente una señal absoluta de una necesidad sexual. Las fantasías en general son buenos indicadores de las necesidades emocionales... tus fantasías más comunes casi siempre reflejan tus necesidades más importantes. Si te has imaginado lo que sería satisfacer tu necesidad sexual de las maneras más plenas, probablemente tengas una necesidad sexual. Cuanto más se use la fantasía, más grande es tu necesidad. Y la forma en que se satisface tu necesidad sexual en la fantasía es por lo general un buen indicador de tu predisposición y orientación sexual.

Cuando te casaste, tú y tu cónyuge se prometieron fidelidad el uno al otro de por vida. Esto significa que acordaron ser compañeros sexuales «hasta que la muerte los separe». Hicieron este compromiso porque confiaban en que el otro satisfaría sus necesidades sexuales, estaría sexualmente disponible y sería receptivo. La necesidad de sexo, por lo tanto, es una necesidad muy exclusiva, y si la tienes, dependerás mucho de tu cónyuge para satisfacerla. No tienes otra elección ética.

Conversación

A diferencia del sexo, la conversación no es una necesidad que se satisfaga de forma exclusiva en el matrimonio. Nuestra necesidad de conversación puede éticamente ser alcanzada por casi todos. Pero si es una de tus necesidades emocionales más importantes, quien sea que lo satisfaga mejor depositará tantas unidades de amor como para que te enamores de esa persona. Por tanto, si es tu necesidad, asegúrate de que sea tu cónyuge el que la satisfaga a menudo y mejor.

Los hombres y las mujeres no tienen demasiada dificultad en hablarse durante el noviazgo. Ese es un tiempo de reunir información para ambos. Están sumamente motivados en descubrir los gustos y las aversiones, el historial personal, los intereses comunes y los planes para el futuro.

Pero luego de la boda muchas mujeres encuentran que el hombre con el cual pasaban horas conversando por teléfono ahora parece haber perdido todo interés en hablar con ella y pasa su tiempo libre frente al televisor o leyendo. Si tu necesidad de conversación fue satisfecha durante el noviazgo, esperas que se satisfaga en el matrimonio.

Si ves la conversación como una necesidad práctica, primordialmente como un medio para un fin, es probable que no tengas mucha necesidad de ella. Pero si sientes con fuerza la necesidad de hablar con alguien, si levantas el teléfono solo porque tienes ganas de hablar, si te gusta la conversación por sí misma, considérala como una de tus necesidades emocionales más importantes.

Compañía recreativa

Una necesidad de compañía recreativa combina dos necesidades en una: la necesidad de comprometerse en actividades recreativas y la necesidad de tener una compañera.

Durante el noviazgo, es probable que tú y tu cónyuge fueran los compañeros favoritos recreativos de cada uno. No es nada fuera de lo común que las mujeres se unan a los hombres para ir de cacería, pescar, mirar el fútbol, u otras actividades que nunca elegirían para sí. Simplemente quieren pasar cuanto más tiempo sea posible con el hombre que quieren y eso significa ir a donde él va.

Lo mismo es cierto para los hombres. Los centros comerciales no son lugares poco familiares para los hombres enamorados. Ellos también llevan a sus novias a cenar, a mirar películas románticas, y asisten a conciertos y obras de teatro. Aprovechan cada oportunidad para estar con la persona que quieren y tratan de disfrutar las actividades para garantizar más citas en el futuro.

No niego que el matrimonio cambia una relación en forma notable. ¿Pero tiene que ser el final de las actividades que les ayudaron a construir una relación compatible? ¿No puede ser para un esposo su esposa la mejor compañera recreativa y viceversa? Si las actividades recreativas son importantes para ti y te gusta tener a alguien que te acompañe para ser plenamente feliz, incluye la compañía recreativa en tu lista de necesidades. Piensa en esto por un momento en términos del banco del amor. ¿Cuánto disfrutas estas actividades y cuántas unidades de amor depositaría tu cónyuge cuando la disfrutan juntos? ¡Qué desperdicio sería si algún otro pudiera acreditarse todas esas unidades de amor! Y si es alguien del sexo opuesto, sería mucho más peligroso.

¿Quién debería obtener el crédito de todas esas unidades de amor? El que amas más, tu cónyuge. Por eso precisamente es que aliento al esposo y la esposa a que sean la compañía recreativa favorita del otro. Es una de las maneras más simples de depositar unidades de amor.

Honestidad y franqueza

La mayoría de nosotros quiere una relación honesta con nuestro cónyuge. Pero algunos tenemos una necesidad de tal relación porque la honestidad y franqueza nos dan una sensación de seguridad.

Para sentirnos seguros, queremos información precisa acerca de los pensamientos, sentimientos, hábitos, gustos, aversiones, historia personal, actividades diarias y planes para el futuro de nuestro cónyuge.

Si un cónyuge no provee comunicación honesta y franca, la confianza puede quedar minada y los sentimientos de seguridad pueden ser con el tiempo destruidos. No podemos confiar en las señales que se nos manden y no tenemos fundamento sobre el cual construir una relación sólida. En vez de apoyarnos el uno en el otro, nos sentimos fuera de balance; en lugar de crecer juntos, crecemos separados.

Aparte de las consideraciones prácticas de la honestidad y la franqueza, algunos nos sentimos felices y plenos cuando nuestro cónyuge nos revela sus pensamientos privados. Y nos sentimos muy frustrados cuando nos los oculta. Esa reacción es evidencia de una necesidad emocional que debería ser satisfecha en el matrimonio.

Un cónyuge atractivo

Para mucha gente la apariencia física puede llegar a ser una de las fuentes más grandes de unidades de amor. Si tienes esta necesidad, una persona atractiva no solo te llamará la atención, sino que puede distraerte de lo que estés haciendo. En realidad eso es lo que primero te pudo haber atraído de tu cónyuge... su apariencia física.

Hay algunos que consideran que esta necesidad es temporal e importante solo al comienzo de la relación. Después de que una pareja llega a conocerse mejor, algunos piensan que el atractivo físico debería pasar a un segundo plano y dar lugar a necesidades más profundas e íntimas.

Pero esa no ha sido mi experiencia ni la de mucha gente a la que he aconsejado, en especial cuando se trata de los hombres. Para muchos, la necesidad de un cónyuge atractivo continúa a través de todas las etapas del matrimonio, y solo el ver que el cónyuge luce atractivo deposita unidades de amor.

Entre los varios aspectos del atractivo físico, el peso por lo general tiene la mayor atención. No obstante, la elección de la ropa, el peinado, el maquillaje y la higiene personal también se unen para hacer a una persona atractiva. Esto puede ser algo muy subjetivo, y solo tú puedes juzgar lo que es atractivo para ti.

Si el hecho de que tu cónyuge sea atractivo te hace sentir bien y la pérdida de ese atractivo te hace sentir muy frustrado, deberías probablemente incluir esta categoría en tu lista de necesidades emocionales importantes.

Sostén financiero

La gente a menudo se casa por la seguridad financiera que provee su cónyuge. En otras palabras, una parte de la razón por la que se casa es el dinero. ¿Es el sostén financiero una de tus necesidades emocionales importantes?

Puede ser difícil para ti saber cuánto necesitas el sostén financiero, en especial si tu cónyuge ha ganado mucho siempre como empleado. ¿Pero qué hubiera ocurrido si, antes de la boda, tu cónyuge te hubiera dicho que no esperaras ingresos de él o de ella? ¿Habría esto afectado tu decisión de casarte? ¿O qué ocurriría si tu cónyuge no pudiera encontrar trabajo y tuvieras que sostenerlo financieramente de por vida? ¿Eso restaría unidades de amor?

Puedes tener una necesidad de sostén financiero si esperas que tu cónyuge se gane la vida. Pero definitivamente tienes esa necesidad si no esperas ganarte la vida por ti mismo, al menos durante parte de tu matrimonio.

¿Qué constituye el sostén financiero? ¿Ganar lo suficiente como para comprar todo lo que puedas desear o ganar lo suficiente como para poder vivir? Diferentes parejas tienen respuestas variadas a esta pregunta, y las mismas parejas pueden contestar distinto en diferentes etapas de la vida. Pero, como muchas de estas necesidades emocionales, el sostén financiero es un tema difícil de hablar. Como resultado, muchas parejas tienen expectativas ocultas, suposiciones y resentimientos. Trata de entender lo que esperas de tu cónyuge financieramente para sentir plenitud. ¿Y qué sería necesario para que te sientes frustrado? Tu análisis te ayudará a determinar si tienes una necesidad de sostén financiero.

Sostén doméstico

La necesidad de sostén doméstico es una bomba de tiempo. Al principio parece irrelevante, un retroceso a tiempos más primitivos. Pero para muchas parejas, la necesidad explota después de unos años de matrimonio, sorprendiendo tanto al marido como a la esposa.

El sostén doméstico incluye cocinar, fregar los platos, lavar y planchar la ropa, limpiar la casa y cuidar de los niños. Si te sientes muy bien cuando tu cónyuge hace todas estas cosas y muy enojado cuando no las hace, tienes la necesidad del sostén doméstico.

En generaciones anteriores, se asumía que todos los esposos tenían esta necesidad y que todas las esposas naturalmente las satisfarían. Los tiempos han cambiado, y las necesidades han cambiado con ellos. Ahora muchos hombres que aconsejo quisieran tener esposas para satisfacer las necesidades de afecto o conversación, necesidades que de forma característica eran de las mujeres. Y muchas mujeres, en especial las que optaron por carreras, sienten placer teniendo a sus maridos creando un ambiente bien organizado y lleno de paz en el hogar.

El matrimonio comienza por lo general con la voluntad de ambos cónyuges de compartir responsabilidades domésticas. Los recién casados casi siempre lavan los platos juntos, hacen la cama entre los dos, y se dividen las tareas de la casa. El esposo le da la bienvenida a una esposa que le ayuda en lo que tenía que hacer solo cuando era soltero. En este punto del matrimonio ninguno de ellos identificaría al sostén doméstico como una necesidad emocional importante. Pero la bomba de tiempo hace clic, clic, clic.

¿Cuándo explota la necesidad de sostén doméstico? ¡Cuando llegan los chicos! Los chicos crean grandes necesidades... tanto una necesidad más grande de ingresos familiares como de responsabilidades domésticas. La división previa de tareas comienza a ser obsoleta. Ambos cónyuges deben tomar nuevas responsabilidades... ¿y cuáles tomarán?

En este punto de tu matrimonio puedes no tener necesidad de sostén doméstico en general. Pero esto puede cambiar más tarde cuando tengan hijos. En realidad, tan pronto como esperen su primer niño se encontrarán cambiando sus prioridades de un modo dramático.

Compromiso familiar

Además de una necesidad más grande de ingresos y responsabilidades domésticas, la llegada de los hijos crea en mucha gente la necesidad de compromiso familiar.

Si no tienen hijos todavía, quizá no se den cuenta de esta necesidad, pero cuando llega el primero tiene lugar un cambio que no previste.

El compromiso familiar no significa solo cuidar de los niños: alimentarlos, vestirlos, o vigilarlos para que se encuentren seguros. El cuidado de los hijos cae bajo la categoría del sostén doméstico. El compromiso familiar, por otra parte, es ser responsables del desarrollo de los hijos, enseñándoles los valores de la cooperación y el cuidado de los demás. Es invertir tiempo de calidad con los hijos para ayudarles a desarrollarse hasta ser adultos exitosos.

La evidencia de esta necesidad es un pedido de ayuda a tu cónyuge para que se involucre en el desarrollo educacional y moral de sus hijos. Cuando él o ella te están ayudando a criarlos, sientes que has alcanzado tu realización plena, y cuando él o ella se niegan a colaborar en el desarrollo de los hijos sientes una gran frustración.

Todos queremos que nuestros hijos sean exitosos, pero si tienes la necesidad del compromiso familiar, la participación de tu cónyuge en las actividades familiares depositará grandes cantidades de unidades de amor. Y la falta de atención de tu cónyuge a sus hijos traerá grandes extracciones.

Admiración

Si tienes necesidad de admiración pudiste haberte enamorado de tu cónyuge en parte por sus cumplidos para ti. A algunas personas les encanta que se les diga que uno las aprecia. Tu cónyuge también puede haberse cuidado de no criticarte. Si tienes necesidad de admiración, la crítica te herirá profundamente.

Muchos tenemos un profundo deseo de ser respetados, valorados y apreciados por nuestro cónyuge. Necesitamos ser afirmados de forma clara y con frecuencia. No hay nada mal en sentir esto. ¡Hasta Dios quiere que le apreciemos!

La apreciación es una de las necesidades más fáciles de satisfacer. Solo una palabra de aprobación y listo, has hecho el día feliz para tu cónyuge. Por otro lado, también es fácil ser crítico. Una palabra trivial al contestar puede ser muy ofensiva para algunos, arruinando su día y extrayendo unidades de amor a un ritmo alarmante.

Tu cónyuge puede tener el poder de edificar o agotar su cuenta en el banco del amor con solo algunas palabras. Si te sientes afectado así de fácil, asegúrate de agregar la admiración a tu lista de necesidades emocionales importantes.

Apéndice B

CUESTIONARIO DE NECESIDADES EMOCIONALES

© 1986 por Williard F. Harley, Jr.

Nombre _____ Fecha _____

Este cuestionario está diseñado para ayudarte a determinar tus necesidades emocionales más importantes y evaluar la efectividad de tu cónyuge para satisfacer esas necesidades. Responde a todas las preguntas con tanta sinceridad como te resulte posible. No trates de minimizar ninguna necesidad que sientas que esté sin satisfacer. Si tus respuestas requieren más espacio, usa y adjunta una hoja más.

Tu cónyuge debería completar otro «Cuestionario de necesidades emocionales» para que pueda descubrir las necesidades de él o de ella y evaluar tu efectividad para satisfacerlas.

Cuando hayan completado este cuestionario, revísenlo por segunda vez para asegurarse de que sus respuestas reflejan sus sentimientos con precisión. No borren sus respuestas originales, sino táchenlas ligeramente para que ambos puedan ver qué han modificado y así conversen sobre esto.

La última página de este cuestionario les pide que identifiquen y califiquen cinco de las diez necesidades en el orden de importancia para cada uno. Las necesidades emocionales más importantes son aquellas que dan más placer cuando son satisfechas y frustran más cuando han quedado sin satisfacer. Resistan la tentación de identificar como más importantes solo aquellas necesidades que su cónyuge no está satisfaciendo. Incluyan todas sus necesidades emocionales según crean que son las más importantes.

Tienen el permiso de la editorial para fotocopiar el cuestionario y usarlo en su matrimonio. Les recomiendo que lo amplíen a un 125% para que tengan lugar de sobra para escribir sus respuestas.

1. Afecto. Mostrar amor a través de palabras, tarjetas, regalos, abrazos, besos y cortesías, creando un entorno que expresa amor de una forma clara y frecuente.

A. Necesidad de afecto: Indica cuánto afecto necesitas poniendo un círculo alrededor del número apropiado.

Cuando tu cónyuge no te demuestra afecto, ¿cómo te sientes? (Marca la letra que corresponda)
a. Muy triste   c. Ni feliz ni triste
b. Algo triste   d. Feliz por no recibir afecto

Cuando tu cónyuge te demuestra afecto, ¿cómo te sientes? (Marca la letra que corresponda)
a. Muy feliz   c. Ni feliz ni triste
b. Algo feliz   d. Triste por recibir afecto

B. Evaluación del afecto conyugal: Indica tu satisfacción con el afecto de tu cónyuge hacia ti marcando el número que corresponda.

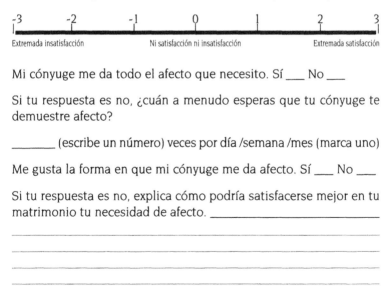

Mi cónyuge me da todo el afecto que necesito. Sí ___ No ___

Si tu respuesta es no, ¿cuán a menudo esperas que tu cónyuge te demuestre afecto?

_____ (escribe un número) veces por día /semana /mes (marca uno)

Me gusta la forma en que mi cónyuge me da afecto. Sí ___ No ___

Si tu respuesta es no, explica cómo podría satisfacerse mejor en tu matrimonio tu necesidad de afecto. _____

_____

_____

_____

_____

_____

2. Plenitud sexual. Una relación sexual que provoca una respuesta sexual predecible y placentera en ambos, y que es además lo suficiente frecuente para los dos.

A. Necesidad de plenitud sexual: Indica cuánto necesitas la plenitud sexual marcando el número que corresponda.

```
0        1        2        3        4        5        6
|_____|_____|_____|_____|_____|_____|
No tengo necesidad          Tengo una moderada          Tengo una gran necesidad
de plenitud sexual          necesidad de plenitud sexual  de plenitud sexual
```

Cuando tu cónyuge no quiere tener relaciones sexuales contigo, ¿cómo te sientes? (Marca la letra que corresponda)
a. Muy triste   c. Ni feliz ni triste
b. Algo triste   d. Feliz de no tener relaciones sexuales

Cuando tu cónyuge sí tiene relaciones sexuales contigo, ¿cómo te sientes? (Marca la letra que corresponda)
a. Muy feliz   c. Ni feliz ni triste
b. Algo feliz   d. Feliz por tener relaciones sexuales

B. Evaluación de las relaciones sexuales con tu cónyuge: Indica tu satisfacción con las relaciones sexuales marcando el número que corresponda.

```
-3       -2       -1        0        1        2        3
|_____|_____|_____|_____|_____|_____|
Extremada insatisfacción    Ni satisfacción ni insatisfacción    Extremada satisfacción
```

Mi cónyuge tiene relaciones sexuales tantas veces como lo necesito. Sí ___ No ___

Si tu respuesta es no, ¿cuán a menudo pretendes que tu cónyuge tenga relaciones sexuales contigo?

_____ (escribe un número) veces por día /semana /mes (marca uno)

Me gusta la forma en que mi cónyuge tiene relaciones sexuales conmigo. Sí ___ No ___

Si tu respuesta es no, explica de qué manera sentirías mayor satisfacción sexual en tu matrimonio._____

_____

_____

_____

_____

3. Conversación. Hablar acerca de los acontecimientos del día, sentimientos y planes; evitar planteamientos airados o de juicio, o insistir en los errores del pasado; mostrar interés en tus temas favoritos de conversación; equilibrar la conversación; usarla para informar, investigar y entenderte; y darte una atención exclusiva.

A. Necesidad de conversación: Indica cuánto necesitas la conversación marcando el número que corresponda.

| 0 | 1 | 2 | 3 | 4 | 5 | 6 |

No tengo necesidad de conversación   Tengo una moderada necesidad de conversación   Tengo una gran necesidad de conversación

Cuando tu cónyuge no está dispuesto a conversar contigo, ¿cómo te sientes? (Marca la letra que corresponda)
a. Muy triste   c. Ni feliz ni triste
b. Algo triste   d. Feliz por no conversar

Cuando tu cónyuge conversa contigo, ¿cómo te sientes? (Marca la letra que corresponda)
a. Muy feliz   c. Ni feliz ni triste
b. Algo feliz   d. Triste por conversar

B. Evaluación de la conversación con tu cónyuge: Indica tu satisfacción con la conversación marcando el número que corresponda.

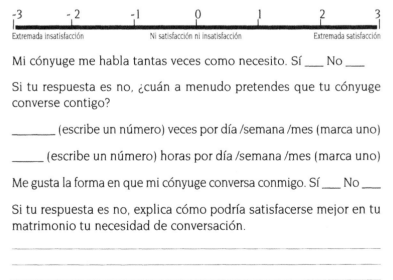

| -3 | -2 | -1 | 0 | 1 | 2 | 3 |

Extremada insatisfacción   Ni satisfacción ni insatisfacción   Extremada satisfacción

Mi cónyuge me habla tantas veces como necesito. Sí ___ No ___

Si tu respuesta es no, ¿cuán a menudo pretendes que tu cónyuge converse contigo?

_____ (escribe un número) veces por día /semana /mes (marca uno)

_____ (escribe un número) horas por día /semana /mes (marca uno)

Me gusta la forma en que mi cónyuge conversa conmigo. Sí ___ No ___

Si tu respuesta es no, explica cómo podría satisfacerse mejor en tu matrimonio tu necesidad de conversación.

_____

_____

_____

4. Compañía recreativa. Desarrollar interés en tus actividades recreativas favoritas, aprendiendo a ser bueno en ellas y uniéndose a ti en esas actividades. Si alguna resulta desagradable para tu cónyuge después de que haya hecho el esfuerzo, negociar nuevas actividades recreativas que sean agradables para ambos.

A. Necesidad de compañía recreativa: Indica cuánto necesitas la compañía recreativa marcando el número que corresponda.

| 0 | 1 | 2 | 3 | 4 | 5 | 6 |

No tengo necesidad de compañía recreativa   Tengo moderada necesidad de compañía recreativa   Tengo una gran necesidad de compañía recreativa

Cuando tu cónyuge no quiere participar en las actividades recreativas que te gustan, ¿cómo te sientes? (Marca la letra que corresponda)
a. Muy triste   c. Ni feliz ni triste
b. Algo triste   d. Feliz por no incluir a mi cónyuge

Cuando tu cónyuge se une a ti en las actividades recreativas, ¿cómo te sientes? (Marca la letra que corresponda)
a. Muy feliz   c. Ni feliz ni triste
b. Algo feliz   d. Triste por incluir a mi cónyuge

B. Evaluación de la compañía recreativa con tu cónyuge: Indica tu satisfacción con la compañía recreativa marcando el número que corresponda.

| -3 | -2 | -1 | 0 | 1 | 2 | 3 |

Extremada insatisfacción   Ni satisfacción ni insatisfacción   Extremada satisfacción

Mi cónyuge se une a mí en las actividades recreativas tantas veces como necesito. Sí ___ No ___

Si tu respuesta es no, ¿cuán a menudo pretendes que tu cónyuge se una a ti en las actividades recreativas?

_____ (escribe un número) veces por día /semana /mes (marca uno)

_____ (escribe un número) horas por día /semana /mes (marca uno)

Me gusta la forma en que mi cónyuge y yo nos divertimos. Sí ___ No ___

Si tu respuesta es no, explica cómo se satisfaría mejor en tu matrimonio la necesidad de actividades recreativas en común.

_____

_____

_____

5. Honestidad y franqueza. Revelar sentimientos positivos y negativos, hechos del pasado, sucesos diarios y horarios, planes para el futuro; no dejarte con una falsa impresión; contestar tus preguntas con la verdad.

A. Necesidad de honestidad y franqueza: Indica cuánto necesitas la honestidad y la franqueza marcando el número que corresponda.

Cuando tu cónyuge no se expresa con honestidad y franqueza hacia ti, ¿cómo te sientes? (Marca la letra que corresponda)
a. Muy triste   c. Ni feliz ni triste
b. Algo triste   d. Feliz porque no hay honestidad y franqueza

Cuando tu cónyuge habla con honestidad y franqueza contigo, ¿cómo te sientes? (Marca la letra que corresponda)
a. Muy feliz   c. Ni feliz ni triste
b. Algo feliz   d. Triste porque no hay honestidad y franqueza

B. Evaluación de honestidad y franqueza con tu cónyuge: Indica tu satisfacción con la honestidad y franqueza de tu cónyuge marcando el número que corresponda.

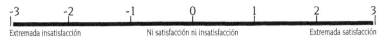

¿En cuáles de las siguientes áreas de honestidad y franqueza te gustaría ver mejoras en tu cónyuge? (Marca las letras que se aplican a ti)
a. Compartir reacciones emocionales positivas y negativas ante aspectos significativos de la vida.
b. Compartir información respecto a su historia personal.
c. Compartir información acerca de sus actividades diarias.
d. Compartir información acerca de sus planes y agenda.

Si marcaste algunas de las arriba mencionadas, explica cómo la necesidad de honestidad y franqueza en tu matrimonio podría ser satisfecha.

_____
_____
_____
_____
_____

6. Atractivo del cónyuge. Mantenerse físicamente en forma con dieta y ejercicio; llevar el cabello, la ropa, y (si eres mujer) el maquillaje en forma atractiva y de buen gusto.

A. Necesidad de un cónyuge atractivo: Indica cuánto necesitas que tu cónyuge sea atractivo marcando el número que corresponda.

Cuando tu cónyuge no se esfuerza por realzar su atractivo físico, ¿cómo te sientes? (Marca la letra que corresponda)
a. Muy triste   c. Ni feliz ni triste
b. Algo triste   d. Feliz porque no haga el esfuerzo

Cuando tu cónyuge se esfuerza por realzar su atractivo físico, ¿cómo te sientes? (Marca la letra que corresponda)
a. Muy feliz   c. Ni feliz ni triste
b. Algo feliz   d. Triste porque se esfuerza

B. Evaluación de lo atractivo que se ve tu cónyuge: Indica tu satisfacción con lo atractivo que se ve tu cónyuge circulando el número apropiado.

¿En cuales de las siguientes características para lucir atractivo te gustaría ver una mejoría de parte de tu cónyuge? (Marca todas las que correspondan)
a. Un físico en forma y   d. Buena higiene física
   un peso adecuado.   e. Maquillaje facial atractivo
b. Elección de ropa atractiva f. Otros_____
c. Peinado atractivo.

Si marcaste algunas de las opciones, explica cómo tu necesidad de atractivo físico podría satisfacerse mejor en tu matrimonio.

_____
_____
_____
_____

7. Sostén financiero. Provisión de los recursos financieros para la casa, la alimentación, y el vestuario de tu familia manteniendo un nivel de vida satisfactorio, pero evitando viajar y trabajar horas que no son aceptables para ti.

A. Necesidad de sostén financiero: Indica cuánto necesitas del sostén financiero marcando el número que corresponda.

Cuando tu cónyuge no muestra disposición a sostenerte financieramente, ¿cómo te sientes? (Marca la letra que corresponda)
a. Muy triste   c. Ni feliz ni triste
b. Algo triste   d. Feliz de no tener sostén financiero

Cuando tu cónyuge te sostiene financieramente, ¿cómo te sientes? (Marca la letra que corresponda)
a. Muy feliz   c. Ni feliz ni triste
b. Algo feliz   d. Triste por tener sostén financiero

B. Evaluación del sostén financiero de tu cónyuge: Indica tu satisfacción con el sostén financiero que te proporciona tu esposo marcando el número que corresponda.

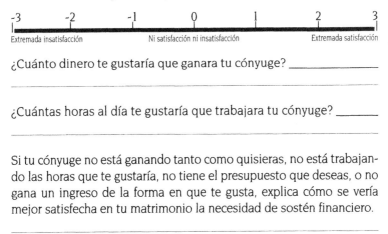

¿Cuánto dinero te gustaría que ganara tu cónyuge? _____

_____

¿Cuántas horas al día te gustaría que trabajara tu cónyuge? _____

_____

Si tu cónyuge no está ganando tanto como quisieras, no está trabajando las horas que te gustaría, no tiene el presupuesto que deseas, o no gana un ingreso de la forma en que te gusta, explica cómo se vería mejor satisfecha en tu matrimonio la necesidad de sostén financiero.

_____

_____

_____

8. Sostén doméstico. La creación de un entorno en el hogar para ti que ofrezca un refugio de las tensiones de la vida; el manejo de la casa y el cuidado de los niños —si los hay— incluyendo pero no limitándose a cocinar, fregar los platos, lavar y planchar la ropa, y limpiar la casa.

A. Necesidad de sostén doméstico: Indica cuánto necesitas el sostén doméstico marcando el número que corresponda.

0	1	2	3	4	5	6
No tengo necesidad de sostén doméstico			Tengo una moderada necesidad de sostén doméstico			Tengo una gran necesidad de sostén doméstico

Cuando tu cónyuge no está dispuesto a proveerte sostén doméstico, ¿cómo te sientes? (Marca la letra que corresponda)

a. Muy triste   c. Ni feliz ni triste
b. Algo triste   d. Feliz por no tener sostén doméstico

Cuando tu cónyuge te brinda sostén doméstico, ¿cómo te sientes? (Marca la letra que corresponda)

a. Muy feliz   c. Ni feliz ni triste
b. Algo feliz   d. Triste por tener sostén doméstico

B. Evaluación del sostén doméstico de tu cónyuge: Indica tu satisfacción con el sostén doméstico proporcionado por tu cónyuge marcando el número que corresponda.

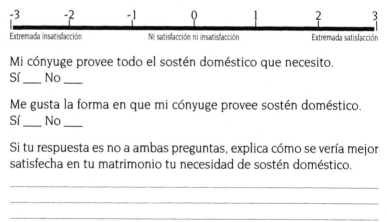

-3	-2	-1	0	1	2	3
Extremada insatisfacción			Ni satisfacción ni insatisfacción			Extremada satisfacción

Mi cónyuge provee todo el sostén doméstico que necesito.
Sí ___ No ___

Me gusta la forma en que mi cónyuge provee sostén doméstico.
Sí ___ No ___

Si tu respuesta es no a ambas preguntas, explica cómo se vería mejor satisfecha en tu matrimonio tu necesidad de sostén doméstico.

_____

_____

_____

_____

_____

9. Compromiso familiar. Disponer de suficiente tiempo y energía para el desarrollo moral y educativo de los hijos; leerles, salir con ellos a menudo, aprender cómo criar a los hijos y discutir estos métodos contigo; evitar cualquier método de crianza de los hijos que no tenga tu apoyo entusiasta.

A. Necesidad de compromiso familiar: Indica cuánto necesitas el compromiso familiar de tu cónyuge marcando el número que corresponda.

Cuando tu cónyuge no muestra disposición al compromiso con la familia, ¿cómo te sientes? (Marca la letra que corresponda)
a. Muy triste   c. Ni feliz ni triste
b. Algo triste   d. Feliz porque no se compromete

Cuando tu cónyuge se esfuerza para lograr el compromiso familiar, ¿cómo te sientes? (Marca la letra que corresponda)
a. Muy feliz   c. Ni feliz ni triste
b. Algo feliz   d. Triste porque se compromete

B. Evaluación del compromiso familiar de tu cónyuge: Indica tu satisfacción con el compromiso familiar de tu cónyuge marcando el número que corresponda.

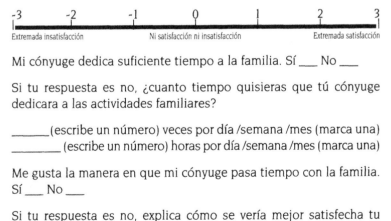

Mi cónyuge dedica suficiente tiempo a la familia. Sí ___ No ___

Si tu respuesta es no, ¿cuanto tiempo quisieras que tú cónyuge dedicara a las actividades familiares?

_____(escribe un número) veces por día /semana /mes (marca una)
_____ (escribe un número) horas por día /semana /mes (marca una)

Me gusta la manera en que mi cónyuge pasa tiempo con la familia.
Sí ___ No ___

Si tu respuesta es no, explica cómo se vería mejor satisfecha tu necesidad de compromiso familiares tu matrimonio.

10. Admiración. Respeto, valoración y aprecio; escasas críticas; y expresión de admiración de forma frecuente y clara.

A. Necesidad de admiración: Indica cuánto necesitas la admiración de tu cónyuge marcando el número que corresponda.

Cuando tu cónyuge no te muestra admiración alguna, ¿cómo te sientes? (Marca la letra que corresponda)
a. Muy triste   c. Ni feliz ni triste
b. Algo triste   d. Feliz porque no te admira

Cuando tu cónyuge se esfuerza para expresar su admiración por ti, ¿cómo te sientes? (Marca la letra que corresponda)
a. Muy feliz   c. Ni feliz ni triste
b. Algo feliz   d. Triste porque me admira

B. Evaluación de la admiración de tu cónyuge: Indica tu satisfacción con la admiración de tu cónyuge marcando el número que corresponda.

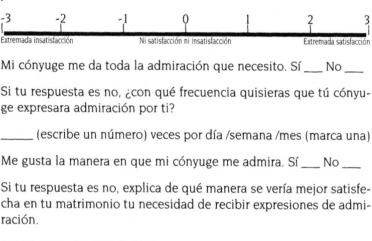

Mi cónyuge me da toda la admiración que necesito. Sí ___ No ___

Si tu respuesta es no, ¿con qué frecuencia quisieras que tú cónyuge expresara admiración por ti?

_____ (escribe un número) veces por día /semana /mes (marca una)

Me gusta la manera en que mi cónyuge me admira. Sí ___ No ___

Si tu respuesta es no, explica de qué manera se vería mejor satisfecha en tu matrimonio tu necesidad de recibir expresiones de admiración.

_____
_____
_____
_____

Califica tus necesidades emocionales

Las diez necesidades emocionales básicas están en una lista al pie. Hay espacio también para que puedas agregar otras necesidades emocionales que pienses que son esenciales para tu felicidad marital.

En el espacio provisto antes de cada necesidad, escribe un número del 1 al 5 que califica la importancia de la necesidad para tu felicidad. Escribe un 1 ante la necesidad más importante, un 2 para la siguiente en importancia, y continúa así hasta que hayas calificado tus cinco necesidades más importantes.

Para ayudarte a calificar estas necesidades, imagina que podrás tener solo una necesidad satisfecha en tu matrimonio. ¿Cuál te haría más feliz, sabiendo que todas las demás necesidades quedarán sin satisfacerse? Esa necesidad debe ser la número 1. Si solo dos necesidades fueran satisfechas, ¿cuál sería tu segunda elección? ¿Cuáles cinco necesidades, cuando sean satisfechas, te harían la persona más feliz?

_____ Afecto

_____ Plenitud sexual

_____ Conversación

_____ Compañía recreativa

_____ Honestidad y franqueza

_____ Cónyuge atractivo

_____ Sostén financiero

_____ Sostén doméstico

_____ Compromiso familiar

_____ Admiración

_____ _____

_____ _____

Apéndice C

FORMULARIOS ADICIONALES

Inventario recreativo de actividades para disfrutar

Por favor, indica cuánto disfrutas, o crees que puedas disfrutar, cada actividad recreativa de la lista que figura debajo. En el espacio provisto para cada actividad, debajo de la columna que corresponda (la del esposo o la de la esposa), marca uno de los siguientes números para reflejar tus sentimientos: 3 = lo disfruto mucho; 2 = lo disfruto; 1 = lo disfruto un poco; 0 = soy neutro; -1 = me es un poco desagradable; -2 = me es desagradable; -3 = me es muy desagradable. Agrega a la lista, en los lugares provistos, actividades que podrías disfrutar y que no aparecen aquí. En la tercera columna, adiciona los valores seleccionados por ti y tu cónyuge *únicamente si ambos son positivos*. Las actividades con la puntuación más alta son aquellas que deberían seleccionar cuando planifiquen su tiempo recreativo juntos.

Actividad	Valoración del esposo	Valoración de la esposa	Resultado
Acampar	-3 -2 -1 0 1 2 3	-3 -2 -1 0 1 2 3	_____
Actuación	-3 -2 -1 0 1 2 3	-3 -2 -1 0 1 2 3	_____
Ajedrez	-3 -2 -1 0 1 2 3	-3 -2 -1 0 1 2 3	_____
Andar a caballo	-3 -2 -1 0 1 2 3	-3 -2 -1 0 1 2 3	_____
Antigüedades	-3 -2 -1 0 1 2 3	-3 -2 -1 0 1 2 3	_____
Arquería	-3 -2 -1 0 1 2 3	-3 -2 -1 0 1 2 3	_____
Arte	-3 -2 -1 0 1 2 3	-3 -2 -1 0 1 2 3	_____
Astronomía	-3 -2 -1 0 1 2 3	-3 -2 -1 0 1 2 3	_____
Bádminton	-3 -2 -1 0 1 2 3	-3 -2 -1 0 1 2 3	_____
Baile (clases)	-3 -2 -1 0 1 2 3	-3 -2 -1 0 1 2 3	_____
Baile (fiestas)	-3 -2 -1 0 1 2 3	-3 -2 -1 0 1 2 3	_____
Baile (rock)	-3 -2 -1 0 1 2 3	-3 -2 -1 0 1 2 3	_____
Balonmano	-3 -2 -1 0 1 2 3	-3 -2 -1 0 1 2 3	_____
Básquetbol (jugar)	-3 -2 -1 0 1 2 3	-3 -2 -1 0 1 2 3	_____
Básquetbol (mirar)	-3 -2 -1 0 1 2 3	-3 -2 -1 0 1 2 3	_____
Béisbol (jugar)	-3 -2 -1 0 1 2 3	-3 -2 -1 0 1 2 3	_____
Béisbol (mirar)	-3 -2 -1 0 1 2 3	-3 -2 -1 0 1 2 3	_____
Billar	-3 -2 -1 0 1 2 3	-3 -2 -1 0 1 2 3	_____
Bolos	-3 -2 -1 0 1 2 3	-3 -2 -1 0 1 2 3	_____
Boxeo (mirar)	-3 -2 -1 0 1 2 3	-3 -2 -1 0 1 2 3	_____
Buceo	-3 -2 -1 0 1 2 3	-3 -2 -1 0 1 2 3	_____
Caminatas	-3 -2 -1 0 1 2 3	-3 -2 -1 0 1 2 3	_____
Canasta	-3 -2 -1 0 1 2 3	-3 -2 -1 0 1 2 3	_____
Canotaje	-3 -2 -1 0 1 2 3	-3 -2 -1 0 1 2 3	_____
Canto	-3 -2 -1 0 1 2 3	-3 -2 -1 0 1 2 3	_____
Carrera de autos (mirar)	-3 -2 -1 0 1 2 3	-3 -2 -1 0 1 2 3	_____
Carreras de caballos	-3 -2 -1 0 1 2 3	-3 -2 -1 0 1 2 3	_____
Caza	-3 -2 -1 0 1 2 3	-3 -2 -1 0 1 2 3	_____
Ciclismo	-3 -2 -1 0 1 2 3	-3 -2 -1 0 1 2 3	_____
Coleccionar rocas	-3 -2 -1 0 1 2 3	-3 -2 -1 0 1 2 3	_____
Compras (_____)	-3 -2 -1 0 1 2 3	-3 -2 -1 0 1 2 3	_____
Compras (víveres)	-3 -2 -1 0 1 2 3	-3 -2 -1 0 1 2 3	_____
Compras (ropa)	-3 -2 -1 0 1 2 3	-3 -2 -1 0 1 2 3	_____
Compras (vehículos)	-3 -2 -1 0 1 2 3	-3 -2 -1 0 1 2 3	_____
Computadoras	-3 -2 -1 0 1 2 3	-3 -2 -1 0 1 2 3	_____

Actividad	Valoración del esposo	Valoración de la esposa	Resultado
Conciertos (clásicos)	-3 -2 -1 0 1 2 3	-3 -2 -1 0 1 2 3	_____
Conciertos (folklore)	-3 -2 -1 0 1 2 3	-3 -2 -1 0 1 2 3	_____
Conciertos (rock)	-3 -2 -1 0 1 2 3	-3 -2 -1 0 1 2 3	_____
Cribbage	-3 -2 -1 0 1 2 3	-3 -2 -1 0 1 2 3	_____
Croquet	-3 -2 -1 0 1 2 3	-3 -2 -1 0 1 2 3	_____
Danza (_____)	-3 -2 -1 0 1 2 3	-3 -2 -1 0 1 2 3	_____
Deporte náutico	-3 -2 -1 0 1 2 3	-3 -2 -1 0 1 2 3	_____
Ejercicios aeróbicos	-3 -2 -1 0 1 2 3	-3 -2 -1 0 1 2 3	_____
Elegir accesorios para el auto	-3 -2 -1 0 1 2 3	-3 -2 -1 0 1 2 3	_____
Equitación (mirar)	-3 -2 -1 0 1 2 3	-3 -2 -1 0 1 2 3	_____
Escalar	-3 -2 -1 0 1 2 3	-3 -2 -1 0 1 2 3	_____
Escultura	-3 -2 -1 0 1 2 3	-3 -2 -1 0 1 2 3	_____
Esquí (acuático)	-3 -2 -1 0 1 2 3	-3 -2 -1 0 1 2 3	_____
Esquí (alpino)	-3 -2 -1 0 1 2 3	-3 -2 -1 0 1 2 3	_____
Estudio bíblico	-3 -2 -1 0 1 2 3	-3 -2 -1 0 1 2 3	_____
Filatelia	-3 -2 -1 0 1 2 3	-3 -2 -1 0 1 2 3	_____
Fisiculturismo	-3 -2 -1 0 1 2 3	-3 -2 -1 0 1 2 3	_____
Fotografía	-3 -2 -1 0 1 2 3	-3 -2 -1 0 1 2 3	_____
Fútbol (jugar)	-3 -2 -1 0 1 2 3	-3 -2 -1 0 1 2 3	_____
Fútbol (mirar)	-3 -2 -1 0 1 2 3	-3 -2 -1 0 1 2 3	_____
Genealogía (investigación)	-3 -2 -1 0 1 2 3	-3 -2 -1 0 1 2 3	_____
Globos aerostáticos	-3 -2 -1 0 1 2 3	-3 -2 -1 0 1 2 3	_____
Golf	-3 -2 -1 0 1 2 3	-3 -2 -1 0 1 2 3	_____
Hacer mantas	-3 -2 -1 0 1 2 3	-3 -2 -1 0 1 2 3	_____
Herrería	-3 -2 -1 0 1 2 3	-3 -2 -1 0 1 2 3	_____
Hockey (jugar)	-3 -2 -1 0 1 2 3	-3 -2 -1 0 1 2 3	_____
Hockey (mirar)	-3 -2 -1 0 1 2 3	-3 -2 -1 0 1 2 3	_____
Jardinería	-3 -2 -1 0 1 2 3	-3 -2 -1 0 1 2 3	_____
Judo	-3 -2 -1 0 1 2 3	-3 -2 -1 0 1 2 3	_____
Jugar a las damas	-3 -2 -1 0 1 2 3	-3 -2 -1 0 1 2 3	_____
Kárate	-3 -2 -1 0 1 2 3	-3 -2 -1 0 1 2 3	_____
Lucha (mirar)	-3 -2 -1 0 1 2 3	-3 -2 -1 0 1 2 3	_____
Modelo a escala	-3 -2 -1 0 1 2 3	-3 -2 -1 0 1 2 3	_____
Monopolio	-3 -2 -1 0 1 2 3	-3 -2 -1 0 1 2 3	_____

Actividad	Valoración del esposo	Valoración de la esposa	Resultado
Museos	-3 -2 -1 0 1 2 3	-3 -2 -1 0 1 2 3	_____
Naipes	-3 -2 -1 0 1 2 3	-3 -2 -1 0 1 2 3	_____
Natación	-3 -2 -1 0 1 2 3	-3 -2 -1 0 1 2 3	_____
Navegar a vela	-3 -2 -1 0 1 2 3	-3 -2 -1 0 1 2 3	_____
Navegar	-3 -2 -1 0 1 2 3	-3 -2 -1 0 1 2 3	_____
Numismática	-3 -2 -1 0 1 2 3	-3 -2 -1 0 1 2 3	_____
Obras de teatro	-3 -2 -1 0 1 2 3	-3 -2 -1 0 1 2 3	_____
Ópera	-3 -2 -1 0 1 2 3	-3 -2 -1 0 1 2 3	_____
Paracaidismo	-3 -2 -1 0 1 2 3	-3 -2 -1 0 1 2 3	_____
Parques de diversión	-3 -2 -1 0 1 2 3	-3 -2 -1 0 1 2 3	_____
Patinaje sobre hielo	-3 -2 -1 0 1 2 3	-3 -2 -1 0 1 2 3	_____
Patinaje sobre ruedas	-3 -2 -1 0 1 2 3	-3 -2 -1 0 1 2 3	_____
Películas	-3 -2 -1 0 1 2 3	-3 -2 -1 0 1 2 3	_____
Películas de vídeo	-3 -2 -1 0 1 2 3	-3 -2 -1 0 1 2 3	_____
Pesca	-3 -2 -1 0 1 2 3	-3 -2 -1 0 1 2 3	_____
Pesca con vara	-3 -2 -1 0 1 2 3	-3 -2 -1 0 1 2 3	_____
Pesca en hielo	-3 -2 -1 0 1 2 3	-3 -2 -1 0 1 2 3	_____
Pintura	-3 -2 -1 0 1 2 3	-3 -2 -1 0 1 2 3	_____
Poesía (escribir)	-3 -2 -1 0 1 2 3	-3 -2 -1 0 1 2 3	_____
Polo (mirar)	-3 -2 -1 0 1 2 3	-3 -2 -1 0 1 2 3	_____
Producción de vídeos	-3 -2 -1 0 1 2 3	-3 -2 -1 0 1 2 3	_____
Programación de computadoras	-3 -2 -1 0 1 2 3	-3 -2 -1 0 1 2 3	_____
Puntería lanzando herraduras	-3 -2 -1 0 1 2 3	-3 -2 -1 0 1 2 3	_____
Racquetball	-3 -2 -1 0 1 2 3	-3 -2 -1 0 1 2 3	_____
Radioaficionado	-3 -2 -1 0 1 2 3	-3 -2 -1 0 1 2 3	_____
Remo	-3 -2 -1 0 1 2 3	-3 -2 -1 0 1 2 3	_____
Restaurar (la casa)	-3 -2 -1 0 1 2 3	-3 -2 -1 0 1 2 3	_____
Rummy	-3 -2 -1 0 1 2 3	-3 -2 -1 0 1 2 3	_____
Salir a cenar	-3 -2 -1 0 1 2 3	-3 -2 -1 0 1 2 3	_____
Salir a correr o trotar	-3 -2 -1 0 1 2 3	-3 -2 -1 0 1 2 3	_____
Servicios religiosos	-3 -2 -1 0 1 2 3	-3 -2 -1 0 1 2 3	_____
Snowboard	-3 -2 -1 0 1 2 3	-3 -2 -1 0 1 2 3	_____
Softball (jugar)	-3 -2 -1 0 1 2 3	-3 -2 -1 0 1 2 3	_____

Actividad	Valoración del esposo	Valoración de la esposa	Resultado
Softball (mirar)	-3 -2 -1 0 1 2 3	-3 -2 -1 0 1 2 3	_____
Subir montañas	-3 -2 -1 0 1 2 3	-3 -2 -1 0 1 2 3	_____
Surf	-3 -2 -1 0 1 2 3	-3 -2 -1 0 1 2 3	_____
Tallado en madera	-3 -2 -1 0 1 2 3	-3 -2 -1 0 1 2 3	_____
Taxidermia	-3 -2 -1 0 1 2 3	-3 -2 -1 0 1 2 3	_____
Tejido	-3 -2 -1 0 1 2 3	-3 -2 -1 0 1 2 3	_____
Televisión	-3 -2 -1 0 1 2 3	-3 -2 -1 0 1 2 3	_____
Tenis	-3 -2 -1 0 1 2 3	-3 -2 -1 0 1 2 3	_____
Tenis de mesa	-3 -2 -1 0 1 2 3	-3 -2 -1 0 1 2 3	_____
Tiro (escopeta)	-3 -2 -1 0 1 2 3	-3 -2 -1 0 1 2 3	_____
Tiro (pistola)	-3 -2 -1 0 1 2 3	-3 -2 -1 0 1 2 3	_____
Tobogán	-3 -2 -1 0 1 2 3	-3 -2 -1 0 1 2 3	_____
Vehículos de nieve	-3 -2 -1 0 1 2 3	-3 -2 -1 0 1 2 3	_____
Viajar	-3 -2 -1 0 1 2 3	-3 -2 -1 0 1 2 3	_____
Vídeo juegos	-3 -2 -1 0 1 2 3	-3 -2 -1 0 1 2 3	_____
Volar (como pasajero)	-3 -2 -1 0 1 2 3	-3 -2 -1 0 1 2 3	_____
Volar (como piloto)	-3 -2 -1 0 1 2 3	-3 -2 -1 0 1 2 3	_____
Voleibol	-3 -2 -1 0 1 2 3	-3 -2 -1 0 1 2 3	_____
Zurcir	-3 -2 -1 0 1 2 3	-3 -2 -1 0 1 2 3	_____
_____	-3 -2 -1 0 1 2 3	-3 -2 -1 0 1 2 3	_____
_____	-3 -2 -1 0 1 2 3	-3 -2 -1 0 1 2 3	_____
_____	-3 -2 -1 0 1 2 3	-3 -2 -1 0 1 2 3	_____
_____	-3 -2 -1 0 1 2 3	-3 -2 -1 0 1 2 3	_____
_____	-3 -2 -1 0 1 2 3	-3 -2 -1 0 1 2 3	_____
_____	-3 -2 -1 0 1 2 3	-3 -2 -1 0 1 2 3	_____
_____	-3 -2 -1 0 1 2 3	-3 -2 -1 0 1 2 3	_____
_____	-3 -2 -1 0 1 2 3	-3 -2 -1 0 1 2 3	_____
_____	-3 -2 -1 0 1 2 3	-3 -2 -1 0 1 2 3	_____
_____	-3 -2 -1 0 1 2 3	-3 -2 -1 0 1 2 3	_____
_____	-3 -2 -1 0 1 2 3	-3 -2 -1 0 1 2 3	_____
_____	-3 -2 -1 0 1 2 3	-3 -2 -1 0 1 2 3	_____
_____	-3 -2 -1 0 1 2 3	-3 -2 -1 0 1 2 3	_____
_____	-3 -2 -1 0 1 2 3	-3 -2 -1 0 1 2 3	_____
_____	-3 -2 -1 0 1 2 3	-3 -2 -1 0 1 2 3	_____
_____	-3 -2 -1 0 1 2 3	-3 -2 -1 0 1 2 3	_____

Inventario de sostén financiero:
Presupuesto de necesidades y deseos

Este presupuesto está diseñado para ayudar a clarificar la necesidad de sostén financiero. El cónyuge con esta necesidad completará el cuestionario.

Por favor, crea tres presupuestos en los espacios provistos debajo de las tres columnas. Debajo de la columna del *Presupuesto de las necesidades*, indica el costo mensual de satisfacer las necesidades de tu vida, cosas sin las cuales te sentirías incómodo. En la sección de *Ingresos*, solo debería aparecer el ingreso de tu cónyuge.

Debajo de la columna del *Presupuesto de los deseos*, indica el costo de satisfacer tus necesidades y deseos... entendiendo por deseos aquellas cosas razonables que podrían ser más costosas que las necesidades. Estos deseos deberían ser lo más realistas posibles. No deberían incluir una casa nueva, un automóvil nuevo o lujos salvo que los hayas deseado por algún tiempo. Tanto tu ingreso como el de tu cónyuge deberían aparecer en esta columna.

La columna del *Presupuesto de lo que se puede pagar* debería incluir todas las cifras de las necesidades y solo la de los deseos que pueden ser cubiertos con tu ingreso y el de tu cónyuge. En otras palabras, tu ingreso debe ser igual a tus gastos, y la sección *Ingreso menos gastos* al final de la columna del presupuesto debe ser cero. Este *Presupuesto de lo que se puede pagar* debería usarse para guiar tus finanzas de la casa si tanto tú como tu cónyuge han estado de acuerdo en las cantidades que aparecen.

Los pagos de los últimos meses (o años si es posible) les ayudarán a llegar al cálculo correcto. Usen promedios mensuales para los gastos que no son fijos todos los meses, tales como reparaciones, vacaciones y regalos. Algunas cosas, tales como el pago de la hipoteca, deben tener el mismo monto tanto en el presupuesto de las necesidades como en el de los deseos. Otras, tales como los gastos de vacaciones, serán mucho más un deseo que una necesidad. Es altamente recomendable que incluyas en tu *Presupuesto de las necesidades* un gasto para emergencias que debe ser del 10% de tu presupuesto total. En meses sin gastos de emergencias, este dinero debería ser ahorrado para el futuro. La mayoría de las personas que se ocupan de las finanzas del hogar sufren de un estrés innecesario cuando no se presupuestan las emergencias inevitables. Si piensas en otros gastos significativos, inclúyelos en los espacios en blanco provistos.

Si los ingresos de tu cónyuge son iguales o mayores que el total de gastos previstos en la columna del *Presupuesto de las necesidades*, son suficientes para pagar tus necesidades, y por lo tanto está satisfaciendo tu necesidad de sostén financiero. Aun más, puede estar cubriendo algunos de tus deseos también. Quizá esto no ha sido evidente, ya que no has estado dividiendo tus cuentas entre necesidades y deseos. Tu necesidad de sostén financiero se satisface incluso cuando tu ingreso es utilizado para pagar los deseos que no están cubiertos por el ingreso de tu cónyuge.

Sin embargo, si el ingreso de tu cónyuge es insuficiente para pagar tus necesidades, debes reducir los gastos de la casa sin sacrificar tus necesidades básicas, o él debe incrementar su ingreso con un aumento, un nuevo trabajo, o una carrera para satisfacer esas necesidades.

Gastos e ingresos de la casa	Presupuesto de necesidades	Presupuesto de deseos	Presupuesto de lo que pueden pagar

GASTOS

Impuestos

    Sobre la renta

    Sobre la propiedad

    Otros impuestos

Intereses

    De la hipoteca

    De tarjetas de crédito

    Del auto

    Otros intereses

Seguros

    De la casa

    De vida

    De incapacidad

    Del automóvil

    Médico y dental

    Otros seguros

Gastos de la casa

    Reparaciones

    Remodelación

    Seguridad

    Limpieza

    Jardín

    Electricidad

    Teléfono

    Recolección de basura

Gastos e ingresos de la casa	Presupuesto de necesidades	Presupuesto de deseos	Presupuesto de lo que pueden pagar
OTROS GASTOS DEL HOGAR			
Muebles y artefactos			
Compra de muebles	_____	_____	_____
Compra de artefactos	_____	_____	_____
Reparaciones	_____	_____	_____
Automóviles			
Del esposo			
Depreciación	_____	_____	_____
Combustible	_____	_____	_____
Mantenimiento	_____	_____	_____
De la esposa			
Depreciación	_____	_____	_____
Combustible	_____	_____	_____
Mantenimiento	_____	_____	_____
Otros gastos	_____	_____	_____
Alimentos y entretenimiento			
Víveres	_____	_____	_____
Cenas afuera	_____	_____	_____
Vacaciones	_____	_____	_____
Recreación en bote	_____	_____	_____
Fotografía	_____	_____	_____
Diarios y revistas	_____	_____	_____
TV Cable	_____	_____	_____
Otros alimentos y entretenimientos	_____	_____	_____
Salud			
Médico (seguro extra)	_____	_____	_____
Dental (seguro extra)	_____	_____	_____

Gastos e ingresos de la casa	Presupuesto de necesidades	Presupuesto de deseos	Presupuesto de lo que pueden pagar

OTROS GASTOS DEL HOGAR (continuación)

Salud (continuación)

Remedios no prescritos			
Gimnasio			
Dietas especiales			
Otros gastos			

Gastos de ropa

Ropa del esposo			
Ropa de la esposa			
Ropa de los niños			
Tintorería			
Sastrería			
Otros gastos			

Gastos personales

Del esposo			
De la esposa			
De los hijos			

Regalos y contribuciones

Contribuciones religiosas (diezmos, organizaciones religiosas)			
Contribuciones no religiosas (otras causas de caridad)			
Regalos para fechas especiales (cumpleaños, Navidad, etc.)			

Mascotas

Comida			
Gastos veterinarios			
Otros gastos			

Gastos e ingresos de la casa	Presupuesto de necesidades	Presupuesto de deseos	Presupuesto de lo que pueden pagar

OTROS GASTOS DEL HOGAR (continuación)

Ahorros

    Educación de los niños _____ _____ _____

    Retiro

    Otros proyectos

Otros gastos

    Banco

    Legales

    Contabilidad

    Fondo de
       emergencia (10%)

_____

Total de gastos de la casa

INGRESOS

    Salario del esposo

    Otros ingresos
    del esposo

    Salario de la esposa

    Otros ingresos de la
       esposa

    Ingresos por
       inversiones

    Ingresos por intereses

_____

Total de ingresos de la casa

Ingreso menos gastos

ACERCA DEL AUTOR

Williard F. Harley, Jr. Ph.D., es psicólogo clínico y consejero matrimonial. En los últimos veinticinco años ha ayudado a miles de parejas a sobreponerse a los conflictos maritales restaurando su amor mutuo. Sus innovadores métodos de consejería han sido descritos en los libros y artículos que escribe. *Lo que él necesita, lo que ella necesita* ha sido un éxito de librería desde que se publicó en 1986, y ha sido traducido al alemán, francés, holandés y chino.

El Dr. Harley también lidera talleres de entrenamiento para consejeros de parejas y matrimonios, y ha aparecido en cientos de programas de radio y televisión.

Williard Harley y Joyce, su esposa durante más de treinta años, viven en White Bear Lake, Minnesota. Son padres de dos hijos casados que también son consejeros matrimoniales.

El Dr. Harley estaría encantado de oír de ti. Su sitio en la Internet es:

www.marriagebuilders.com

CPSIA information can be obtained
at www.ICGtesting.com
Printed in the USA
LVOW04s1418210116
471712LV00015B/126/P

9 780800 731991